Lucie Beaumont

HISTOIRE DES ÉTATS-UNIS

ANDRÉ MAUROIS
DE L'ACADÉMIE FRANÇAISE

HISTOIRE DES ÉTATS-UNIS

* *

NOUVELLE ÉDITION MISE A JOUR

ÉDITIONS ALBIN MICHEL

LIVRE IV

DOULEURS DE CROISSANCE

I

Le règne d'Andrew Jackson.

I. — Pour la première fois, un homme qui n'appartenait ni à la dynastie virginienne, ni à la dynastie adamsienne, entrait à la Maison Blanche. Aussi le peuple lui ménagea-t-il un triomphe. Une armée d'admirateurs et de partisans s'abattit, à la veille de l'inauguration, sur la capitale. Tous les États du Sud et de l'Ouest avaient fourni des contingents. Certains venaient pour demander une place en récompense de leurs services électoraux; la plupart pour voir Jackson, pour applaudir, pour acclamer Jackson. Avec sa haute taille, ses manières simples, son beau visage tourmenté de vieux soldat, le Président avait grande allure. Quand le *Chief Justice* Marshall, qui haïssait tout ce que représentait Jackson, lui fit prêter serment et offrit à ses lèvres la Bible, un frémissement d'émotion et de joie passa sur l'océan des spectateurs. Puis, ce fut une ruée vers le Président. Une foule où se mêlaient « hommes d'État et garçons d'écurie, belles dames et blanchisseuses, Blancs et Noirs », le suivit à la Maison Blanche où devait avoir lieu la traditionnelle réception. Alors commencèrent « les saturnales ». Les tables de rafraîchissements furent prises d'assaut, des maîtres d'hôtel jetés à terre, les fauteuils piétinés par des souliers boueux. Tant de mains voulaient serrer celles de *Old Hickory* qu'il dut battre en retraite et disparaître. Des femmes effrayées sautaient par les fenêtres. Il fallut, pour dégager les appartements, attirer la foule dans les jardins en plaçant sur les pelouses de grands bassins de punch à l'orange. Quand cette orgie prit fin, la Maison Blanche faisait penser aux palais de Rome après l'invasion des Barbares. « Plusieurs millions de dollars de porcelaines brisées, des verres cassés et plus d'un nez ensanglanté attestaient la violence de la bataille. » Une spectatrice, Mrs. Harrison Smith, évoquait la foule pillant les Tuileries au temps de la Révolution française. Mais la comparaison était absurde : les visiteurs de la Maison Blanche étaient des amis un peu vifs, non des émeutiers, et Jackson, au fond de son cœur, n'était pas du tout mécontent.

II. — Jackson aimait le peuple, non comme l'aiment les riches libéraux, à distance, mais comme l'aiment ceux qui sont du peuple. La misère de sa famille, la position quasi ancillaire de sa mère, lui avaient appris ce que peuvent être les humiliations et les rancunes des pauvres. Non seulement il était le représentant naturel des petits fermiers de l'Ouest, mais aussi celui des ouvriers de l'Est. Dans les usines de la côte grandissait, depuis la guerre de 1812, un prolétariat formé pour une large part d'immigrants. A New York, à Philadelphie, à Pittsburgh, tous ceux de ces ouvriers qui avaient le droit de vote s'étaient affirmés jacksoniens. Comme eux Jackson haïssait les monopoles, les inégalités économiques et les ruses profitables de la finance. Pionnier, puis avocat de pionniers, il avait vu à quel point l'Est tenait l'Ouest sous sa coupe. En manipulant les cours, les hommes d'affaires de Boston ou de Philadelphie pouvaient acheter au plus bas les produits du Tennessee et vendre au plus haut les produits du Massachusetts ou de la Pennsylvanie. Jackson pensait que l'un de ses devoirs était de rendre une telle exploitation impossible.

III. — Le premier problème qu'avait à résoudre le nouveau Président était la formation d'un cabinet. Pour le choix d'un secrétaire d'État, point d'hésitation. Jackson devait son élection à Van Buren et Van Buren était né pour gouverner. On trouvait en lui du philosophe, de l'homme d'État, de l'homme du monde et de l'agent électoral. Son élégance de tenue et de langage, son esprit, ses anecdotes brillantes et bien contées, son mélange de bienveillance et de cynisme, l'avaient fait surnommer « le Talleyrand américain ». Ses amis l'appelaient « le petit Van » ou « le petit Magicien », et l'adoraient. Ses ennemis lui reprochaient d'être l'ami de tout le monde et prouvaient le contraire en le lui reprochant. Les masses ne l'aimaient pas de premier mouvement comme un Jackson, mais « Van » croyait et voulait être « la seconde pensée », plus réfléchie, du peuple américain. Il accepta tout de suite le poste offert, puis regretta son acceptation dès qu'il sut qui seraient ses collègues. Les choix de Jackson étaient au-dessous du médiocre, « le Cabinet le moins intellectuel que nous ayons jamais eu ». D'ailleurs, à part Van Buren et peut-être Eaton, les conseillers officiels du Président n'allaient pas être ses conseillers réels. Sur toutes les questions importantes, Jackson consultait un groupe que ses adversaires appelaient « le cabinet de la cuisine » et où figuraient des journalistes du Tennessee tels que Kendall, et des amis personnels comme le major Lewis qui avait été le manager de la campagne présidentielle. Lewis avait pour Jackson cette admiration sans réserve qui est si précieuse aux grands hommes et lui seul savait traduire en langage policé les brouillons véhéments de son chef. On dit bientôt à Washington que le Cabinet de la cuisine menait le président et, à travers le Président, le pays. C'était une erreur : Jackson avait une volonté de fer et n'en faisait qu'à sa tête.

IV. — Les partisans attendaient les places. Mais, comme avait dit un autre président, les fonctionnaires meurent peu et ne démissionnent jamais. Jackson décida de « nettoyer les écuries d'Augias », c'est-à-dire de révoquer bon nombre d'hommes hostiles à son parti. Sur six cent douze nominations faites par l'Administration précédente, deux cent cinquante furent annulées. Six cents bureaux de poste changèrent de chef. Jackson n'avait là-dessus aucun scrupule; il n'admettait pas que la fonction pût créer un droit, ni que l'expérience fût nécessaire pour des métiers simples comme ceux de postier et de douanier. « C'est l'alternance des partis dans les emplois », disait-il, « qui perpétuera nos libertés. » On lui attribue souvent, à tort, le mot fameux : « Aux vainqueurs appartiennent les dépouilles de l'ennemi »; il avait été prononcé par le sénateur W. L. Marcy, de New York. Mais Jackson lui-même ne voyait aucune raison pour ne pas faire des emplois gouvernementaux, des récompenses électorales. Comment imposer une politique nouvelle si les fonctionnaires demeuraient fidèles à l'ancienne obédience? Jackson, qui voulait entreprendre une lutte contre le pouvoir de l'argent, devait, pensait-il, éliminer les hommes mis en place par l'argent. Sur la frontière, il avait vu plus d'un voisin devenir, sans aucune préparation, maître d'école, juge, officier; il croyait de bonne foi que les hommes sont interchangeables et qu'un loyal partisan de Jackson ferait un meilleur postier qu'un ami d'Adams ou d'Henry Clay. Pendant la première année de sa présidence, le « système des dépouilles » allait déplacer environ deux mille fonctionnaires.

V. — Durant la période électorale, les rapports du Président et du Vice-Président avaient été bons. Calhoun se croyait désigné pour succéder à Jackson en 1832 et cet espoir apaisait son cœur tourmenté. Il s'inquiéta quand l'entourage du Président commença de parler d'un second terme, puis s'affola quand il fut question, pour l'avenir, de Van Buren comme d'un président possible. L'adresse diabolique du petit Magicien hanta dès lors les cauchemars de Calhoun et les rapports entre les deux hommes se tendirent. Brouiller Calhoun avec Jackson était le premier objectif des amis de Van Buren. L'affaire Peggy Eaton les y aida. Eaton, sénateur, puis ministre de la Guerre, avait épousé Peggy O'Neil, fille d'un aubergiste chez lequel il avait jadis logé avec Jackson. Les grandes dames de Washington « snobaient » Peggy O'Neil et l'accusaient d'avoir été la maîtresse d'Eaton du vivant de son premier mari, qui plus tard s'était suicidé. Les femmes des autres membres du Cabinet refusaient de la recevoir. Jackson la défendit; il était, par nature, chevaleresque; Mrs. Jackson, dont il chérissait la mémoire, avait été l'amie de Peggy et en outre il lui semblait que l'affaire Peggy était un symbole social. Il exigea que les femmes de l'Administration missent fin à leur campagne. Il fut vaincu; Mrs. Calhoun donna l'exemple de la résistance et attira ainsi sur son mari la haine du Président. Au contraire, Van Buren, qui était veuf, reçut de bonne grâce le ménage Eaton et n'en fut que mieux en cour. Comme les réunions du Cabinet devenaient intolérables, Van Buren, très adroitement, proposa de démissionner. Cela donnerait au Président l'occasion de faire maison nette. Le secret de la manœuvre du petit Magicien était qu'il pensait à la présidence et savait Jackson hostile à toute candidature d'un membre du Cabinet. Jackson le nomma ministre en Angleterre. La route de la Maison Blanche lui était ouverte.

VI. — Un débat politique plus sérieux que l'affaire Peggy Eaton, divisait Jackson et Calhoun. Depuis le vote de la Constitution, la question la plus controversée était celle des droits respectifs des États et du gouvernement fédéral. Un État pouvait-il refuser d'appliquer une loi votée par le Congrès? Pouvait-il, s'il n'acceptait pas la politique fédérale, se détacher de l'Union? La thèse de la sécession légitime avait été soutenue par les États du Nord, au temps où ceux-ci n'approuvaient pas « la guerre de Mr. Madison »; elle l'était maintenant par la Caroline du Sud qui rejetait le « tarif des abominations ». Calhoun lui-même, vice-président des États-Unis, soutenait une doctrine dite de « nullification » : l'Union étant un accord passé entre des États souverains, chacun de ces États avait le droit de décider si un acte du Congrès était, ou non, constitutionnel. Doctrine infiniment dangereuse. Jackson, patriote et nationaliste, la condamnait. Calhoun, « abstraction vivante », en était un partisan passionné. Il disait qu'il ne souhaitait voir sur sa tombe qu'un seul mot : *Nullification.* Plusieurs États du Sud l'approuvaient et espéraient obtenir l'appui de l'Ouest. L'Est avait montré beaucoup de mauvaise volonté à permettre la vente à bas prix, par le gouvernement fédéral, des terres disponibles. Pourquoi? Parce que l'émigration vers l'Ouest tendait à dépeupler l'Est et à priver les manufacturiers de leur main-d'œuvre. Ce conflit entre l'Est et l'Ouest dictait aux amis de Calhoun un compromis efficace : l'Ouest aiderait le Sud à lutter contre les tarifs et le Sud aiderait l'Ouest contre la Nouvelle-Angleterre.

VII. — Le sommet oratoire de cette controverse fut le fameux débat Hayne-Webster, au cours duquel deux grands orateurs exposèrent au Sénat deux thèses contradictoires sur la Constitution. Daniel Webster, homme de l'Est, admirable avocat, bien servi par une tête massive, par des yeux étincelants, « noirs comme la mort », par une voix qui pouvait être, suivant les circonstances, tonnante ou touchante, s'était posé au début de sa carrière, au temps où l'Est semblait séparatiste, en champion des droits des États. Puis, en même temps que ses compatriotes de la Nouvelle-Angleterre, il était devenu nationaliste. Son ambition était aussi grande que son talent : « Je n'ai rien fait », disait-il à un ami. « A trente ans, Alexandre avait conquis le monde et j'en ai quarante... » Bien que cet orgueil rendît parfois son éloquence prétentieuse, il savait éveiller chez ses auditeurs des émotions puissantes et, dans ses bons moments, atteignait à la grandeur. Son adversaire, Hayne, avait moins de génie mais plus de distinction dans l'esprit. Les deux hommes prononcèrent toute une série de discours. Le public était chaque fois plus nombreux et de longues queues se formaient aux portes du Sénat. Hayne avait accusé la Nouvelle-Angleterre de « sectionalisme »; Webster la défendit superbement : « Monsieur le Président, je ne ferai pas l'éloge du Massachusetts; il n'en a pas besoin. Il est devant vous. Regardez et jugez vous-même. Voici son histoire; le monde la sait par cœur... Là sont Boston et Concord, et Lexington, et Bunker Hill; là ces noms de victoires demeurent pour toujours... » Son thème essentiel fut la défense de l'Union : « Entre le Gouvernement fédéral et les États, la Constitution a pris soin de partager les pouvoirs. S'il y a doute, c'est à la Cour suprême, et à elle seule, qu'il appartient de trancher. Aucun État n'a le droit d'annuler une loi fédérale, car si un seul État, une seule fois, s'arroge ce droit, il n'y a plus d'Union. »

VIII. — Sa péroraison demeure, aux États-Unis, un texte classique : « Quand mes yeux se tourneront pour la dernière fois vers le soleil, puissé-je ne pas le voir briller sur les fragments brisés, déshonorés de ce qui fut une glorieuse Union; sur des États séparés, discordants, belligérants; sur un pays déchiré par des luttes civiles et arrosé d'un sang fraternel! Que plutôt mon dernier regard, faible et languissant, contemple le glorieux drapeau de la République, maintenant connu et honoré sur toute la terre, ses armes et trophées brillant de leur éclat originel, pas une de ses rayures effacée ni souillée, pas une de ses étoiles obscurcie, portant pour devise, non une misérable question comme : *Que vaut tout cela?* non ces mots d'horreur et de folie : *Liberté d'abord, Union ensuite*, mais ces caractères de vivante lumière répandus sur toute sa surface, éclatant sur ses vastes plis tandis qu'ils flottent sur les mers et sur les terres, à tous les vents, sur le ciel tout entier, cet autre sentiment cher à tout cœur américain : *Liberté et Union, maintenant et à jamais, unies et inséparables.* »

IX. — Une image éloquente ne résout pas une question économique. Le Sud avait, contre le « tarif des abominations », des griefs légitimes. L'augmentation croissante de la production du coton en faisait baisser le prix cependant que le tarif, sans cesse élevé par les exigences des manufacturiers du Nord, augmentait le coût des objets fabriqués. Les planteurs, étranglés, menaçaient de se révolter. Si l'Union devenait, pour le Nord et l'Ouest, un moyen d'exploiter le Sud, fort bien : le Sud annulerait les lois injustes et au besoin se séparerait de l'Union. Calhoun disait parfois que l'on pourrait remplacer le président des États-Unis par deux consuls, à la manière de Rome, nommés l'un par le Nord et l'autre par le Sud. Jackson résolut de briser cette sourde rébellion. En avril 1830, comme président et vice-président assistaient tous deux à un banquet pour l'anniversaire de la naissance de Jefferson, Jackson, à l'heure des toasts, se leva et, regardant Calhoun dans les yeux, cria : « Notre Union!... Elle *doit* être préservée. » Un témoin nous a décrit la scène : « Une proclamation de la loi martiale en Caroline du Sud et un ordre d'arrêter Calhoun n'auraient pu faire plus d'effet. Les rires cessèrent. Le Président, sans ajouter un mot, leva son verre, ce qui signifiait que le toast devait être bu debout. Calhoun se leva avec les autres. Son verre tremblait... Quand tous se furent rassis, Calhoun, lentement, avec hésitation, proposa le second toast : « L'Union !... Après notre liberté, ce que nous avons de plus cher. » Puis il ajouta : « Puissions-nous nous souvenir qu'elle ne peut être sauvée qu'en respectant les droits des États et en distribuant équitablement les bénéfices et les charges de l'Union. » Calhoun avait fait preuve de courage et de présence d'esprit, mais le Président avait pour lui la force et il était prêt à s'en servir.

X. — Que Jackson fût décidé à réprimer toute tentative de sécession, on n'en pouvait douter. Il admettait la discussion tant qu'elle demeurait sur le plan théorique. « Mais », disait-il, « si une seule goutte de sang est répandue, je pendrai le premier homme que je saisirai au premier arbre que je trouverai. » Et un sénateur ajoutait : « Quand Jackson parle de pendre, on peut commencer à chercher des cordes. » Mais Calhoun et ses amis avaient pris des positions telles que leur retraite était difficile. Lorsqu'en 1832, Jackson signa un nouveau tarif protectionniste, une Convention de la Caroline du Sud déclara que cette loi était nulle et qu'elle ne liait ni l'État, ni ses fonctionnaires ni ses citoyens. Si le gouvernement fédéral, pour l'appliquer, prétendait employer la force, alors la Caroline du Sud se considérerait comme déliée de tous liens avec l'Union et libre d'agir en État souverain. Déjà, l'on y frappait des médailles : *J. C. Calhoun, premier président de la Confédération du Sud.*

XI. — Jackson n'était pas homme à laisser de telles menaces sans réplique. Il donna l'ordre à la Marine de se tenir prête à envoyer une escadre à Charleston. Il arma les forts et annonça que « par l'Éternel Dieu tout-puissant, il défendrait les lois. » Une proclamation vigoureuse du Président répondit à l'ordonnance de nullification : « Je considère le pouvoir d'annuler une loi des États-Unis, assumé par un État, comme incompatible avec l'existence de l'Union, contraire à la lettre de la Constitution... et destructeur du grand objet pour lequel l'Union a été formée. » Le pays eût, dès ce temps-là, dérivé vers la guerre civile si l'astucieux Van Buren, candidat à la Présidence, ne se fût avisé que cette controverse, en divisant les démocrates, risquait de nuire à sa candidature. Henry Clay, qui n'était pas fâché de priver Jackson d'un succès éclatant et facile, Calhoun qui ne voulait pas d'une rébellion à main armée, et naturellement Van Buren travaillèrent ensemble à l'élaboration d'un compromis. Henry Clay, maître en ce genre, fit voter une nouvelle loi qui établissait, pour dix ans, une échelle de tarifs progressivement décroissante. Le Sud accepta. Les deux camps chantèrent victoire. C'est toujours une preuve de l'excellence d'un traité. Mais Jackson, qui n'avait pas pour les compromis le même goût tendre qu'Henry Clay, pensa que l'échéance n'était que reculée : « Le tarif », écrivit-il à un ami, « n'a été qu'un prétexte; leur véritable objectif est une Confédération du Sud. Le prochain prétexte sera la question de l'esclavage. »

II

Grandeur et décadence du Petit Magicien.

I. — En 1832, Jackson avait été élu président pour un second terme, Van Buren devenait vice-président. Le concurrent de Jackson, Henry Clay, le plus adroit des négociateurs et le plus maladroit des candidats, lui avait vraiment fait cadeau de l'élection en choisissant pour terrain de combat la Banque des États-Unis. Jackson haïssait la Banque. Sous la direction de Nicolas Biddle, elle avait rendu au pays d'incontestables services, mais aux yeux des électeurs et amis de Jackson, aux fermes lourdement hypothéquées, la Banque représentait les créanciers, les capitalistes, l'ennemi. Ses actions appartenaient presque toutes à des industriels de l'Est, ou à des banquiers étrangers. Par ses succursales (elle en avait vingt-cinq), elle faisait concurrence aux banques locales et même tentait de les ruiner. Elle se montrait dure aux débiteurs, ce qui déplaisait aux fermiers, et hostile à l'inflation, ce qui déplaisait aux spéculateurs sur terrains. En somme elle faisait sévèrement et prudemment son métier de banque, conduite qui pour une institution privée eût été louable, mais pour une institution publique entraînait de graves difficultés. Surtout elle avait commis ce qui, aux yeux de Jackson et de ses partisans, était le crime des crimes : elle avait soutenu leurs adversaires. Les banquiers résistent mal à la tentation de se mêler de politique; c'est leur perte. Dans un pays jaloux de ses libertés, l'argent ruine les causes qu'il croit soutenir. Quand le Congrès, « éclairé » par la Banque, voulut prolonger le monopole de celle-ci, Jackson usa de son droit de veto. Ses électeurs acclamèrent ce premier coup de saint Georges au dragon. Le parti démocrate annonça, sans être contredit, que Daniel Webster avait reçu de la Banque trente-deux mille dollars d'avance; sans doute il en était l'avocat, mais d'autres membres du Congrès, sans la même excuse, avaient touché près d'un demi-million de dollars. Une grande partie de la presse avait été achetée discrètement, par des prêts avantageux. Ces révélations avaient contribué à la défaite de Clay, et Jackson, considérant sa victoire comme un mandat d'avoir à achever le monstre, décida de retirer à la Banque les fonds de l'État et de les confier à certaines banques que l'on appela *Pet Banks* parce qu'elles furent choisies arbitrairement par l'Administration. Le Congrès protesta, mais le sénateur Thomas Benton, vieil ami de Jackson, mena pour lui cette lutte parlementaire et triompha. En 1836, le privilège de la Banque expira et personne n'osa en proposer le renouvellement.

II. — La seconde présidence de Jackson fut marquée par une extraordinaire prospérité. Terres, maisons, coton, esclaves, tout montait. Il y avait dans ce *boom* des éléments sains. L'accroissement constant de la population, le défrichement de terrains nouveaux, le développement des villes l'expliquaient en partie. Mais d'autres aspects étaient inquiétants. Les banques des États, mal surveillées, toutes autorisées à émettre des billets, se servaient de cette monnaie sans garantie pour accorder des crédits dangereusement excessifs à des spéculateurs qui achetaient des terrains et comptaient sur la hausse pour rembourser leurs emprunts. Ces placements improductifs ne permettaient même pas de payer les intérêts de la dette. Les ventes de terrains par l'État s'élevèrent, en 1837, à vingt millions de dollars. Beaucoup de spéculateurs étrangers, attirés par la hausse continue, et mal renseignés sur le marché américain, achetèrent à des prix trop élevés des actions de chemins de fer et de canaux. Ainsi s'établissaient peu à peu les conditions qui rendent inévitables les grandes crises financières. Mais en ce temps-là le mécanisme en était peu connu; le pays jouissait, l'esprit tranquille, de son artificielle prospérité; la dette nationale avait été entièrement remboursée et même un surplus distribué aux États. Jackson acheva son second terme dans l'euphorie de l'inflation. Pourtant, tout à la fin de sa présidence, en 1836, et sur l'avis de ses conseillers financiers, il publia une *Specie Circular* qui enjoignait à tous les agents du gouvernement de ne plus vendre de terrains que contre espèces sonnantes et trébuchantes. C'était le premier coup de vent de la tempête. Dans l'agitation d'une année d'élection présidentielle, ce signe passa presque inaperçu.

III. — Pour l'élection de 1836, de nouveau le pays fut divisé en deux partis : les démocrates jacksoniens, qui avaient pour candidat Van Buren, et les nationaux républicains, que beaucoup appelaient whigs, parce qu'ils prétendaient, comme les whigs anglais de 1688, lutter contre un pouvoir exécutif « usurpateur ». Mais alors que les whigs anglais avaient combattu une monarchie impopulaire, les whigs américains s'attaquaient à un exécutif plus populaire qu'eux-mêmes. L'ère jacksonienne avait fait du Président un pouvoir au moins égal à celui du Congrès et comme « une troisième Chambre dont il était le seul membre ». Appuyé sur le peuple, Jackson avait défié les Chambres et fait plein usage du veto. C'est depuis l'ère jacksonienne que le Président passe, en Amérique, pour représenter la nation mieux que le Congrès. Telle n'était pas l'intention des fondateurs. Mais par le prestige d'abord de

Washington, puis de Jefferson, puis de Jackson, la présidence prenait peu à peu allure de « monarchie plébiscitaire », limitée dans le temps et contrôlée par le Congrès. Jackson avait pu, par son action personnelle, modifier complètement la politique du pays, mettre fin au « système américain » de Henry Clay, tuer la Banque des États-Unis. Il put aussi imposer son successeur. Les chefs des whigs, Webster, Clay, étaient plus brillants, mieux connus du public que Van Buren, mais Van Buren était le choix de Jackson. Cela suffit; il fut élu. Le jour de l'inauguration, le Président que la foule acclama ne fut pas le petit homme roux aux cheveux soigneusement frisés, mais le vieux soldat à la crinière blanche.

IV. — On avait cru que la présidence de Van Buren serait celle du petit Magicien; elle fut celle de l'Apprenti Sorcier. Jackson avait légué à son ami la nation grosse d'une crise. Billets de banque sans couverture, terrains sans acheteurs, villes sans habitants, canaux sans trafic, hypothèques sans gages, valeurs artificiellement enflées, dépenses exagérées des particuliers, formaient un fragile château de cartes qui devait s'écrouler au premier souffle. Une mauvaise récolte, une balance déficitaire à l'étranger, la *Specie Circular* de Jackson, des faillites en Angleterre déterminèrent enfin, en 1837, une panique de première grandeur. Depuis plusieurs mois, des meetings qui tournaient en émeutes protestaient contre la hausse des prix. En mai, le marché s'effondra. Le public se rua vers les banques pour retirer les dépôts. Aux portes, des femmes bousculées, malmenées, criaient : « Payez! Payez! » Il fallut appeler des troupes à New York pour maintenir l'ordre. L'opinion publique rendit le gouvernement responsable. On dit que le triumvirat Jackson-Van Buren-Benton avait fait autant de mal à la prospérité du pays que le triumvirat César-Pompée-Crassus aux libertés de Rome. La mauvaise gestion des banques accrut le désastre. Presque toutes avaient émis trop de papier; leurs chefs étaient incapables; beaucoup firent faillite. L'argent manqua. Les maisons de commerce durent y suppléer en imprimant des bons. *Ce ticket donne droit*, lisait-on par exemple, *à une langue de bœuf, et deux biscuits*. Les hommes d'affaires reprochaient au Président de ne rien faire pour enrayer la crise. Ses adversaires politiques, enchantés, se joignaient à ce chœur. Van Buren gardait son calme et soutenait que toutes les mesures suggérées ne feraient qu'aggraver le mal : « Le gouvernement », dit-il, « ne doit pas soutenir une monnaie de papier et nourrir l'illusion que des valeurs peuvent être créées sans travail ». Il pensait que la crise serait plus vite résolue si on laissait chaque individu travailler à son propre salut. Cette inertie voulue mettait en fureur le monde des affaires. Quant aux fonds de l'État, Van Buren suggéra, au lieu de les placer dans les banques et de contribuer ainsi à l'inflation, de les verser à une Trésorerie indépendante et de faire tous les paiements en or ou en argent. Ce plan n'était pas déraisonnable, mais la raison n'est pas ce qui règle l'amour et Van Buren, qui n'avait jamais été aimé des foules, en était maintenant détesté. La panique allait lui coûter son second terme.

V. — C'est toujours la ruine d'un parti que d'être au pouvoir pendant une baisse. La politique de temporisation du Président était peut-être sage, mais les whigs avaient avec succès raillé son inertie. En outre ils avaient médité dans la retraite sur l'art de gagner une élection présidentielle. Depuis que les *caucus* de politiciens avaient été remplacés par le choix populaire, le bon candidat n'était plus tel vieux renard du Capitole, mais celui au nom duquel on pouvait associer quelque slogan retentissant, homme connu des masses, et plutôt pour une action extraordinaire ou pour un caractère original, que pour des opinions qui risquaient de diviser les électeurs. Il valait mieux aussi qu'il ne fût pas un « aristocrate ». La pittoresque démagogie de Jackson avait fait son succès; il fallait trouver un autre Jackson. Puisque les vieux soldats faisaient prime, les whigs cherchèrent un vieux soldat : ils dénichèrent le général Harrison. Ce n'était pas un grand général, loin de là, mais il avait battu jadis les Indiens à Tippecanoe... *Tippecanoe*... Le mot était sonore et bizarre. Pourquoi pas *Tippecanoe?* Harrison fut donc choisi pour candidat par les whigs, à la grande déception de Henry Clay, homme infiniment plus remarquable et qui, pour cette raison, effraya. Afin de gagner les voix du Sud, les whigs, pour la vice-présidence, désignèrent un Virginien, John Tyler, vieux démocrate à cheval sur les droits des États, jeffersonien alors que le parti whig était hamiltonien, champion paradoxal d'une cause qui n'était pas la sienne, mais pièce utile, croyaient les dirigeants de la campagne, sur l'échiquier politique... « *Tippecanoe and Tyler too* », l'assonance faisait un parfait cri électoral. Il retentit bientôt dans toute l'Amérique.

VI. — La campagne tint de l'opérette plus que du drame. L'objectif des whigs était de faire apparaître Harrison comme un homme du peuple aux goûts simples, et Van Buren comme un voluptueux ploutocrate qui avait fait de la Maison Blanche un séjour de luxe et de coupables délices. Le Président sortant s'habillait avec quelque élégance; on le peignit se parfumant au double extrait de la reine Victoria et à l'huile de Corinthe. On l'accusa, crime abominable, d'avoir introduit à la Maison Blanche un billard, d'y avoir meublé un salon bleu, de manger dans de la vaisselle d'or, de boire en des coupes d'argent massif et de s'asseoir sur des divans capitonnés. En fait, Van Buren était né pauvre et Harrison possédait un domaine de deux mille acres. Mais qu'importaient les faits? Un journal ami de Van Buren avait commis l'imprudence d'écrire, en parlant de Harrison : « Donnez-lui un tonneau de cidre sec et deux mille dollars par an; il passera le reste de ses jours dans sa *log cabin* [1]. » Les managers de Harrison eurent l'habileté de comprendre que leurs adversaires venaient de leur offrir la plus belle des chances. Ils établirent toute leur campagne sur le cidre sec et la hutte de troncs d'arbres. « Apprenez au palais le respect de la *log cabin!* » proclamaient leurs journaux. Tout le pays fut parcouru par des chars qui portaient une hutte de trappeur et un tonneau de cidre sec que des volontaires versaient aux électeurs. Ceux-ci « gonflant leurs poumons pour la glorification de William Henry Harrison et la vitupération de Martin Van Buren, accompagnaient le cortège en chantant :

Tippecanoe and Tyler too!
Van, Van, he is a much used man!
With Tip and Tyler, we'll burst Van's biler!

Ou encore :

Farewell, dear Van,
You're not our man.
To steet the ship
We'll try old Tip!

« Jamais on ne vit plus d'enthousiasme et moins de pensée. » On avait souffert, on voulait changer. « La brise elle-même murmure : « *Changez!* » Le cri de tous est : « *Changeons!* » Dans la procession de Boston, un char représentait Van Buren et ses amis avec l'inscription : « Nous les avons essayés au pouvoir; nous allons les essayer hors du pouvoir. » Partout flottaient des bannières : *Welcome, Whigs!* Les discours électoraux, pour les whigs, étaient faciles à faire. L'orateur criait : « *Tippecanoe!* » La foule répondait : « *And Tyler too!* » C'était

1. Case de troncs d'arbres.

évidemment la bonne méthode, car Tippecanoe fut élu *and Tyler too*. John Quincy Adams, sarcastique, nota dans son journal que cette « élection montrait que le chemin direct et infaillible de la Présidence était le service militaire uni à une propagande démagogique ». Après cette expérience, pendant un demi-siècle, tout candidat à la Présidence allait s'efforcer de prouver qu'il était « un fils du peuple ». Daniel Webster s'excusa un jour publiquement de n'être pas né dans une *log cabin*, mais jura que son frère et sa sœur y étaient nés : « Et si jamais j'en montre quelque honte, puissent mon nom et le nom de ma postérité être effacés à tout jamais de la mémoire de l'humanité... »

VII. — Le président Harrison fut « inauguré » le 4 mars 1841. « Ce n'était pas un grand homme, mais il avait vécu longtemps et il avait été mêlé à de grandes choses. » Les *importants* du parti whig, Clay, Webster, pensaient manœuvrer à leur gré ce soldat moins coriace que Jackson. Webster, supérieur et protecteur, proposa d'écrire pour le Président, qui devait être très occupé, son discours d'inauguration. « Oh! il est tout prêt », dit *Tippecanoe*. Il l'avait en effet composé, à grands renforts de souvenirs classiques, et c'était un morceau si indigeste, si hérissé de consuls, de triomphes, et de licteurs, que ses amis le supplièrent de laisser Webster l'accommoder à sa manière. On raconte que Webster, un soir, arrivant en retard pour dîner, son hôtesse lui dit : « J'espère que rien n'est arrivé? — Madame, » répondit Webster, « vous ne diriez pas cela si vous saviez ce que je viens de faire : je viens de tuer dix-sept proconsuls romains. » Un mois plus tard, c'était le Président lui-même qui était aussi mort que les proconsuls. Il avait attrapé une pneumonie, jouant ainsi aux whigs un tour pendable. A l'abri de *Tippecanoe*, Clay avait pensé devenir maire du palais, renverser toute la politique de Jackson, rétablir une banque fédérale, un programme de grands travaux, des tarifs. Sa déconvenue et celle du parti furent grandes quand la mort de Harrison mit au pouvoir Tyler, démocrate hostile à tout le programme des whigs.

VIII. — Tyler était-il légalement le président des États-Unis ? On en pouvait douter. La Constitution disait seulement qu'en cas de décès du Président, le pouvoir et les devoirs de cette magistrature passaient au Vice-Président. Il était permis de comprendre que c'était là une mesure temporaire, prise en attendant une nouvelle élection, et cette interprétation eût été raisonnable, le Vice-Président n'ayant pas toujours été choisi pour les qualités qui font un bon Président. Pour certains hommes politiques, la Vice-Présidence avait été un prix de consolation; à d'autres elle avait été offerte comme part d'un compromis sectionnel. Étrange manière de désigner le chef suprême du pays. Mais Tyler exigea la succession totale et sa ténacité triompha. John Quincy Adams, qui alla le voir, nota dans son journal : « Tyler, qui s'intitule *président des États-Unis*, et non *vice-président faisant fonctions*, ce qui serait la formule correcte. » D'où cette situation paradoxale : un Président sans parti; démocrate, mais brouillé avec tous les démocrates; élu par les whigs, mais adversaire de toutes leurs mesures. Tout de suite, ce fut une pluie de vetos : veto sur la Banque, veto sur les programmes de travaux, si bien que tout le Cabinet démissionna, sauf Daniel Webster qui resta pour achever une négociation avec Lord Ashburton, représentant du gouvernement britannique.

IX. — Il y avait plusieurs sujets de litige entre les États-Unis et l'Angleterre. Plusieurs d'entre eux, et en particulier la question de la frontière du Maine, furent réglés par le Traité Webster-Ashburton de 1842. Mais la question de l'Orégon demeura en suspens. Cette région du Nord-Ouest était convoitée par l'Amérique, l'Angleterre et la Russie. En 1818, la frontière avec l'Alaska russe avait été fixée au méridien 54°40'. Au-dessous de cette ligne, un condominium anglo-américain avait été provisoirement établi. Depuis Lewis et Clark, beaucoup de chasseurs de fourrures étaient venus, les uns du Canada, d'autres des États-Unis, par mer, d'autres par terre à travers le continent. En 1811, un bateau appartenant à John-Jacob Astor, fils d'un boucher allemand de Waldorf et devenu à New York grand négociant en fourrures, avait doublé le cap Horn et mouillé à l'embouchure de la rivière Columbia. Là, fut fondée la ville d'Astoria. L'année suivante, une expédition terrestre venue de l'Est atteignit la même rivière sur laquelle Astor fonda toute une série de ports que reliaient des équipes de pirogues. Entre Astor et les Canadiens commença une véritable guerre de la fourrure. Comme au XVIIIe siècle, les Coureurs des Bois se disputaient les régions nouvelles et l'amitié des tribus indiennes.

X. — Plusieurs pistes conduisaient maintenant vers le Pacifique. Celle du Nord-Ouest, *the Oregon Trail*, partait du Missouri à Independence, franchissait les montagnes Rocheuses, les montagnes Bleues et aboutissait à Astoria. A partir de 1821, de véritables expéditions de pionniers traversèrent le continent en chariot couvert, avec leur bétail. C'était un dur voyage. Il fallait lutter contre la montagne, contre les Indiens, contre les ours, contre la famine. Certains moururent de faim dans la montagne; il y eut même des scènes de cannibalisme. En 1843, les Américains du Nord-Ouest tinrent un meeting et, à la manière de leurs ancêtres, rédigèrent un *Covenant :* « *We, the people...* Nous, le peuple de l'Orégon, pour notre mutuelle protection et pour maintenir paix et protection parmi nous, décidons d'adopter les lois suivantes jusqu'au moment où les États-Unis d'Amérique étendront sur nous leur juridiction... » Mais le Traité Webster-Ashburton avait été conclu l'année précédente, en 1842, et le condominium anglo-américain avait été prolongé. Il fallait attendre. Webster, son traité signé, s'en alla et avec lui disparut le dernier vestige de la victoire des whigs.

III

La singulière institution du Sud.

I. — Que la marée humaine qui avait, en quelques décades, peuplé l'immense vallée du Mississipi, dût peu à peu envahir tout le continent, cela paraissait vraisemblable. Ni le Mexique ni l'Espagne n'étaient assez forts pour endiguer cette poussée. Mais aux États-Unis même, elle rencontrait des résistances, parce que la question des annexions était liée à celle de l'esclavage, abcès qui empoisonnait le pays. Le compromis du Missouri (esclavage au sud de 36°30′, liberté au nord) avait été un remède temporaire; le mal profond subsistait. Pourquoi était-il plus aigu au XIXe siècle qu'au XVIIIe? Parce qu'au XVIIIe, beaucoup d'hommes du Sud, et parmi les plus grands, tout en tolérant provisoirement l'institution, en avaient condamné le principe. Washington et Jefferson, propriétaires d'esclaves, étaient hostiles à l'esclavage; John Randolph, affranchissait les siens. Mais les doctrines sont souvent, et parfois inconsciemment, gauchies par les intérêts. Or, à la fin du XVIIIe siècle s'était produit l'événement minuscule qui devait transformer, dans le Sud, à la fois les intérêts et les idées : l'invention du *gin* par Elie Whitney.

II. — Cette invention avait fait du coton la principale, presque la seule culture du Sud. Elle avait rendu possible, et nécessaire, l'emploi d'une immense main-d'œuvre servile. La faiblesse économique de l'esclavage avait été jusqu'alors la nécessité de surveillance, la maladresse de l'esclave et son manque d'adaptabilité. Mais dans la culture du coton, le travail était facile, mécanique, et réparti sur toute l'année, la surveillance d'autant plus aisée que la plante du coton restait basse. L'esclave, dont l'entretien coûtait environ vingt dollars par an, était bien moins cher que le travailleur libre. Aussi, à partir de 1800, le nombre des esclaves avait-il doublé tous les vingt ans : il allait atteindre, en 1850, trois millions deux cent mille. Le prix de la chair humaine avait monté, lui aussi. Un jeune nègre mâle valait, en 1780, deux cents dollars; en 1818, mille; en 1860, de treize cents à deux mille. En 1850, la valeur totale des esclaves était estimée à seize billions un quart de dollars. C'était la plus grande richesse du Sud et presque la seule, car la terre, appauvrie par la monoculture, baissait rapidement. A partir de 1808, l'importation des esclaves ayant été interdite, ils étaient devenus d'autant plus précieux. En Virginie, certains domaines, bien que leurs propriétaires s'en défendissent, faisaient de l'élevage humain pour exportation dans d'autres États. Ainsi, peu à peu les habitants du Sud en étaient-ils arrivés, en toute bonne foi, à défendre passionnément une institution qui leur semblait l'une des conditions de leur existence.

III. — Les hommes n'ont toujours eu que trop d'adresse à trouver des justifications morales pour une conduite profitable. Tôt ou tard devaient paraître des apologistes ou doctrinaires de l'esclavage. Un certain Thomas R. Dew, professeur qui avait fait ses études en Allemagne, y avait appris que l'inégalité est le fondement des sociétés : « C'est l'ordre naturel et divin », enseignait Dew, « que les êtres doués de facultés supérieures, et par conséquent de pouvoirs supérieurs, contrôlent et utilisent les êtres inférieurs. Que les hommes se réduisent les uns les autres en esclavage est dans l'ordre de la nature, comme il est dans l'ordre de la nature que les animaux se nourrissent les uns des autres. » Pour cette opportune philosophie, Dew fut fait président du collège de *William and Mary*. Un autre apologiste, Harper, publia un *Mémoire sur l'Esclavage*. Il soutenait qu'aucun tort n'est fait à l'esclave par ceux qui le maintiennent dans sa condition : « L'esclave, il est vrai, n'a aucun espoir d'améliorer son sort, mais en revanche, ne possédant rien, il ne peut rien perdre. Une femme blanche est déshonorée par l'inconduite; une femme noire, point du tout » soutenait Harper, « son enfant n'est pas une charge, mais une acquisition gratuite pour son propriétaire. L'impudicité parmi les esclaves ne mérite pas de terme plus dur que celui de faiblesse. » Naturellement, Harper n'avait pas sur les droits de l'homme, les mêmes idées que Jefferson. Il assurait que les hommes ne sont nés ni libres, ni égaux, que les lois sont faites pour maintenir et non pour effacer les différences et que, s'il y a des tâches serviles à remplir, il faut des êtres serviles pour s'en acquitter. Calhoun lui-même, vice-président des États-Unis, rappelait que la démocratie grecque, fondée sur l'esclavage, avait été un modèle pour tout le monde occidental. « Je tiens l'esclavage pour un bien », disait-il... « Il n'a jamais existé une société riche et civilisée dans laquelle en fait une partie de la communauté ne vivait pas du travail de l'autre! » Au temps de Jefferson, l'esclavage avait été toléré; au temps de Calhoun, il était exalté.

IV. — Ces paradoxes rassurants étaient accueillis avec faveur par les planteurs. Le Sud passait, depuis la lecture des romans de Walter Scott, par une période d'exaltation chevaleresque. Alors se forma l'image d'un Sud romanesque et féodal qu'il fallait défendre contre la barbarie des Yankees. Au sommet de la pyramide trônaient les maîtres de plus de cent esclaves. Ceux-là (deux mille environ) formaient une société agréable par sa large hospitalité, son sens de l'honneur, sa courtoisie, son respect des femmes. Après eux venaient deux cent mille propriétaires qui possédaient de vingt à cent esclaves; trois cent mille qui en avaient de dix à vingt; un million quatre cent mille qui en avaient de un à dix. A la limite de la « ceinture du coton » vivaient les « pauvres Blancs », ayant chacun de un à trois esclaves (ou point du tout) mais souvent aussi attachés à l'institution que les plus riches planteurs. De même qu'en Angleterre le prestige de l'aristocratie était cher aux classes moyennes, ainsi des *cotton snobs* participaient en pensée ou en espoir à la splendeur des plus belles plantations, jouissaient de la grâce de cette vie, aimaient leur Sud et détestaient les Yankees. Les nègres eux-mêmes parlaient avec respect et affection des grandes maisons, du *Massa* et de sa famille. Dans cette société indulgente, les églises fermaient les yeux sur les tristes côtés de l'esclavage et les moralistes mondains souriaient si tel planteur prenait pour maîtresse une jolie mulâtresse. « Noé n'avait-il pas, d'après la *Genèse*, condamné tous les Noirs, fils de Cham à l'esclavage perpétuel? La volonté du Créateur n'avait-elle pas été exprimée par le patriarche? » La ceinture de terre favorable au coton allait de la Caroline du Sud au Mississipi, à travers la Georgie et l'Alabama. Là, le coton était roi; là se formait une ploutocratie qui s'efforçait d'imiter les grâces des provinces anciennes. De belles demeures s'élevaient sur les bords du Père des Eaux, parmi les magnolias et les chênes. La Virginie, elle, ne faisait pas partie de la Ceinture du coton *(Cotton Belt)*, mais elle y vendait du tabac, du whisky et des esclaves, et ses intérêts étaient les mêmes. En outre, dans tous les États du Sud, de très adroits politiciens manipulaient avec succès l'opinion publique en faveur de l'esclavage.

V. — L'accoutumance endort la sensibilité. Les planteurs ne voyaient pas plus ce que l'esclavage avait d'odieux que les manufacturiers du Nord ne s'émouvaient des maux engendrés par le travail des enfants. Conscients du blâme que leur valait, sous d'autres cieux, leur « singulière institution », les planteurs étaient sur ce sujet susceptibles et irritables. Comment n'auraient-ils pas jugé naturel un monde dans lequel ils étaient nés ? Les planteurs charitables, et il y en avait beaucoup, avaient de l'affection pour leurs nègres et faisaient effort pour les instruire. Thomas Dabney accordait aux siens le repos du samedi après-midi et disait « qu'on fait plus de travail en cinq jours et demi qu'en six ». Chaque année, il distribuait des prix aux meilleurs d'entre eux. D'autres composaient, pour les régisseurs de leurs plantations, des instructions qu'ils croyaient des modèles de bienveillance et de sagesse : « Les châtiments ne devront jamais être cruels, ni abusifs, car il est bas et inhumain de fouetter un nègre par simple colère ou méchanceté... Je désire que l'Évangile soit prêché aux nègres... Ceci devrait être fait le dimanche... C'est mon devoir que d'assurer le salut des âmes de ceux qui dépendent de moi... » Un autre propriétaire écrivait : « J'entretiens à mes frais un bon joueur de flûte et le fais jouer pour les nègres, tous les samedis soirs, jusqu'à minuit... J'emploie aussi un bon prédicateur. » Un autre encore : « Les nègres malades devront être l'objet d'une particulière attention... Si un nègre meurt, une heure devra être choisie pour l'enterrement. A cette heure, tout travail cessera et les nègres de la plantation assisteront aux funérailles. » Mais les visiteurs venus de pays étrangers n'étaient pas enthousiastes de la singulière institution. L'emploi du fouet de cuir était un fait et le nègre n'avait aucun moyen d'échapper à une punition injuste, car le témoignage d'un Noir contre un Blanc n'était pas accepté. « Tous les nègres que nous avons vus », écrivait un

Anglais, « semblaient insuffisamment nourris, misérablement habillés et logés... Les criminels, dans les prisons, sont mieux traités que ces hommes dont le seul crime est d'être d'une couleur plus sombre que leurs maîtres. » La vérité est qu'il y avait parmi les nègres, des classes, comme parmi les Blancs. Les serviteurs personnels, nés dans la maison du maître et qui avaient été élevés avec ses enfants, étaient civilisés et bien traités. Les esclaves des villes avaient, eux aussi, une certaine liberté et parfois étaient autorisés à travailler pour leur compte ailleurs que chez leur maître. Les esclaves des champs étaient les plus malheureux et les deux autres classes de Noirs les tenaient pour inférieurs. Peut-être le *standard of living* de ces esclaves agricoles était-il souvent supérieur à celui d'un ouvrier du Nord. Mais le Nord l'ignorait et, si on le lui avait dit, se serait refusé à le croire.

VI. — Dans le Nord, l'esclavage devenait de plus en plus impopulaire. Là, l'intérêt et la morale étaient dans le même camp. Sur la petite ferme de la Nouvelle-Angleterre, avec sa grande variété de travaux, la main-d'œuvre servile eût été inutilisable. Les votes accordés au Sud, en représentation d'esclaves qui ne votaient pas, indignaient comme une monstrueuse injustice. Un propriétaire de cinquante esclaves avait, à lui seul, trente et une voix. C'était absurde. Les immigrants irlandais, écossais, allemands, tout frais arrivés d'Europe, tenaient l'esclavage pour une institution archaïque et barbare. Le Nord était résolu à ne pas laisser une majorité d'États à esclaves dominer le pays. Chaque fois qu'un nouvel État était admis, Nord et Sud s'affrontaient. Si le Missouri demandait à entrer dans l'Union comme État esclavagiste, le Nord exigeait auparavant l'admission du Maine comme État libre, pour maintenir la balance du pouvoir. Peu à peu, le ton de la controverse avait monté. Jusqu'en 1820, il avait été permis dans le Sud de se dire anti-esclavagiste. Des sociétés du Sud recueillaient même de l'argent pour racheter les esclaves et les renvoyer en Afrique! A partir de 1820, la pression exercée par les planteurs de coton, les nécessités économiques, et surtout l'exaspération causée par les critiques du Nord firent qu'il devint dangereux, dans le Sud, de se prononcer contre l'esclavage.

VII. — Parmi les adversaires nordistes de l'esclavage, il faut distinguer deux groupes : les anti-esclavagistes et les abolitionnistes. Les anti-esclavagistes n'étaient hostiles qu'au principe et à l'extension de l'esclavage; les abolitionnistes allaient plus loin et demandaient la libération de tous les esclaves. Un Quaker du New-Jersey, Benjamin Lundy, commença dans les années 1820 une ardente campagne en faveur de l'émancipation graduelle. Il parcourut à pied un grand nombre d'États. Un peu partout, des femmes se joignirent à lui et fondèrent des sociétés contre l'esclavage que, par prudence, elles appelaient « cercles de lecture, clubs de dames, sociétés de conférences ». En 1820, ce Benjamin Lundy rencontra un jeune imprimeur de Boston, William Lloyd Garrison, et le convainquit si bien que le disciple devint plus radical que le maître. Garrison, aidé par un seul nègre, écrivit, composa, imprima et publia un journal, *Le Libérateur*, qui demandait l'émancipation immédiate de tous les esclaves. Il écrivait dans un style saccadé, violent et chaleureux : « Sur ce sujet, je ne veux ni penser, ni parler, ni écrire avec modération. Non! Non! Dites à un homme dont la main brûle de crier : « Au feu! » avec modération... Je serai aussi brutal que la vérité et aussi intransigeant que la justice... L'apathie de ce peuple suffirait à faire bondir les statues de leur piédestal et à hâter la résurrection des morts... »

VIII. — Malheureusement pour Garrison, le début de sa campagne coïncida avec un affreux massacre, par des nègres de Virginie, de soixante Blancs. Or, l'esclave qui avait dirigé cette rébellion, Nat Turner, savait lire; la littérature abolitionniste et en particulier *Le Libérateur* furent accusés de l'avoir inspiré. Des lois très sévères furent adoptées qui aggravèrent la condition des nègres, esclaves et libres. Même dans le Massachusetts, les « gens bien » n'approuvaient pas les violences de langage de Garrison. Il disait lui-même qu'il rencontrait une opposition plus amère et plus violente dans le Nord que dans le Sud. A Boston, il fut maltraité dans la rue et Charles Sumner, anti-esclavagiste notoire, dit qu'« une charretée d'abolitionnistes de Boston avait fait plus de mal à la cause anti-esclavagiste que tous ses ennemis ». L'intransigeance tue les causes les plus justes. Des hommes comme Daniel Webster, hostiles à l'esclavage mais raisonnables, reconnaissaient qu'il y avait là pour le Sud un problème économique et politique qui ne pouvait être tranché par quelques phrases brutales. Il était certainement regrettable d'avoir importé quelques millions de Noirs au milieu d'une société blanche, mais enfin ils étaient là. Regrets ou blâmes ne sont pas des solutions. Il fallait planter et récolter le coton. Webster considérait que l'esclavage avait été, pour le Sud, « une calamité, non un crime » et pensait qu'il faudrait, si l'on émancipait les nègres, trouver quelque moyen d'indemniser les planteurs. Prudence qui exaspérait les vertueux abolitionnistes... Leur disait-on qu'il fallait au moins respecter la Constitution, laquelle garantissait la libre jouissance de toute forme de propriété? « La Constitution » répondait Garrison, « n'est qu'un pacte avec le Démon et un accord avec l'Enfer! » Et il brûlait publiquement un exemplaire de ce document diabolique. C'était peut-être un excellent effet dramatique; ce n'était certainement pas une politique intelligente. Plusieurs fois, Garrison faillit être pendu, par les foules de Boston, au grand orme du *Common* et ne fut sauvé que par l'intervention du maire.

IX. — Beaucoup d'hommes du Nord, qui désapprouvaient les violences des abolitionnistes, défendaient néanmoins les droits de ceux-ci en tant que citoyens américains. Quand, en 1836, les représentants du Sud firent décider par la Chambre des Représentants que celle-ci ne prendrait plus en considération aucune pétition relative à l'esclavage (ce que l'on appela : *gag rule*, la règle du bâillon), le vieux John Quincy Adams, ancien président, devenu député, demeuré courageux et combatif, lutta pour la liberté de pétition avec toutes les ressources de son expérience : « Je tiens cette résolution », dit-il, « pour une directe violation de la Constitution des États-Unis, du règlement de cette Chambre et des droits de nos électeurs. » Il souleva de telles tempêtes que ses adversaires allèrent jusqu'à le menacer de l'expulsion et de la prison. Seuls, son grand âge et le respect qu'inspirait malgré tout un ancien président le sauvèrent. Cette incroyable fureur montra la violence des passions. De part et d'autre, c'était une atmosphère de guerre civile. La question de l'esclavage en empoisonnait d'autres qui, sans elle, eussent été simples. Accroître le domaine des États-Unis aurait pu et dû être le désir de tous. Mais les nouveaux territoires seraient-ils libres ou serviles ? Leur acquisition ne changerait-elle pas la majorité au Sénat ? L'esprit de parti, pour un temps, l'emportait sur l'esprit national.

IV

« Manifest Destiny. »

I. — Il semblait que ce fût l'un des traits essentiels du pionnier américain que son besoin d'aller toujours plus loin, vers des terres vierges. En Europe, un tel besoin existait chez certains individus et il avait engendré les conquérants coloniaux, les fondateurs d'empires. En Amérique, les mots *conquête*, *empire*, étaient impopulaires. On disait plutôt que la « destinée manifeste » du peuple des États-Unis était d'occuper et de civiliser tout le continent. « Mais c'est une vertu un peu arbitraire », écrit l'historien anglais Pollard, « que de confiner les insulaires dans leur île, si petite soit-elle, et de permettre à d'autres de conquérir tout un continent, si vaste soit-il. » Tel n'était pas le sentiment des Américains. Les expansionnistes de l'Ouest avaient la conscience tranquille parce qu'ils étaient résolus à recevoir dans l'Union, sur un pied d'égalité, les habitants des territoires annexés et aussi parce que ces territoires étaient à peine peuplés. Pouvait-on faire de l'Amérique « une chasse gardée au profit de quelques misérables sauvages »? Les expansionnistes du Sud voulaient de nouvelles terres à esclaves, parce qu'ils tenaient à maintenir leur position au Congrès. Longtemps, ils avaient espéré que l'Ouest serait avec eux en faveur de l'esclavage, mais l'Ouest se donnait de plus en plus à la culture du blé, du maïs et par là il leur échappait.

L'Ouest demeurait expansionniste mais il n'était pas esclavagiste. Et si certains citoyens du Nord et de l'Est étaient, eux, anti-expansionnistes, c'était non par vertu, mais par crainte de la création de nouveaux États qui modifieraient, au Sénat, la balance du pouvoir.

II. — Les fermiers de l'Ouest voulaient des terres; le roi Coton en exigeait; où et comment les acquérir? Rien à faire au Canada, car l'expérience avait montré qu'il était vain et dangereux de s'attaquer à l'Angleterre. Au Sud et à l'Ouest au contraire s'étendait le vieil empire espagnol dont la faiblesse semblait appeler l'envahisseur. Le Texas, vaste et fertile province du Mexique, était une belle proie que convoitaient les pionniers du Tennessee, du Mississipi et de la Louisiane. Le pays était à peu près inhabité. Au début du siècle, quelques fermiers américains s'y installèrent sans en demander l'autorisation aux autorités espagnoles. Puis, en 1821, Moses Austin sollicita la permission d'y établir trois cents familles américaines. Sur quoi il mourut et son fils Stephen hérita l'entreprise. Après la révolution qui libéra le Mexique, Stephen Austin obtint des Mexicains confirmation de sa concession. Les seules conditions posées étaient que les propriétaires devaient être catholiques, obéir aux lois mexicaines et se bien conduire. En fait, peu de pionniers anglo-américains étaient catholiques, mais un colon doué d'une conscience point trop scrupuleuse se faisait catholique pour dix minutes, le temps d'obtenir le certificat exigé. Après quoi, pendant des années, il ne voyait plus un seul fonctionnaire espagnol. Une ferme au Texas valait bien une messe. D'autant que ces fermes étaient belles. Pour chaque immigrant, cent soixante-dix-sept acres de terres arables, quatre mille quatre cent vingt-huit acres de pâturages, point de taxes, gibier en abondance, du maïs à discrétion. Vers 1830, plus de vingt mille Américains vivaient au Texas et y avaient amené leurs esclaves.

Les Mexicains, qui avaient aboli chez eux l'esclavage, regrettaient de le voir rétabli dans une de leurs provinces. Les Américains, eux, se plaignaient des autorités mexicaines qui, disaient-ils, voulaient les contraindre à employer la langue espagnole, interdisaient l'immigration et frappaient de droits les produits américains. En 1827, John Quincy Adams avait offert d'acheter le Texas pour un million de dollars, mais essuyé un refus.

III. — En 1834, un soldat, Antonio Lopez de Santa Anna, prit le pouvoir au Mexique. Il fut choqué par la situation du Texas, où les lois mexicaines sur le catholicisme et sur l'esclavage étaient violées impunément. Il voulut faire du Texas, un territoire militaire et y imposer le respect des autorités mexicaines. Les Texans jugèrent que Santa Anna passait la mesure. Qu'ils fussent sur territoire mexicain, ils ne pouvaient le nier, mais en cent ans l'Espagne n'avait envoyé dans cet immense pays que trois mille colons et les Américains y formaient déjà tout un peuple. Ils décidèrent de se proclamer État indépendant dans le cadre du Mexique. Mexicains et Texans savaient qu'une sécession complète ne pouvait manquer de se produire tôt ou tard. Elle vint en 1836. Santa Anna, à la tête d'une petite armée, marcha sur San Antonio. Il massacra, très cruellement, quelques détachements de Texans. A San Antonio, habitants et soldats avaient fortifié une « mission », l'Alamo, qui se composait d'une chapelle, d'un cloître et d'un couvent, le tout entouré de murs solides. Là, cent quatre-vingts Texans se défendirent treize jours, héroïquement, contre quatre mille Mexicains. La position ne fut prise qu'après la mort de presque tous ses défenseurs et, au moment de l'assaut, les cinq derniers survivants furent massacrés par ordre de Santa Anna. « Souvenez-vous de l'Alamo », devint le mot d'ordre des Texans. L'un d'eux, le général Sam Houston, leva l'armée de la vengeance et remporta sur Santa Anna une victoire totale, à San Jacinto (1836). Santa Anna, fait prisonnier, accorda au Texas son indépendance. Le gouvernement mexicain refusa de reconnaître une signature arrachée par la force. Mais les Texans, désormais indépendants en fait sinon en droit, formèrent une république et nommèrent Sam Houston leur président. Choix excellent. Houston était un vieil ami d'Andrew Jackson; il avait belle prestance; et suscitait des loyalismes enthousiastes.

IV. — Le drapeau des Texans portait une étoile unique. C'était une manière de proclamer leur désir de prendre place dans la constellation américaine. Ils se disaient Américains et souhaitaient d'être annexés aux États-Unis. Beaucoup d'hommes d'État de Washington répondaient favorablement à ce désir. Mais les adversaires de l'esclavage voyaient un danger grave à l'acquisition d'un territoire immense, propice par son climat et son sol à l'emploi des esclaves. Dans le camp de l'annexion étaient les expansionnistes de l'Ouest qui croyaient à la « manifeste destinée » des États-Unis, les esclavagistes du Sud qui devinaient dans les Texans des alliés probables, les spéculateurs sur terrains et aussi les porteurs de bons du Texas qu'une annexion eût aussitôt consolidés. Pendant toute la présidence de Van Buren (1836-1840) il ne fut pas question du Texas. Van Buren, homme de l'Est, était anti-esclavagiste et d'ailleurs il avait d'autres problèmes à résoudre. Mais quand Tyler, homme du Sud, se trouva soudain au pouvoir par la mort subite de Harrison, et surtout quand Webster, anti-esclavagiste, eut quitté le Secrétariat d'État, il devint évident que l'annexion du Texas allait jouer un rôle capital dans la politique américaine. La politique anglaise serait au contraire d'empêcher cette annexion. Les Anglais, gênés par les tarifs américains, entrevoyaient la possibilité de faire du Texas un État vassal, de s'y approvisionner en coton et d'y trouver un marché indépendant des États-Unis. D'autre part, le public anglais avait acheté beaucoup de bons mexicains et l'Angleterre ne désirait pas voir un de ses débiteurs entrer en guerre. Aussi conseillait-elle la paix. Au Mexique, elle disait qu'il n'y avait aucune chance de reconquérir le Texas et que mieux valait un État tampon entre le Mexique et les États-Unis; au Texas, que l'indépendance valait mieux que l'annexion, et que l'Angleterre soutiendrait un Texas indépendant. Le président du Texas, Houston, prêtait l'oreille aux sirènes du Foreign Office. Il s'était jadis offert aux États-Unis, sans succès. John Quincy Adams avait menacé de déclencher une guerre civile si le Texas était annexé. Pourquoi ne pas se tourner vers l'Angleterre, qui financerait au Texas la culture du coton? Houston fit dire à son vieil ami Andrew Jackson que le Texas aimait tendrement les États-Unis et les approchait « comme une épouse parée pour la nuit nuptiale » mais que, si l'époux se montrait trop peu entreprenant, il y avait d'autres amants en lice.

V. — Par suite de la mort d'Upshur, le successeur de Webster, Calhoun devint secrétaire d'État. On sait qu'il était archi-sudiste, archi-esclavagiste et archi-expansionniste. Il demanda tout de suite à l'ambassadeur du Mexique si une annexion à l'amiable, ou un achat, seraient acceptés par son pays. La réponse fut, une fois de plus, que l'annexion serait la guerre. Malgré cela, Calhoun, qui ne craignait pas les risques, et qui voyait dans l'acquisition du Texas un moyen de fortifier la position politique du Sud, conclut le traité d'annexion en avril 1844. Le Sénat le rejeta. C'était une année d'élection présidentielle. L'annexion devint une arme électorale. Il était possible d'en faire un appât à la fois pour le Sud et pour l'Ouest, en demandant en même temps « la réoccupation de l'Oregon » et « la réannexion du Texas ». Par là, on entendait que le

Texas et l'Oregon appartenaient déjà à l'Amérique. Le candidat du parti whig était l'éternel et charmant Henry Clay, professionnel du compromis. Le goût de Clay pour les arrangements à l'amiable ne venait pas d'un caractère faible, mais d'un sentiment d'humilité intellectuelle : « Je cherche le compromis honorable », disait-il, « chaque fois qu'il est possible. La vie elle-même n'est qu'un long compromis avec la mort. Toute législation, tout gouvernement, toute société reposent sur les principes de concession mutuelle, de politesse, de courtoisie. Que celui qui se considère comme surhumain dise, s'il le veut : « Je n'accepterai aucun compromis », mais que celui qui se croit sujet aux faiblesses humaines ne méprise pas le compromis. » Malheureusement, dans les moments de grande tension, la courtoisie et la politesse perdent leurs vertus. Clay essaya de ne poser ni la question de l'annexion, ni celle de l'esclavage; il mécontenta magistralement les deux camps.

VI. — La convention démocrate avait à choisir entre Van Buren, anti-annexionniste à cause de ses amis de l'Est, et James K. Polk, du Tennessee, homme d'État beaucoup moins connu mais ardent expansionniste. Van Buren ne put obtenir la majorité des deux tiers qu'exigeait la règle du parti démocrate et Polk fut choisi pour candidat du parti. Les whigs demandèrent : « Qui est James K. Polk? » Il avait été gouverneur du Tennessee; à beaucoup, cela semblait insuffisant. « Polk? » dit l'un d'eux, « Grands Dieux! Quel choix! » Mais quand le jeune fils de Clay dit : « Devinez qui ils ont choisi, père? — Cass? — Non. — Anderson? — Non. — Mais alors qui, diable? — James K. Polk. — Par Dieu! Me voici de nouveau battu », dit Henry Clay. Car il savait que Polk était à la fois prudent en ses propos et hardi en ses actions. Polk était honnête; il méprisait les vanités du monde; sa femme, énergique presbytérienne, interdisait que l'on dansât à la Maison

Blanche; il n'avait point d'humour, mais peut-être faut-il de temps à autre un président plus solide que brillant? Le candidat Polk dit à Bancroft : « Quatre grandes mesures occuperont mon administration : réduction des tarifs; trésorerie indépendante; règlement de la question de l'Oregon et acquisition de la Californie. » C'était, pour quatre années, un programme suffisant. Cependant, le candidat Henry Clay déclarait : « La question de l'esclavage n'a rien à voir avec les annexions », ce qu'il savait être faux. Grâce à la création d'un tiers parti abolitionniste (dit parti de la Liberté) qui enleva des voix à Clay, le pays nomma Polk. Henry Clay et sa femme versèrent des larmes. « Mon mari, ces gens ingrats ne vous apprécieront jamais tant que vous serez en vie! » Lui, se plaignait de ses amis : « S'il y avait deux Henry Clay », disait-il, « l'un ferait l'autre Président... » Le Président sortant Tyler accepta le verdict et obtint du Congrès le vote de l'annexion en février 1845. La nouvelle fut accueillie au Texas avec un enthousiasme inouï et, vers la fin de l'année, ce pays devint l'un des États de l'Union.

VII. — Polk, devenu président, devait, pour exécuter fidèlement son programme, annexer l'Oregon. Jusqu'où? Les plus ardents voulaient aller jusqu'à la frontière russe d'Alaska (54°40'); les plus raisonnables reconnaissaient que le Canada devrait avoir un port sur le Pacifique et suggéraient 49°. Polk défiait l'Angleterre : « La seule manière de traiter John Bull est de le regarder droit dans les yeux. » Il pensait que la fermeté était le plus sûr moyen de maintenir la paix. « 54°40' ou la guerre! » avait été le cri de son parti. Mais l'Amérique ne pouvait faire la guerre à la fois à l'Angleterre et au Mexique. Après de longs pourparlers, un traité fut signé avec la Grande-Bretagne. Le Quarante-Neuvième Parallèle était adopté comme frontière. La solution était équitable. Restait la question des provinces mexicaines. Si aucun

Américain ne désirait une guerre avec l'Angleterre, beaucoup acceptaient sans aucun effroi l'idée d'une guerre avec le Mexique. Celui-ci ne reconnaissait pas l'annexion du Texas, au moins en droit, car en fait il n'avait jamais essayé de reconquérir la province depuis qu'elle avait proclamé son indépendance. Polk envoya à Mexico un ministre, John Slidell, chargé de proposer non seulement une négociation sur le Texas mais l'achat par les États-Unis du Nouveau-Mexique et, si possible, de la Californie. Pour des raisons d'honneur, le gouvernement mexicain refusa de recevoir Slidell, et le général Taylor reçut l'ordre d'occuper la frontière du Rio Grande. Polk voulait adresser tout de suite un message de guerre au Congrès; son secrétaire d'État, Buchanan souhaitait attendre que les Mexicains eussent commis, les premiers, quelque acte de guerre. Il y eut une rencontre de cavalerie, des morts, et le message fut envoyé : « La coupe de l'indulgence a été vidée jusqu'à la lie... Mexico a envahi notre territoire et répandu le sang américain sur terre américaine... » Le Congrès déclara que « par le fait de la République du Mexique, un état de guerre existait ». (13 mai 1846.)

VIII. — L'objet réel de cette guerre était la conquête de la Californie. Le président Polk n'en faisait pas mystère et son cynisme était pardonnable. Dix à douze mille habitants seulement, plus Espagnols que Mexicains, peuplaient cette immense contrée. Attirés par la douceur du climat, par la richesse du sol, des Américains, en petit nombre, s'y étaient fixés. Que la Californie dût un jour appartenir aux États-Unis, cela paraissait inévitable, mais les whigs pensaient que le fruit tomberait de lui-même. Tel n'était pas l'avis de Polk. En 1845, la flottille américaine du Pacifique avait reçu l'ordre de saisir les ports dès que la guerre avec le Mexique serait déclarée. En janvier 1846, Polk envoya le général Kearny, avec dix-huit cents hommes dont cinq cents étaient Mexicains, à la conquête de la Californie. Kearny, lorsqu'il arriva, trouva cette conquête achevée. La Marine avait débarqué à Monterey. Un capitaine et explorateur américain, John C. Frémont, se trouvait alors dans les montagnes Rocheuses. Frémont, fils d'un émigré français, avait d'abord voyagé avec Nicollet entre le Mississipi et le Missouri. Ambitieux et hardi, le capitaine Frémont avait ensuite, seul, étudié les montagnes Rocheuses. Un mariage romanesque l'avait introduit dans les plus hautes sphères de la République. Il avait séduit, puis épousé secrètement, la fille du sénateur Thomas Benton, le leader démocrate. Le sénateur avait voulu faire annuler le mariage. Sa fille avait répondu par le mot de Ruth dans la Bible : « Où tu vas, je vais. » A tant d'amour, le sénateur avait cédé. Frémont, fort de l'appui de son illustre beau-père, s'était fait, avec une poignée d'hommes, reconnaître chef d'un gouvernement provisoire. Quelques batailles d'opéra-comique, sans morts ni blessés, lui avaient donné toute la Californie. Le général Kearny, survenant, entra en conflit avec les Mexicains et avec Frémont. Celui-ci, enfant gâté à qui jusqu'alors tout avait réussi, voulut résister. Kearny le fit passer en Conseil de Guerre pour mutinerie. Frémont fut condamné, refusa sa grâce que lui offrait Polk, et donna sa démission. Cette petite aventure eut des conséquences politiques : elle brouilla Benton et Polk, vieux amis, et fit de Frémont une victime, un sénateur de la Californie et plus tard, en 1856, un candidat à la Présidence.

IX. — Cependant le général Zachary Taylor envahissait le Mexique avec un succès qui inquiétait les démocrates. Non que les victoires ne leur fussent agréables, mais Taylor, mal habillé, mal rasé, adoré de ses hommes, appartenait à la classe des généraux pittoresques et violents du type Jackson. C'était une variété dont les whigs ne faisaient que trop aisément des présidents.

Prudemment, Polk fit débarquer à Vera Cruz un autre général, Winfied Scott, whig comme Taylor, mais élégant et hautain, donc ayant peu de chances de plaire aux masses. Scott devait s'emparer de Mexico avant que Taylor n'ait eu des succès dangereux. Le malheur voulut qu'ils fussent tous deux vainqueurs, Taylor à Buena Vista, Scott aux portes de Mexico. Parmi les officiers qui brillèrent en ces campagnes étaient le colonel Jefferson Davis, le capitaine Robert E. Lee, le capitaine Mac Clellan, et le lieutenant Ulysse Simpson Grant. Le 13 septembre 1847, les troupes américaines défilèrent devant Scott et occupèrent « le palais de Montezuma ». Par le Traité de Guadalupe Hidalgo (1848), le Mexique reconnut comme frontière le Rio Grande, et céda le Nouveau-Mexique et la Californie du Nord en échange de quinze millions de dollars. Ce n'était pas une annexion, tout au plus une vente forcée. Certains expansionnistes enragés auraient voulu absorber tout le Mexique, mais le Président s'y refusa, et le Sénat ratifia le traité après les traditionnels discours hostiles. Polk avait donné à son pays un million de milles carrés et, au parti whig, deux candidats. Le problème était maintenant d'assimiler les conquêtes sans détruire la balance du pouvoir entre les différentes sections du pays.

V

Le dernier compromis.

I. — Les immenses territoires que venaient d'acquérir les États-Unis nourrissaient un nombre fort petit d'habitants blancs, Américains ou Espagnols. La difficulté d'accès expliquait ce phénomène. Non seulement les distances étaient énormes et les voyages en chariot pénibles, non seulement il fallait traverser de hautes montagnes et de vastes déserts, mais dans les plaines du Middle-West, l'émigrant, s'il ne voyageait en convoi bien défendu, était à la merci des tribus indiennes qui, chassées de l'Est et privées de leurs terres ancestrales, avaient trouvé là un refuge. Braves, cruels, à demi sauvages, ces Indiens vivaient de la chasse au bison. Ils avaient des chevaux, issus de ceux qu'avaient jadis abandonnés les Espagnols. Leur courage, leur adresse, leurs légitimes ressentiments, leur connaissance du terrain faisaient d'eux des ennemis redoutables. Pourtant des caravanes de plus en plus nombreuses s'étaient aventurées sur les différentes pistes qui conduisaient vers le Pacifique. Un des épisodes les plus curieux avait été la fondation, par une secte religieuse, celle des Mormons, en plein désert, d'une communauté prospère.

II. — Le fondateur et prophète du groupe était un jeune homme, Joseph Smith, né dans l'État de Vermont, qui, vers sa quinzième année, avait vu, disait-il, apparaître, tandis qu'il était en prières, un ange qui lui avait révélé l'existence de livres sacrés, gravés sur des plaques d'or, et qui constituaient la révélation du Christ aux anciens habitants de l'Amérique. Guidé par l'ange, Smith avait trouvé les plaques d'or et, à l'aide de lunettes magiques, les avait déchiffrées. Le livre, dit *Livre de Mormon*, du nom du prophète qui l'avait écrit, fut publié et devint le livre saint de l'Église mormone, ou des Saints des Derniers Jours. Des disciples se groupèrent autour de Smith et, vers 1830, l'Église comptait plus de trois mille fidèles. Smith, de temps à autre, avait des révélations. L'une d'elles lui ordonnait de fonder la Jérusalem nouvelle. Il crut d'abord avoir trouvé la Terre des Saints en Missouri. Mais tel ne fut pas l'avis des habitants du pays qui, tenant les Mormons pour des infidèles, leur rendirent la vie si difficile que ceux-ci émigrèrent vers l'Ohio, puis en Illinois, où ils fondèrent la ville de Nauvoo. En 1843, une révélation ordonna à Joseph Smith de rétablir dans son peuple la polygamie des patriarches. Ces mariages multiples indignèrent les voisins des Mormons et une violente campagne contre eux se termina par l'assassinat de Joseph Smith. Brigham Young, qui lui succéda et qui était un organisateur énergique et hardi, emmena vers le désert ce peuple persécuté. Quinze mille Mormons partirent, dans trois mille chariots couverts. Leurs souffrances furent grandes. Enfin, dans un cirque de hautes montagnes neigeuses, Brigham Young découvrit un lac blanc qui brillait au soleil, dense, presque solide, un lac de sel. Il sentit que là devait s'élever la Jérusalem nouvelle, baptisa *Jourdain* la rivière qui se jetait dans cette mer Morte, amena ses chariots et fonda la ville de Salt Lake City. Les débuts furent durs. Le sol, en apparence stérile, dut être entièrement irrigué. Mais les Mormons avaient de grandes vertus. Leurs apôtres organisèrent l'État avec la même fermeté que l'Église. Bientôt le développement de l'immigration vers le Pacifique leur apporta la prospérité. Pour les voyageurs, Salt Lake City était un lieu de repos et de ravitaillement. En 1850, l'Utah fut organisé en territoire mais demeura longtemps une théocratie qui ne reconnaissait que ses propres lois. Il est devenu un État de l'Union en 1896, a supprimé la polygamie, et donne aujourd'hui l'exemple d'une parfaite tolérance.

III. — Orégon, Californie, Nouveau-Mexique, Utah, il était inévitable que l'acquisition de ce domaine géant, qui doublait une fois encore la superficie du pays, excitât de nouveaux débats entre esclavagistes et anti-esclavagistes. Ils luttaient en fait pour le contrôle du gouvernement fédéral. Les esclavagistes avaient déjà perdu sans remède celui de la Chambre des Représentants, qui était élue proportionnellement à la population. Même en comptant les esclaves pour trois cinquièmes, comme l'avait décidé le compromis de 1787, ils y étaient en minorité. Mais au Sénat, où chaque État avait deux représentants quelle que fût sa population, ils pouvaient garder leur position à la condition que la parité entre les deux groupes d'États fût maintenue. En 1846, le jour même où on parla de paix avec le Mexique, un républicain du Nord, David Wilmot, proposa « que l'esclavage fût à jamais banni de tout territoire acquis du Mexique, par conquête ou achat ». La Chambre vota la résolution Wilmot, mais le Sénat la repoussa. Le Sud riposta en demandant que l'esclavage ne fût pas interdit en Oregon; cette résolution fut repoussée à son tour et d'ailleurs elle ne rimait à rien, le climat rigoureux de l'Oregon y rendant l'emploi de la main-d'œuvre noire impossible. En revanche, dans les terres conquises sur le Mexique, la question de l'esclavage se posait et elle devait être résolue. On pouvait concevoir toute une gamme de solutions, allant de l'interdiction totale (Wilmot) à l'autorisation totale (c'était la théorie de Calhoun et de ses disciples), en passant par le compromis du Missouri (esclavage au sud de 36°30′, liberté au nord), et par la doctrine de la *squatter sovereignty* (souveraineté des colons), qui laissait, dans chaque territoire, les habitants libres de décider par un vote, à tout jamais, de la nature, libre ou servile, de leur État.

IV. — Il fut bientôt évident que cette question allait dominer l'élection présidentielle de 1848. Polk souhaitait se retirer dans sa propriété de Nashville (Tennessee) et ne voulait plus être candidat. « Je vais bientôt cesser d'être un serviteur et devenir un souverain », disait-il. Les démocrates, assurés des voix du Sud, présentaient un homme du Nord : Cass; les whigs, sûrs des voix de l'Ouest, présentaient un homme du Sud : le général Zachary Taylor, héros de la guerre du Mexique. Avec *Old Zac*, ils espéraient renouveler la campagne de *Tippecanoe.* Taylor était propriétaire d'esclaves en Louisiane, mais il avait du bon sens, de la modération, et ne faisait pas de l'esclavage une doctrine sacrée. Néanmoins, il effraya certains whigs anti-esclavagistes du Nord qui formèrent un nouveau parti : les *Free Soilers* dont la devise était : *Free soil, free speech, free labour and free men.* Les *Free Soilers* n'étaient pas des abolitionnistes comme l'ancien *Liberty Party*, parce qu'ils craignaient la sécession du Sud et tenaient avant tout à maintenir l'Union; ils souhaitaient seulement limiter, localiser et décourager l'esclavage. Leur candidat fut Van Buren, auquel la retraite avait refait une virginité présidentielle. Il ne fut pas élu mais à New York, qui était son fief électoral, il enleva beaucoup de voix au démocrate Cass et amena ainsi le succès de Taylor.

V. — Cependant, au cours de l'année 1848, un fait nouveau avait modifié le problème californien. Au moment de l'occupation américaine, la Californie était un pays espagnol, tranquille, noble, voluptueux, où de jolies femmes à mantille coquetaient dans les haciendas avec les officiers de Kearny, où le chant de la messe romaine répondait aux guitares de patio, et il sembla d'abord que ce charme séculaire ne serait pas rompu. Mais un jour un Américain, Marshall, employé par un colon suisse, le capitaine Sutter qui avait une petite concession dans la vallée du Sacramento, découvrit de l'or dans l'eau de ses moulins. Il envoya les pépites à San Francisco pour épreuve. Point de doute : c'était de l'or. Rapidement le bruit se répandit que la vallée du Sacramento était la région la plus riche en or du monde. Rumeur véridique, puisqu'en cinquante ans, deux billions de dollars devaient sortir des mines de Californie. Quand l'Est apprit cette nouvelle, la « ruée vers l'or » commença. En la seule année 1849, la population de la Californie passa de six mille à quatre-vingt-cinq mille habitants. En quelques années, San Francisco, jadis minuscule port de pêche, devint une ville de cinquante mille, puis de deux cent mille habitants. Pourtant le voyage demeurait difficile. Les uns venaient par mer en faisant le tour du cap Horn, d'autres par terre et mer en traversant l'isthme de Panama, beaucoup par les pistes de l'Oregon et de l'Utah. Des milliers d'êtres humains mouraient en route, victimes de la fatigue, de la faim, de la montagne, des Indiens. Mais, par la route semée de tombes, d'autres arrivaient. Ces malheureux croyaient tous qu'il leur suffirait de cribler des sables pour faire, en quelques semaines, une immense fortune. Telle n'était pas la vérité; pour un mineur qui s'enrichissait, cent gagnaient péniblement leur vie. Mais autour des mines prospéraient d'autres entreprises. Cette communauté nouvelle manquait de tout. Un blanchisseur, un maçon, une prostituée y faisaient prime. Les tavernes. les maisons de jeu étaient les plus riches des mines d'or. Les hommes qui avaient accepté les risques de la traversée d'un continent étaient de rudes compagnons qui ne craignaient ni Dieu, ni diable. Les coups de couteau pleuvaient si nombreux que nul n'y prêtait attention. Faute de justice légale, les citoyens les meilleurs décidèrent enfin de prendre en main la police. Des comités de vigilance ayant été créés à San Francisco, leurs méthodes furent sévères, mais efficaces. En septembre 1849, un groupe de colons et chercheurs d'or se réunit à Monterey; ils venaient de tous pays : Américains, Français, Anglais, Mexicains, Chinois, mais ils étaient d'accord sur un point : il leur fallait un gouvernement. Les États-Unis, après la conquête, n'avaient pas organisé le territoire; les militaires l'administraient tant bien que mal, avec l'aide des alcades espagnols. La Convention de Monterey adopta une constitution. Celle-ci excluait l'esclavage, parce qu'en fait il n'y avait pas d'esclaves en Californie. Après quoi la Californie élut une législature, un gouverneur. Elle n'était pas encore reconnue mais elle se conduisait en État de l'Union.

VI. — Quand le Congrès de 1849 se réunit, la reconnaissance de la Californie comme État libre souleva aussitôt une controverse ardente. En Californie, les esclavagistes venaient de subir une grave défaite. Ils avaient pensé qu'en vertu du compromis de 1820, la Californie serait divisée en deux États dont l'un, au-dessous de 36°30', avec esclaves. Ils virent avec terreur que les États libres, au Sénat, auraient, si la Californie était admise, une majorité. Que faire? Certains pensaient à annexer Cuba, d'autres à créer des territoires à esclaves en Utah et au Nouveau-Mexique. Mais, à la vérité, aucun remède n'aurait pu satisfaire les esclavagistes passionnés. C'était un de ces cas, si nombreux dans l'histoire, où l'esprit de faction atteint à l'idée fixe. Le Sud était blessé dans son honneur par les dénonciations des abolitionnistes. Calhoun écrivait à sa fille : « Nous n'avons subi que trop longtemps les insultes du Nord. » Un sénateur de Georgie déclarait que, si le Nord cherchait à chasser les propriétaires d'esclaves de territoires conquis au prix du sang de tous les citoyens, le Sud n'hésiterait pas à quitter l'Union. Le président Taylor répondait, comme jadis Jackson, qu'il n'hésiterait pas à maintenir l'Union par la force, dût-il lui-même commander l'armée. Bien qu'Henry Clay fût maintenant un vieillard, il retrouva, pour défendre un dernier compromis, toute l'éloquence séduisante de sa jeunesse. Le visage défait, la voix faible, il plaida pour la paix civile avec passion et noblesse. Il demanda au Nord de ne pas insister sur de vaines et offensantes proclamations de principes abstraits; il demanda au Sud de ne pas croire qu'une sécession serait acceptée sans lutte, non seulement par le Nord, mais par le Middle-West. Les peuples de la vallée du Mississipi avaient lutté pour empêcher l'Espagne, puis la France, puis l'Angleterre, de leur fermer cette route fluviale; ils n'admettraient jamais de la voir soudain transformée en route étrangère et séparée d'eux par une frontière.

VII. — Voici le compromis que proposa Henry Clay : *a)* la Californie serait admise comme État libre; *b)* des gouvernements territoriaux seraient organisés au Nouveau-Mexique et en Utah, la décision au sujet de l'esclavage étant laissée aux colons; *c)* une loi sur les esclaves fugitifs rendrait plus facile, pour le Sud, la procédure de poursuite; *d)* le commerce des esclaves serait supprimé dans le District de Columbia. Ce compromis avait été proposé par Clay avec sa coutumière courtoisie. Il était inspiré par les sentiments qu'avait toujours éprouvés Clay : pitié pour l'infirmité de la nature humaine; désir de trouver des solutions moyennes et honorables. Un autre vétéran, ancien ami de Clay, Calhoun, voulut lui répondre. Émacié, mais gardant son regard étincelant, Calhoun se mourait. Une tuberculose du larynx l'empêcha de parler lui-même et il fit lire son discours. Avec ses yeux caverneux, ses cheveux blancs rejetés en arrière, drapé dans un long manteau noir, il avait l'air d'un fantôme. Le Sud, disait-il, avait été attaqué, calomnié, dépouillé. Le Nord devait lui rendre ses droits : égalité dans les territoires, arrestation de tous les esclaves fugitifs, arrêt de toute campagne contre l'esclavage, telles étaient les conditions minima d'une entente. Sinon les cordes qui liaient entre eux les États se briseraient l'une après l'autre. Le 7 mars, le dernier des Burgraves, Webster, prit la parole. Il avait, lui aussi, terriblement vieilli, mais il se montra vigoureux : « Je parle aujourd'hui pour sauver l'Union... Écoutez-moi au nom de ma cause... » Beaucoup attendaient de lui un discours contre l'esclavage; ils furent déçus. Webster soutint Clay dans la recherche d'un compromis. Les abolitionnistes dirent que le désir d'être président des États-Unis l'avait inspiré et Webster, jadis leur idole, de ce jour devint leur bête noire. Mais les partis attribuent volontiers des motifs bas à ceux qui gênent leurs combinaisons. En fait, l'attitude de Webster était courageuse. La thèse extrême des abolitionnistes fut soutenue par le sénateur Seward du New-Hampshire. Il avait une grande influence sur le président Taylor et celui-ci eût sans doute opposé son veto au compromis, mais quand Taylor mourut subitement et fut remplacé par le vice-président Fillmore, l'accord devint certain et le compromis de Clay fut adopté. Ni son auteur, ni Calhoun, ni Webster, ne devaient lui survivre longtemps. La première génération des grands ancêtres s'était éteinte en 1826; dès 1852, la seconde avait disparu.

VI

L'échec du compromis.

I. — Les sages des deux partis espéraient que le Grand Compromis de 1850 réconcilierait les Frères Ennemis. Après trois années de répit, il allait au contraire amener la rupture. La mesure la plus dangereuse qu'il contînt était la loi sur les esclaves fugitifs, dont l'application devait montrer aux Nordistes les maux de l'esclavage sous leurs pires aspects et transformer une agitation politique en révolte sentimentale. La loi confiait aux autorités fédérales l'arrestation des esclaves en fuite. Elle exigeait le concours de tous pour traquer ces malheureux. Elle punissait les citoyens qui portaient secours à un nègre évadé, même lorsqu'ils avaient ignoré que l'homme était un esclave en rupture de ban. Aucune preuve n'était exigée pour l'arrestation; le témoignage des nègres n'était pas admis; le bénéfice d'un jury leur était refusé. Tant d'injustice ne pouvait qu'exciter l'indignation des hommes les plus modérés. Qui n'aurait eu pitié? Un jour, à Galesburg, Illinois, arrivait un nègre épuisé, presque nu, mourant de faim. Il racontait qu'il s'était échappé, avec cinq autres, d'une plantation du Missouri. Deux avaient été tués; trois, repris. Des hommes respectables de la petite ville cachaient aussitôt le fugitif et tentaient de l'envoyer au Canada, qui était pour les esclaves une terre d'asile. Ainsi, de ville en ville, se créait spontanément une organisation d'assistance. Un nègre avait été caché dans une maison; il le faisait savoir à d'autres; la maison devenait l'une des stations d'un mystérieux *underground railway*. On racontait que l'origine du mot était l'exclamation d'un planteur qui, ayant poursuivi une proie et soudain perdu sa trace, s'était écrié : « Il doit s'être engouffré dans quelque route souterraine! » Les chemins de fer étaient alors nouveaux et leur vocabulaire à la mode. Dans l'*Underground*, « chefs de gare » et « conducteurs » guidaient les « voyageurs » qui étaient les fugitifs. Il n'y avait pas d'organisation centrale et chaque station ne connaissait que ses voisines, ce qui rendait les recherches de la police plus difficiles.

II. — Le nombre des esclaves en fuite n'était pas grand (huit cent trois en 1860) et par conséquent le dommage causé au Sud peu important, mais la loi soulevait le Nord. En Nouvelle-Angleterre, des citoyens blancs arrachaient de force les nègres à ceux qui les poursuivaient, refusaient l'usage des prisons locales et tenaient des meetings de protestation. A Boston, un nègre nommé Burns ayant été arrêté, malgré la foule, une souscription fut ouverte pour le racheter. Le maître demandait douze cents dollars. On les trouva. Sur quoi l'attorney général du Massachusetts interdit le rachat sous le prétexte, étrange mais légal, que la vente et l'achat des esclaves n'étaient pas autorisés dans cet État. Il fallut renvoyer Burns en Virginie pour pouvoir traiter l'affaire, ce qui fut fait. Un roman, *La Case de l'oncle Tom*, en décrivant avec émotion le sort des esclaves fugitifs, acheva d'exciter le Nord. L'auteur, Harriet Beecher Stowe, puritaine, fille et femme de pasteurs, avait vécu à Cincinnati, qui n'était séparé des États esclavagistes que par l'Ohio, elle avait vu des êtres humains placés, nus, sur une table et examinés par les acheteurs comme des bêtes de somme; son père avait été l'un des « conducteurs » de l'*Underground Railway;* la loi sur les esclaves fugitifs l'avait indignée. Son livre montrait ce qu'il y avait d'anti-chrétien à vendre et acheter des êtres doués d'une âme immortelle. Bien que Mrs. Beecher Stowe eût essayé d'être équitable, le Sud jugea la peinture fausse et partiale. Mais le monde entier l'accepta comme vraie et le roman fut traduit en vingt-deux langues. Il contribua, plus peut-être que ne l'eût souhaité l'auteur, à former le sentiment public. Quand, plus tard, Lincoln rencontra Harriet Beecher Stowe, il salua « la petite femme qui avait commencé une grande guerre ».

III. — En 1852, les démocrates avaient fait élire à la Présidence, avec une immense majorité, leur candidat, Pierce, homme parfaitement terne, mais qui représentait une coalition de planteurs du Sud et d'hommes d'affaires de l'Est. Les whigs, une fois de plus, avaient envoyé au combat un héros militaire, le général Winfield Scott; il n'avait pas répété le succès de Harrison. L'élection de Pierce signifiait que la nation, malgré la propagande anti-esclavagiste, s'en tenait au compromis de 1850. C'était un temps de prospérité économique et les électeurs, qui s'enrichissaient, exigeaient la paix intérieure. La découverte de mines d'or et d'argent faisait monter les prix; les terres du Middle-West étonnaient par leur fertilité; dans le Sud, la culture du coton était prospère. L'Amérique recevait de nombreux immigrants, que la révolution de 1848 en Allemagne, et la famine en Irlande chassaient de chez eux. Le pays, florissant, absorbait sans effort cet afflux nouveau. Mais les esclavagistes ne désarmaient pas. Ils demandaient maintenant l'annexion de Cuba. L'affaire traînait depuis longtemps. Le président Polk avait offert d'acheter l'île à l'Espagne, laquelle avait répondu qu'elle aimerait mieux voir Cuba coulée au fond de l'océan que transférée à une autre puissance. Puis un aventurier, Lopez, avec quelques jeunes hommes de la Nouvelle-Orléans, avait essayé de saisir l'île par la force. Il avait été pris et fusillé, mais Pierce envoya comme ministre à Madrid Soulé, Louisianais annexionniste, qui compara Lopez à La Fayette! Soulé se rencontra en Belgique avec les ministres des États-Unis à Paris et à Londres et ces trois diplomates rédigèrent ensemble un document fort peu diplomatique, dit Manifeste d'Ostende, qui soutenait que « Cuba appartenait naturellement à la grande famille d'États dont l'Union américaine était la providentielle nursery ». L'Espagne, naturellement, protesta. Le secrétaire d'État désavoua le Manifeste d'Ostende, mais les journaux esclavagistes protestèrent : « Si l'Espagne ne veut pas nous vendre Cuba, nous devons la voler! » La température du pays montait.

IV. — Le sentimentalisme de *La Case de l'oncle Tom*, la condamnation morale qui en était la conséquence exaspéraient le Sud et le poussaient à prendre une attitude de défi : « Nous chérissons l'esclavage comme la prunelle de nos yeux et nous sommes résolus à le maintenir, pacifiquement si nous le pouvons, belliqueusement si nous le devons! » D'autre part, l'alliance du Sud et de l'Ouest était, pour le parti démocrate, la seule politique possible. L'avenir appartenait à l'homme d'État qui réussirait à nouveau, comme jadis Jefferson et Jackson, à trouver entre ces deux sections un terrain d'entente. Ce fut ce qu'essaya de faire Stephen Douglas. Cet homme trapu, massif, courageux et brillant que l'on appelait « le Petit Géant » était, disait-on, « un homme du Nord avec principes du Sud ». A la vérité, Douglas avait peu de principes. Volontiers cynique, il disait franchement que « dans toute question entre Blancs et Noirs, il était pour les Blancs, et dans toute question entre nègres et crocodiles, pour les nègres ». Douglas savait que l'Ouest souhaitait l'ouverture, au delà de l'Iowa et du Missouri, des terres fertiles du Kansas et du Nebraska. S'il pouvait les lui assurer et, en même temps, par quelque artifice, satisfaire le Sud, il avait chance de devenir président. Mais comment atteindre ce triple objectif? En annulant le compromis de 1820, en donnant au Sud l'espoir de voir naître de nouveaux États à esclaves, en offrant à l'Ouest un chemin de fer vers le Pacifique et des terres neuves à coloniser. Stephen Douglas, qui vivait à Chicago et y avait de grands intérêts, tenait à ce que le chemin de fer passât par cette ville plutôt que par la Louisiane et le Nouveau-Mexique. D'où la *Loi Kansas-Nebraska*, qui organisait deux nouveaux territoires et permettait aux colons de décider eux-mêmes s'ils y toléraient l'esclavage. L'ouverture du Nebraska devait rallier les électeurs du Missouri et assurer à Chicago le chemin de fer transcontinental, cependant que l'ouverture du Kansas donnait au Sud l'espoir de voir naître un nouvel État esclavagiste. C'était un assez beau doublé!

V. — Les législateurs manquent presque toujours d'imagination. Ils n'aperçoivent pas les conséquences concrètes d'un texte abstrait. Une loi qui abandonnait le statut du Kansas aux décisions futures de ses habitants devait tout naturellement inspirer à chacun des deux partis en présence le désir de peupler le Kansas de ses partisans. Dans le Nord, un groupe d'antiesclavagistes prit le nom d'*Anti-Nebraska* et créa une Compagnie pour encourager l'émigration au Kansas de colons amis. A Chicago même, Douglas fut si violemment attaqué, qu'après un meeting orageux, comme il était plus de minuit, il conclut : « C'est dimanche à présent. Je vais à l'église; allez au diable! » Beaucoup d'esclavagistes du Missouri faisaient élection de domicile au Kansas pour y avoir le droit de vote. Un planteur de l'Alabama vendait une partie de ses esclaves et consacrait le produit de la vente à équiper trois cents Sudistes qu'il envoyait au Kansas, tandis que dans les églises du Connecticut, les fidèles ouvraient une souscription pour envoyer des armes aux Nordistes du Kansas. Un pasteur de Brooklyn, Beecher, disait en chaire qu'avec les propriétaires d'esclaves, le fusil était un argument moral plus puissant que la Bible. L'expression « les Bibles de Beecher » devint synonyme d'armes à feu. Au Kansas, les fermiers ne labouraient plus que le fusil en bandoulière. Bientôt, deux gouvernements rivaux se formèrent sur ce territoire et se firent une guerre ouverte. La ville de Lawrence (où se trouve aujourd'hui l'Université du Kansas) fut brûlée et pillée par des esclavagistes, cependant que John Brown, abolitionniste, ses cinq fils et leurs partisans fusillaient des colons propriétaires d'esclaves. Ce John Brown était un exalté qui avait fait dix métiers avant de devenir, à cinquante ans, un fanatique de l'abolitionnisme. Il imaginait que sa mission était de délivrer les esclaves par la force. Bien qu'il fût pieux, le meurtre ne lui inspirait aucun remords, parce qu'il se croyait un instrument de la vengeance divine. Ainsi, la violence répondait à la violence. De part et d'autre, la mauvaise foi était sans limites. A en croire les journaux abolitionnistes, les planteurs du Sud prenaient un plaisir sadique à fouetter leurs nègres, ce qui était faux. A en croire les esclavagistes, le Kansas ne pouvait vivre sans esclaves, ce qui était absurde. Comme beaucoup des querelles humaines, celle-là se fût arrangée si les adversaires avaient froidement examiné les faits. Il n'y avait pas, dans tout le Kansas, plus de deux cents esclaves et le problème réel était sans importance aucune. Mais qui s'inquiétait des faits ? Les « plaies du Kansas », le « Kansas saignant » n'étaient plus que des arguments électoraux.

VI. — Or, les partis, pour l'élection présidentielle de 1856, avaient un impérieux besoin d'arguments électoraux. La confusion, dans les esprits, grandissait. Les whigs, privés de leurs grands hommes, Clay et Webster, étaient en outre divisés, par la campagne abolitionniste, en whigs du Nord et whigs du Sud. Le parti démocrate soutenait l'esclavage, mais les démocrates libéraux (et il y en avait beaucoup dans l'Ouest et dans le Nord) n'approuvaient pas cette attitude. Pour recueillir les mécontents, de petits groupes nouveaux s'étaient formés. Certains, comme le *Native American Party*, ou les *Know Nothing* (ainsi appelés parce que l'organisation était secrète et que, si les membres avaient à subir un interrogatoire, ils devaient répondre : « *I know nothing about it* ») s'opposaient à l'influence des immigrants étrangers. L'afflux d'Irlandais et d'Allemands avait inquiété les puritains de la Nouvelle-Angleterre, qui voyaient un danger dans cette invasion catholique ou prolétarienne. Les *Free Soilers*, hostiles à l'extension de l'esclavage mais non abolitionnistes, groupaient quelques esprits relativement modérés. Pour amener à une température de fusion tous les éléments anti-esclavagistes venus des whigs, des *Free Soilers*, et même du parti démocrate, il fallait le souffle brûlant de quelque indignation morale. Le « Kansas saignant » et les récits d'atrocités esclavagistes agissaient comme catalyseurs. Ainsi, d'éléments hétérogènes, naquit un parti d'union dit : *républicain*. Il avait pris le vieux nom des amis de Jefferson et, comme « plate-forme », avait adopté cette résolution : « Que, suspendant tout différend au sujet de la politique économique, ses membres agiraient, cordialement unis, contre l'extension de l'esclavage, jusqu'à la fin du conflit. »

VII. — Les républicains choisirent pour candidat Frémont, le soldat qui avait exploré les montagnes Rocheuses et gouverné la Californie; les démocrates, adroitement, écartèrent Douglas, trop marqué par l'affaire du Kansas, et soutinrent un candidat du Nord, Buchanan, vieillard incolore qui leur apportait les voix de la Pennsylvanie. Le ton de la campagne républicaine, par sa violence, effraya les plus conservateurs des whigs. Le président sortant, Pierce, démocrate, sachant que la victoire de son parti dépendait du calme au Kansas, y faisait de l'apaisement et accusait les républicains de chercher au contraire à maintenir la plaie ouverte pendant l'élection. Cette apparente modération assura en 1856 la victoire des démocrates. Buchanan fut élu, mais les républicains, aidés par quelques bons orateurs (dont un *attorney* de l'Illinois : Abraham Lincoln), avaient eu un grand nombre de voix. Encore quelques erreurs du Sud et ils avaient chance de triompher en 1860. La première faute vint de la Cour suprême; ce fut sa décision dans le fameux cas Dred Scott. Dred Scott était un nègre du Missouri que son maître avait emmené en territoire libre, dans le Nord, puis ramené au Missouri. Quelques années plus tard, le maître mourut et Dred Scott entama un procès contre la veuve pour réclamer sa liberté, disant qu'il avait été émancipé *de facto* par son séjour en territoire libre. A la vérité, Dred Scott était un illettré, tout à fait incapable d'engager un tel procès, et l'affaire avait été montée de toutes pièces par les anti-esclavagistes, pour obtenir une décision. La Cour du Missouri avait refusé à Dred Scott le droit d'ester en justice, parce qu'il n'était pas citoyen américain. La Cour suprême, consultée, confirma le jugement, donna tort à Dred Scott et le *Chief Justice* Roger B. Taney, du Maryland, émit l'opinion que la Constitution n'ayant été faite que pour les hommes blancs, les Noirs n'avaient aucun droit et que, le nègre étant une propriété, le gouvernement fédéral n'avait sur lui aucun pouvoir. En outre, Taney déclarait le compromis de 1820 contraire à la Constitution.

VIII. — Que la Constitution n'eût garanti leurs droits qu'aux Blancs était une thèse surprenante, car parmi les signataires de la Constitution, beaucoup appartenaient à des États où les Noirs étaient citoyens, mais la décision constituait un triomphe pour les extrémistes du Sud.

BIBLE
UNCLE
TOM'S
CABIN

I
HARRIET BEECHER STOWE
(1811-1896)
auteur de *La Case de l'Oncle Tom*

Ils pouvaient maintenant soutenir que la Constitution leur permettait d'étendre l'esclavage à tous les territoires, sans consulter le Congrès, ni les assemblées locales. Les territoires étant propriété commune de l'Union, chaque section de l'Union avait le droit d'y apporter ses mœurs et ses coutumes. C'était la réfutation de la doctrine de Douglas, qui avait soutenu les souverainetés locales et, théoriquement, c'était aussi la condamnation du parti républicain qui s'opposait à l'extension de l'esclavage. Mais, pratiquement, la décision de la Cour dans l'affaire Dred Scott donnait au parti républicain une grande force parce qu'elle était inapplicable. Comment imposer l'esclavage dans un territoire où la majorité serait hostile? La doctrine esclavagiste extrême ne pouvait mener qu'à la guerre civile. Si on l'écartait, deux thèses plus raisonnables demeuraient en présence. Elles s'incarnèrent de manière frappante, lors d'une élection sénatoriale dans l'Illinois, en deux candidats rivaux : Stephen Douglas et Abraham Lincoln. Par le prestige, les deux hommes étaient fort inégaux. Douglas avait été sénateur, chef de son parti et candidat à la Présidence. Lincoln, bien qu'il eût déjà quarante-neuf ans, n'avait été que député au Congrès, mais, en Illinois où il exerçait son métier d'avocat, il était connu pour son honnêteté, son bon sens, son humour, pour la rigueur de sa logique et aussi pour sa force physique. Ce grand corps aux mouvements maladroits faisait preuve d'une surprenante vigueur; ces longs bras, qui avaient fendu des piquets de barrière à coups de hache, pouvaient encore abattre, en cas de besoin, un matamore de village. Mais le vainqueur eût fait aussitôt amitié avec le vaincu. Lincoln aimait les hommes de bonne volonté. Il était l'un d'eux.

IX. — La vie d'Abraham Lincoln avait été difficile. Orphelin de mère, resté seul avec son père qui était un pauvre pionnier, il n'avait qu'une instruction rudimentaire. « Quand j'ai atteint ma majorité », disait-il, « je ne savais pas grand-chose. Je savais lire, écrire et calculer une règle de trois. Je n'ai pas été à l'école depuis... » Mais quand son père s'était remarié, sa belle-mère avait apporté avec elle cinq livres : *La Bible*, *Les Fables d'Ésope*, *Robinson Crusoé*, *Pilgrim's Progress* et *Simbad le Marin*. Lincoln les lut si souvent qu'il les sut par cœur. Plus tard, il ajouta *La Vie de Washington* par Parson Weems, et *Scott's Lessons*, recueil qui contenait des discours de Cicéron, de Démosthène et des héros de Shakespeare. Par ces lectures se forma l'une des plus belles proses anglaises. Mais ce mélange de force et de poésie n'apparut que plus tard, quand le succès libéra le véritable Lincoln. Au début de sa carrière, il était seulement un orateur clair, précis et disert. A la rhétorique d'un Webster, il préférait l'humour et ses apologues rappelaient les *Fables* de son cher Ésope. Une autre de ses lectures favorites était la géométrie d'Euclide; il lui devait la précision brève et limpide de ses démonstrations. Pauvre, malheureux dans son ménage, il cherchait refuge dans la rêverie. Il avait des sautes d'humeur étranges et passait d'un abattement hypocondriaque à une éloquente exaltation. Vers 1850, il avait renoncé à la politique pour le barreau. A partir de 1854, la controverse au sujet de l'esclavage le ramena dans la lutte.

X. — Avec son prudent réalisme, Lincoln ne pouvait être un abolitionniste fanatique. Il ne prêchait pas la haine des propriétaires d'esclaves; il reconnaissait la difficulté de leur position, mais dans le discours de Springfield (juillet 1858) où il accepta d'être candidat au Sénat contre Douglas, il indiqua courageusement les conclusions auxquelles l'avaient conduit ses longues méditations solitaires. Pendant cinq années, on avait essayé de traiter la question dans un esprit de compromis; l'agitation, loin de cesser, avait augmenté. « A mon avis, elle ne cessera pas avant qu'une crise ait été atteinte, puis dépassée... Une maison divisée contre elle-même ne peut rester debout. Je crois que ce gouvernement ne peut vivre de manière permanente à demi esclave et à demi libre. Je ne m'attends pas à voir l'Union dissoute, — je ne crois pas que la maison s'écroulera — mais je crois qu'elle cessera d'être divisée. Elle deviendra tout l'un ou tout l'autre... »

XI. — Lincoln lança un défi à Douglas. Celui-ci accepterait-il de discuter, dans une série de débats, en différentes villes de l'Illinois, la question de l'esclavage? Douglas accepta. Ces débats donnèrent lieu à des scènes curieuses. A Galesburg, tous les fermiers des environs étaient venus et avaient organisé une cavalcade. Des chars portaient, l'un la musique, un autre trente-deux jolies filles qui représentaient les trente-deux États de l'Union et, derrière elles, une triste créature vêtue de noir, étiquetée : *Kansas;* un autre, des jeunes hommes taillant des piquets à coups de hache, ce qui était un hommage à l' « Honnête Abe ». Les amis de Douglas arboraient des bannières : *Hourrah pour le Petit Géant!* L'estrade avait été dressée sur le *campus* de Knox College. Elle fut vite entourée de fermiers en manches de chemise et de leurs familles. Quand les deux héros arrivèrent, le contraste frappa tous les spectateurs. Douglas, ramassé, combatif, habillé par un excellent tailleur donnait une impression de prospérité et de force. Lincoln, vêtu d'une redingote mal coupée, avec ses bras trop longs, ses pieds énormes, son visage labouré, sa maladresse pathétique, son air absent et tourmenté, semblait une statue du désespoir. « Mais quand il parla », écrit un auditeur, « il cessa de paraître gauche pour devenir gracieux et fier. » Les positions idéologiques des deux hommes étaient simples : Douglas se prononçait en matière d'esclavage, pour l'autonomie des États et territoires; Lincoln, pour l'autorité du Congrès. Toute la stratégie de Lincoln fut de contraindre Douglas à s'expliquer sur le cas Dred Scott. C'était adroit car, si Douglas n'acceptait pas la décision de la Cour suprême, il mécontentait les extrémistes du Sud; s'il l'acceptait, il aliénait les démocrates modérés de l'Illinois et se mettait en contradiction avec sa propre doctrine. Mais Douglas était un fin renard et sa défense fut efficace : « L'esclavage », dit-il « ne pourrait exister un jour, ni même une heure, dans un État quelconque, s'il n'était soutenu par la police de cet État... » L'autonomie locale était donc une nécessité de fait. Lincoln, lui, n'acceptait ni la justification morale de l'esclavage, ni son extension à de nouveaux territoires; mais il voulait sauver l'Union.

XII. — Les électeurs de l'Illinois choisirent Douglas, à une faible majorité, mais la position que Lincoln l'avait contraint à prendre lui coûta plus tard la Présidence. Ce que demandaient les esclavagistes passionnés, ce n'était pas l'autonomie locale, mais la protection de l'esclavage par la loi fédérale. A quoi Douglas répondait, avec raison, que jamais les démocrates du Nord, ni même du Middle-West, ne s'y prêteraient. La conciliation apparaissait impossible et une nouvelle expédition de John Brown montra bientôt que le conflit pouvait désormais facilement glisser du plan politique au plan militaire. John Brown, depuis ses exploits au Kansas, devenait de plus en plus violent. En 1859, il conçut l'idée de commencer une guerre privée de libération. Des bandes armées feraient des raids dans le Sud, ramèneraient des esclaves et les protégeraient contre tous ceux qui tenteraient de les poursuivre. Il commença par une attaque contre la petite ville virginienne de Harper's Ferry, où il occupa l'arsenal des États-Unis. Les fusiliers marins, sous les ordres de Robert E. Lee, reprirent l'arsenal après une courageuse défense de John Brown et de sa troupe. Fait prisonnier, il fut condamné à mort par un jury de Virginie et pendu « aussi content », écrivit-il à ses enfants, « de mourir pour la vérité éternelle sur l'échafaud que de toute autre manière ». A la Cour qui le jugea, il dit : « Cette Cour reconnaît, je suppose, la validité de la loi de Dieu... Cette loi m'enseigne que je dois faire pour les autres hommes ce que je voudrais qu'ils fissent pour moi. Je me suis efforcé d'obéir à cette règle... Maintenant, s'il est nécessaire que je donne ma vie pour assurer la justice, et que je mêle mon sang à celui de mes enfants et à celui des millions d'êtres dont les droits sont cruellement lésés par l'esclavage, je me soumets... Qu'il en soit ainsi fait! » Que sa mort fût héroïque ne semblait pas contestable; que son action fût condamnable ne le semblait pas davantage. Emerson l'appela plus tard « un grand idéaliste, d'une bonté sans détours ». Telle n'eût pas été l'opinion de ses victimes. Aux yeux des abolitionnistes, John Brown devint un saint martyr. Ce fut alors que Thomas Brigham Bishop écrivit le chant célèbre :

> John Brown's body lies a-mouldering in the grave,
> But his soul goes marching on...

Dans le Sud, cette exaltation de la violence éveilla la crainte d'un soulèvement de nègres et d'un massacre des Blancs. L'élection présidentielle de 1860 allait se faire dans une atmosphère de terreur.

XIII. — Il importe de bien comprendre ce que cette élection représentait pour le Sud. Celui-ci se sentait maintenant entièrement différent du Nord. Non seulement, il défendait une civilisation fondée sur d'autres principes, mais il craignait les tarifs alors que le Nord les souhaitait; il demeurait rural et agricole alors que le Nord devenait urbain et industriel; il était hostile aux banquiers alors que le Nord les favorisait. La plupart des nouveaux chemins de fer étaient construits dans le Nord, et pour le Nord. Les immigrants, attirés par les usines et repoussés par l'esclavage, allaient au Nord.

Ainsi, la population du Nord croissait plus vite que celle du Sud, et l'écart de puissance grandissait. Or, pour défendre ses coutumes, son mode de vie, de quels moyens légaux disposait le Sud? Le Congrès? Mais le Sud avait perdu la majorité dans les deux Chambres. La Cour suprême? Mais le Président nommait les juges et une suite de présidents hostiles au Sud pouvait faire une Cour suprême toute nordiste. La Présidence demeurait donc le dernier rempart des sudistes. On comprend leur anxiété.

XIV. — Les démocrates ne purent s'entendre sur le choix d'un candidat. Les modérés désignèrent Douglas; les extrémistes quittèrent la Convention et choisirent Breckenridge. Cette division des voix démocrates rendait certaine l'élection d'un républicain. La Convention républicaine eut lieu à Chicago. L'homme d'État le plus célèbre et le plus expérimenté du parti était le sénateur Seward. Il croyait avoir toutes les chances. Mais les délégués de l'Ouest soutenaient passionnément Lincoln qui était un homme de chez eux et poussaient des hurlements de Comanches. « Si tous les porcs tués dans l'Ohio avaient crié ensemble », dit un auditeur, « ils n'auraient pu faire plus de bruit. » Les tacticiens du parti savaient que le choix d'Abraham Lincoln assurerait la victoire en Indiana et en Illinois, États douteux. Dans le Nord, on pensait qu'il rallierait, par sa simplicité démocratique, par son éloquence familière, les électeurs qui avaient jadis fait le succès de Jackson. Enfin, il fut désigné. « Jamais pareil tumulte n'avait été entendu sur la terre. » Seward, bien que profondément déçu, assura aussitôt Lincoln de son appui. Il y avait maintenant, dans l'Union, dix-huit États libres et quinze États serviles. Lincoln eut pour lui tous les États libres et fut élu président des États-Unis; il était en minorité dans la nation, mais en majorité dans le collège électoral. Dans le Sud, il n'avait eu que vingt-quatre mille voix. Neuf États du Sud avaient voté contre lui unanimement, sans une seule voix dissidente. La nation était, à la lettre, coupée en deux par la hache d'Abraham Lincoln. Chaque courrier apportait au Président des menaces de mort.

VII

Vers la guerre civile.

I. — Aux trois sections : Est-Sud-Ouest, s'étaient substitués deux blocs : le Nord et le Sud. Blocs de passions et de loyalismes contradictoires, bien plus encore que d'intérêts. Des deux côtés, on avait foi dans l'excellence des idées que l'on défendait. Les gens du Sud voulaient maintenir une vieille société pleine d'honneur. Ils tenaient l'émancipation des esclaves pour impossible, la condamnation de l'esclavage pour une basse hypocrisie. « Non qu'ils eussent pour leurs nègres de mauvais sentiments, loin de là, mais ils pensaient que tout un peuple de Noirs s'étant trouvé jeté au milieu d'un peuple de Blancs, il ne pouvait y vivre qu'en esclavage... Le problème n'était pas le même », disaient-ils, « au Massachusetts où un nègre était presque une curiosité, qu'en telle colonie du Sud où il y avait plus de nègres que dc Blancs. » Cependant, aux yeux de beaucoup de Nordistes, nourris par leurs journaux de récits d'atrocités, les barons négriers semblaient des tyrans et le devoir était de délivrer leurs noires victimes. Les artisans de la Nouvelle-Angleterre avaient été frappés par les arguments économiques des orateurs républicains : le bas prix de la main-d'œuvre servile risquait de nuire aux salaires des ouvriers blancs. L'abolitionniste Sunner parlait de « l'alliance entre les seigneurs du fouet et les seigneurs de la machine ». Les hommes justes étaient choqués par la monstrueuse injustice de la malédiction qui s'attachait aux hommes de couleur. A la vérité, même dans le Nord, les partisans de l'émancipation étaient rares. Il aurait fallu, pour la déterminer, un amendement à la Constitution et une majorité des deux tiers qui était loin d'exister dans le pays. Si le Sud eût été de sang-froid, il eût attendu les événements avec calme. Mais comment la haine eût-elle été de sang-froid ? « Une hostilité sectionnelle avait remplacé l'union fraternelle. » L'élection de 1860 avait achevé de cristalliser le ressentiment. Aux gens du Sud, Lincoln, l'étrange Lincoln, avec son grand corps maladroit, ses longs bras, sa redingote rustique aux manches trop courtes, apparaissait comme un chef grotesque, inacceptable. Les planteurs des Carolines rêvaient de refaire une république de gentlemen, telle que leurs pères l'avaient connue aux premiers temps de l'Indépendance. « Résistance à Lincoln est obéissance à Dieu », disaient-ils. Une tentative de Sécession semblait désormais certaine. D'un instant à l'autre, des événements redoutables allaient se produire. Que pouvait-on faire pour y parer ?

II. — Au moins le gouvernement aurait-il dû prendre des mesures de défense, armer les forts, protéger dans le Sud les administrations fédérales. Or, Lincoln ne devait être inauguré que le 4 mars et le Président sortant, Buchanan, semblait paralysé par la terreur. « Il partage son temps entre la prière et les larmes », dit un contemporain, « on n'a jamais vu un tel imbécile à la tête du pays. » Le pauvre Buchanan n'était pas un imbécile, mais un vieillard honnête et faible, en un temps où le pays avait besoin d'un chef énergique. Il était accablé et écrasé par sa responsabilité. Seward écrivit à sa femme que Buchanan montrait de manière irréfutable « que le devoir d'un Président est d'appliquer la loi — à moins que quelqu'un ne s'y oppose — et qu'aucun État n'a le droit de se séparer de l'Union — à moins qu'il ne le désire ». Le major Anderson, qui commandait les forts du gouvernement fédéral à l'entrée du port de Charleston, demanda des renforts et, ne les obtenant pas, décida de rassembler toutes ses troupes au fort Sumter, le plus facile à défendre. La Caroline du Sud protesta. Buchanan promit au Sud de donner à Anderson l'ordre d'évacuer le fort et, le lendemain, promit au Nord de maintenir Anderson et de le renforcer. Un transport fut envoyé à Charleston; les troupes du Sud ouvrirent le feu sur ce bateau. C'était le premier coup de canon. Déjà, sur la côte, des troupes sudistes préparaient des batteries pour bombarder fort Sumter. Dix, secrétaire de la Trésorerie, télégraphiait à un de ses subordonnés : « Si qui que ce soit tente d'amener le pavillon des États-Unis, tuez-le sur place. » Cette énergie plaisait au Nord.

III. — Un compromis était-il devenu impossible? Et quels étaient les faits nouveaux? L'élection d'un président qui s'était engagé à empêcher l'extension de l'esclavage? Rien de plus. Mais irait-il plus loin? A ceux qui le lui demandaient, Lincoln répondait que ses idées avaient été exprimées publiquement et qu'il n'y avait qu'à relire ses discours : « Pour les braves gens du Sud, je les répéterais volontiers soixante-dix fois sept... Mais j'ai aussi affaire à de mauvaises gens, au Nord et au Sud, à des gens qui sont avides de nouveaux textes qu'ils puissent fausser... » Les Sudistes croyaient leur position politique désespérée s'ils demeuraient dans l'Union. L'admission des trois États libres (Californie, Minnesota, Oregon) avait détruit la balance du pouvoir. Les extrémistes du Sud soutenaient que la Sécession leur donnerait de grands avantages. Ils seraient libres d'organiser à leur gré la vie de leur communauté; ils seraient délivrés de tarifs conçus et votés pour servir des intérêts qui n'étaient pas les leurs; leur commerce avec l'Europe en deviendrait plus facile; ils pourraient faire venir d'Afrique de nouveaux esclaves, ce qui arrêterait la hausse de la main-d'œuvre. Aux Sudistes modérés qui redoutaient une guerre, les violents disaient que cette guerre n'éclaterait pas; que la Sécession se ferait à l'amiable; que le Nord, ayant besoin du coton et des marchés du Sud, accepterait le fait accompli; et enfin que l'Angleterre, pour les mêmes raisons, soutiendrait le Sud. Dans le Nord même, il y avait des esprits qui se résignaient à l'inévitable. Ils admettaient que l'Union n'était qu'une confédération, dans laquelle les États étaient entrés par un vote, et de laquelle ils pouvaient sortir par un autre vote. Les capitalistes de la Nouvelle-Angleterre, auxquels le Sud devait deux cents millions de dollars, étaient pour la paix. A Boston, les « aristocrates de Beacon Street » protestaient contre un meeting en mémoire de John Brown. Quand la Caroline du Sud, la première, et au début la seule, déclara que l'Union était dissoute, Olivier Wendel Holmes lui adressa une *Lamentation pour notre sœur Caroline*, qui n'avait rien de menaçant :

> Pars donc, ô folle sœur! de nous sépare-toi
> Et cours sous le soleil, bien loin de notre toit...

Il promettait d'embrasser la sœur prodigue, si jamais elle revenait au bercail. Buchanan pleurait et priait de plus belle. Le sénateur Crittenden, du Kentucky, proposait un nouveau compromis à la Henry Clay. Mais le temps des compromis était passé. Un député du Nord montra la vanité de ces efforts *in extremis*, en proposant un amendement humoristique à la Constitution : « Quand un parti sera battu aux élections, ce parti aura le droit de se révolter et de prendre les armes... » Telle était en effet l'essence de la doctrine sécessionniste.

IV. — Elle était loin d'être acceptée par tout le Sud. Même des esclavagistes ardents, comme Jefferson Davis, souhaitaient laisser une chance à Lincoln, mais les politiciens de village étaient frénétiques : « Nous obtiendrons de meilleures conditions hors de l'Union que dans l'Union », disaient-ils. Au début de 1861, le Mississipi, la Floride, l'Alabama, la Georgie et la Louisiane s'étaient ralliés à la Caroline du Sud. Le Texas les suivit, malgré le plaidoyer du vieux Sam Houston. La Virginie, la Caroline du Nord, l'Arkansas et le Tennessee hésitaient. Pour la Virginie, le choix était douloureux. Elle avait en quelque sorte fondé l'Union; elle lui avait donné ses premiers présidents; mais elle était loyale au Sud et elle vivait en partie du commerce des esclaves. En février, une Convention de sept premiers États se réunit à Montgomery, Alabama, et forma les États confédérés d'Amérique. Il fallait au Sud un président. Jefferson Davis fut choisi. C'était un planteur, ancien colonel, qui avait servi dans la guerre du Mexique et depuis longtemps, l'un des plus ardents défenseurs des droits des États. Il n'était nullement un aristocrate du Sud, mais un fils de pionnier, né dans une *log cabin* du Kentucky. Son frère aîné, Joseph Davis, devenu un riche planteur, avait fait les frais de son éducation. Jefferson et Joseph avaient tous deux le goût de la lecture et tantôt dans l'une, tantôt dans l'autre de leurs belles maisons voisines, au bord du Mississipi, s'entretenaient des affaires politiques. Jefferson avait fait un mariage (le second) qui l'avait introduit dans l'aristocratie locale. Il aimait et admirait le système social auquel il s'était agrégé. Son beau visage, sa dignité, sa voix grave, son intelligence avaient assuré son succès, mais au moment où il devint président de la Confédération il était un homme prématurément usé. Une névralgie faciale, une maladie des yeux le rendaient irritable. Ayant été soldat, il prétendait, avec une persistance dangereuse chez un civil, se mêler des opérations militaires. Il cueillait des roses dans son jardin quand un messager lui apprit son élection; il fut surpris. Il s'attendait plutôt à être choisi pour général que pour président. A Montgomery, il fit un discours grave et mesuré : « Plaçant notre confiance en Dieu, en la pureté de nos cœurs et en la force de nos droits, nous défendons le Droit de notre mieux. » Cependant, Lincoln voyageait vers Washington et tenait, tout au long du chemin, des propos optimistes qui irritaient ses partisans : « Il n'y a pas de crise », disait-il, « autre qu'artificielle. » Il ne cachait pas qu'il souhaitait éviter la guerre : « Le sang ne coulera pas, à moins que le gouvernement n'ait la main forcée. » Le 4 mars eut lieu l'inauguration. Cérémonie sans éclat. La police avait découvert un complot pour assassiner Lincoln et le Président était rigoureusement gardé. Il semblait mal à l'aise et si embarrassé par sa canne et son chapeau haut de forme que son rival, Douglas, qui était sur l'estrade près de lui, l'en débarrassa au moment du discours.

V. — « Qu'il y ait dans un camp ou dans l'autre des hommes qui cherchent à détruire l'Union à tout prix et qui seraient heureux de tout prétexte pour le faire, je ne puis l'affirmer ni le nier. S'il y en a, je n'ai rien à leur dire. Mais ne puis-je m'adresser à ceux qui aiment réellement l'Union?... Mes compatriotes, chacun de vous et tous, pensez-y bien et avec calme. Rien ne sera perdu si vous prenez votre temps... Dans vos mains, mes compatriotes mécontents, et non dans les miennes, est la redoutable question d'une guerre civile. Le gouvernement ne vous attaquera pas. Vous ne pouvez avoir de conflit si vous n'êtes vous-mêmes les agresseurs. Vous n'avez pas juré devant Dieu de détruire le gouvernement de ce pays, tandis que j'ai juré solennellement de le préserver, de le protéger et de le défendre... Nous ne sommes pas des ennemis, mais des amis. Nous ne devons pas être ennemis. La passion a pu tendre les liens de l'affection; elle ne doit pas les briser. Les cordes mystiques de la mémoire qui unissent chaque champ de bataille, chaque tombe de patriote, à chaque cœur vivant et à chaque foyer de ce vaste pays, viendront enfler le chœur de l'Union quand elles seront de nouveau touchées, et elles le seront sûrement, par les meilleurs anges de notre nature... » Autour de lui, beaucoup attendaient avec anxiété l'attentat annoncé. Des centaines de lettres avaient prédit à Lincoln qu'il n'entrerait pas vivant à la Maison Blanche. Mais aucun pistolet ne se leva.

VI. — La foule regardait ce grand corps osseux et musclé, ce visage taillé à coups de serpe, cet air de « satyre bienveillant », ces bras herculéens et maladroits, ces yeux tristes et profonds. L'homme produisait une étrange impression de puissance et de naïveté. Il étonnait par la rusticité de ses manières, mais rassurait par son évidente sincérité. Pourquoi l'avait-on choisi ? Était-il un politicien brillant ? Dans le Cabinet qu'il venait de désigner, trois hommes au moins : Seward, secrétaire d'État; Chase, secrétaire de la Trésorerie; Cameron, secrétaire à la Guerre, croyaient l'emporter sur lui à ce jeu et le tenaient pour un rustaud dont ils feraient ce qu'ils voudraient. Pourtant, on remarquait dans son style une vigueur et une noblesse que ne possédaient aucun de ses ministres. Avait-il donc une profonde culture ? Non, mais, ce qui valait mieux, il était l'homme de quelques grands livres dont il avait assimilé la substance à sa chair et à son sang. En conversation, ses interlocuteurs étaient surpris de le trouver amusant, badin, presque frivole. Il aimait à raconter « de petites histoires » qui étaient souvent des histoires risquées. Il apportait, a dit Walt Whitman, dans la tragédie de son pays, un élément de comédie et même de farce. C'est vrai, mais il exprimait aussi, mieux que personne, les pensées les plus graves. On le disait opportuniste, et il l'était tant qu'il jugeait l'intransigeance inutile. « Quoi, monsieur le Président, vous avez changé d'avis ? — Oui, et je n'ai guère d'estime pour un homme qui n'est pas plus sage aujourd'hui qu'hier. » Il n'aimait pas à dire *Non*, sauf quand il était moralement indigné. Il avoua une fois qu'il tremblait à la pensée de ce qui lui serait arrivé s'il avait été une femme, mais se rassurait à l'idée que sa laideur eût protégé sa facilité. « Ma politique », disait-il, « est de n'avoir pas de politique. »

VII. — Quel était donc le secret de sa force? « Il était », dit Motley, « le grand Demos américain, honnête, adroit, rustique, sage, gai, brave, commettant parfois des erreurs, mais progressant à travers ses erreurs vers ce qu'il croit être le droit... » D'être sorti du peuple, il était fier : « De même que je ne voudrais pas être un esclave, je ne voudrais pas être un maître. Telle est mon idée de la démocratie. » Il aimait « les hommes du commun et les choses communes ». Il disait que Dieu, lui aussi, aimait les hommes du commun et que c'était la raison pour laquelle il en avait tant créé. Parce qu'il incarnait le peuple américain dans ce qu'il avait de meilleur, il possédait une naturelle richesse de bonté et de compassion tendre. Contrairement à tant de Yankees, il n'éprouvait pour les gens du Sud aucune haine. Il les nommait « nos anciens amis, maintenant nos adversaires ». Il comprenait la difficulté de leur position et les plaignait. Sa politique envers eux était à la fois ferme et modérée. Il souhaitait s'opposer à l'extension de l'esclavage, peut-être libérer progressivement les esclaves avec indemnité aux propriétaires, mais surtout sauver l'Union. Sur ce dernier point, il était irréductible et au besoin dur. « Si je pouvais sauver l'Union sans libérer un seul esclave, je le ferais, et si je pouvais la sauver en libérant quelques esclaves et en laissant les autres ce qu'ils sont, je le ferais aussi. » Dans cette phrase, comme dans toutes celles de Lincoln, on saisit la simplicité vigoureuse de sa pensée et ce mélange unique de conciliation et de ténacité qui faisaient de lui un grand homme.

VIII. — Pour sauver l'Union, il fallait avant tout empêcher la Sécession de nouveaux États. Ceux qui formaient la frontière entre l'esclavage et la liberté ne s'étaient pas encore déclarés. Lincoln prit dans son Cabinet des représentants du Missouri et du Maryland, afin de les lier plus étroitement à l'Union. Son hésitation au sujet de fort Sumter s'expliquait, elle aussi, par la crainte de heurter les États hésitants. « Lincoln », raillaient les Sudistes, « voudrait bien avoir Dieu de son côté, mais il lui faut aussi le Kentucky. » Que faire? Évacuer fort Sumter en blâmant, pour couvrir la retraite, l'administration précédente de sa négligence? C'était accepter la défaite. Attendre? C'était mettre Anderson en danger. Lincoln, contre l'avis de son Cabinet, décida d'envoyer des vivres, mais, le 12 avril, les autorités confédérées prirent l'initiative de bombarder le fort. Le lendemain, celui-ci était en flammes et, le 14, Anderson dut capituler. Le drapeau de la Confédération, les *Stars and Bars*, remplaçait sur le fort les *Stars and Stripes*. Anderson sortit fièrement, ses couleurs déployées et sa musique jouant le *Yankee Doodle*. Le 15, Lincoln lança une proclamation convoquant pour trois mois soixante-quinze mille hommes de la milice. Autour de lui, à Washington, l'atmosphère devenait lourde; la ville était virginienne, sudiste de cœur et les bureaux pleins d'ennemis. Mais le bombardement de fort Sumter ralliait tout le Nord autour du Président. Les Confédérés avaient tiré sur le drapeau de l'Union. Cette offense unit les partis. Pierce et Buchanan, anciens présidents démocrates, se prononcèrent pour Lincoln. « Il ne peut y avoir de neutres en cette guerre », dit Douglas, « seulement des patriotes ou des traîtres. » Le Sud tenait le même langage. Après la prise de fort Sumter, une femme du Sud dit : « Dieu est avec nous. » Quelqu'un demanda : « Pourquoi? — Mais parce qu'il déteste les Yankees, bien sûr! Douteriez-vous de sa sagesse? » La Virginie de l'Est, le Tennessee, l'Arkansas, la Caroline

II
ABRAHAM LINCOLN
(1809-1865)

du Nord partirent en dissidence et la ville virginienne de Richmond devint la capitale des États confédérés. Les nègres attendaient de grands événements mais au début, rien, dans leur attitude, ne le révéla. Ils demeuraient respectueux et prenaient un air indifférent. Quatre États à esclaves : Delaware, Maryland, Kentucky et Missouri, restèrent dans l'Union après bien des luttes intérieures.

IX. — Bien que la coupure géographique fût une coupure nord-sud, il y avait des hommes du Nord dans les armées du Sud et des hommes du Sud dans les armées du Nord. Beaucoup de familles étaient divisées. Trois frères de Mrs. Lincoln allaient se faire tuer pour le Sud. Le général sur lequel Lincoln comptait pour commander les armées de l'Union, Robert E. Lee, devint au contraire le meilleur des chefs du Sud. Lee était le plus noble caractère, et si peu favorable à l'esclavage qu'il avait libéré ses propres esclaves; il n'admettait pas le droit de sécession, mais il était Virginien : « Je n'ai pas pu », écrivit-il, « me résoudre à lever la main contre mon État natal, mes enfants et mon foyer. » George Washington était son modèle, son idéal, et Washington avait été un grand Virginien. Lee espérait qu'il ne serait pas appelé à se battre contre l'Union; quand le commandement de l'armée de Virginie lui fut offert, il crut que son devoir était d'accepter. Il servit d'abord sous Johnston, puis devint lui-même commandant en chef. Nul n'en était plus digne. Par le génie militaire, par la patience, la courtoisie, la constante générosité, son caractère rappelle celui de Turenne. Sa seule faute était une crainte de blesser un subordonné qui ressemblait parfois à de la faiblesse. Mais c'était une faiblesse qui naissait d'un excès de vertu. Dans le Nord, en ces premiers jours, l'enthousiasme populaire était grand. Les volontaires affluaient en criant : « A Richmond! » A Washington au contraire, le gouvernement était inquiet. Depuis la sécession de la Virginie, les *Stars and Bars* flottaient de l'autre côté du Potomac et Lincoln s'attendait à voir les canonnières confédérées traverser le fleuve. Beaucoup d'habitants de Washington fuyaient. Le Président, arpentant son bureau, appelait avec angoisse les troupes du Nord. « Pourquoi ne viennent-elles pas ? » répétait-il, « pourquoi ne viennent-elles pas ? » Enfin, elles vinrent. En traversant Baltimore, ville sudiste de cœur, un régiment du Massachusetts fut attaqué par la foule et la bataille fut sanglante. Mais d'autres régiments de Boston et de New York arrivèrent par mer et, le 25 avril, une petite armée remonta Pennsylvania Avenue en chantant *John Brown's body*. La capitale était sauvée.

VIII

La guerre civile (première partie).

I. — Quelles étaient les forces en présence? Le Nord avait environ vingt-deux millions d'habitants; le Sud, cinq millions de Blancs et près de quatre millions d'esclaves. Sur le nombre total des soldats en ligne, les historiens sont en désaccord. Ceux du Sud disent que la Confédération mit sur pied six cent mille hommes, contre deux millions cinq cent mille pour l'Union; ceux du Nord attribuent un million d'hommes au Sud, et un million cinq cent soixante-dix mille à l'Union. Beard donne les chiffres de deux millions huit cent quatre-vingt-dix-huit mille engagés dans l'armée fédérale; un million trois cent mille, chez les Confédérés. Les engagements contractés pour une courte période, puis renouvelés, compliquent le problème, le même soldat étant compté plusieurs fois. Pour les vivres, chemins de fer, dépôts en banque, le Nord l'emportait dans la proportion de trois à un. Son industrie était très supérieure à celle du Sud. La production locale des armes et munitions était, au début de la guerre, insuffisante des deux côtés. En quatorze mois, le gouvernement de l'Union acheta en Amérique trente mille fusils; en Europe, sept cent vingt-six mille. Nord et Sud avaient des agents et des rabatteurs dans les principaux pays producteurs d'armes. Mais l'achat n'était rien sans le transport. Là encore le Nord, possédant un plus grand nombre de bateaux et une population de marins, l'emportait aisément. Ainsi tous les facteurs matériels donnaient l'avantage à l'Union.

II. — En revanche, les soldats du Sud avaient, plus que ceux du Nord, l'habitude des sports qui sont un entraînement à la vie militaire. Les planteurs étaient bons cavaliers, bons tireurs. Quelques-uns des meilleurs officiers sortis de West Point (Lee, Johnston, Jackson) venaient du Sud et allaient être, pour les armées confédérées, des chefs compétents. Dans le Nord, les milices, qui formaient le noyau de l'armée, n'avaient aucune instruction. Leurs officiers étaient des civils, élus aux grades inférieurs, nommés par les gouverneurs aux grades supérieurs. Quelques-uns d'entre eux devaient faire de brillants soldats, mais il fallut du temps pour les distinguer. Certains régiments fantaisistes de zouaves et de turcos brillaient plus par l'éclat de leurs uniformes que par l'habileté de leurs tactiques. Le commandant en chef des armées de l'Union était le vieux Winfield Scott, général de talent, mais usé par l'âge et infirme. Il avait été excellent au temps de la guerre de 1812; il ne pouvait diriger de son lit celle de 1862. Pourtant, il eut la sagesse, dès les premières semaines, en un temps où beaucoup croyaient que la campagne serait finie en quelques jours, et où Lincoln lui-même ne convoquait que soixante-quinze mille volontaires, et pour trois mois, de dire que si un bon général, avec trois cent mille hommes, gagnait cette guerre en trois ans, ce serait un succès. Le Sud pouvait rester sur la défensive. « Nous ne vous demandons rien », disait le gouvernement confédéré au gouvernement de l'Union, « que de nous laisser vivre en paix. » Le Nord était contraint d'agir. Ainsi, dans les premiers jours, le Sud avait des avantages temporaires, mais le Nord possédait un potentiel de guerre supérieur. Il s'agissait de savoir « combien de temps pourraient durer les ressources du Sud, combien de temps le Nord mettrait pour utiliser les siennes. »

III. — Quels devaient être les objectifs stratégiques du Nord? Conquérir tout le Sud? Entreprise irréalisable. Le Sud était presque aussi grand que l'Europe. Il aurait fallu, pour occuper ces territoires, des armées géantes que l'on ne pouvait ni recruter, ni instruire, ni armer. Prendre la capitale, Richmond? L'opération semblait assez facile parce que Richmond n'était pas loin de la frontière, mais c'était plus vrai encore de Washington, et d'ailleurs la prise de Richmond, capitale de fraîche date, n'aurait pas amené la reddition du Sud. Les véritables points vulnérables des Confédérés étaient ceux qui commandaient leurs lignes de communication. Les États producteurs de coton, pays de monoculture, ne pouvaient vivre qu'en important leur nourriture, soit par mer, soit des États confédérés de l'Ouest. Or, avec l'Ouest, trois voies ferrées assuraient seules les communications. Elles traversaient respectivement le Mississipi à Memphis, Vicksburg et la Nouvelle-Orléans. La prise de ces trois villes, une descente par la vallée de l'Ohio et celle du Mississipi, couperaient en deux la nouvelle nation et, complétée par un blocus, l'opération devait assurer la victoire. Mais ceci ne fut compris par le Nord que plus tard. En 1861, le plan de l'Union fut de créer et d'entraîner une armée; de défendre Washington et de prendre Richmond, de maintenir dans l'Union le Kentucky et le Missouri qui contenaient beaucoup de Sudistes en puissance; et surtout de bloquer les ports du Sud. Comme au temps de la guerre d'Indépendance, les mouvements des armées étaient plus aisés par mer que par terre, en raison des distances et des difficultés de ravitaillement.

IV. — Déjà trente mille volontaires s'agitaient à Washington et criaient : « A Richmond! » Il était difficile de calmer leurs ardeurs. Les militaires demandaient un répit pour entraîner l'armée. Le gouvernement, poussé par l'opinion publique, répondait : « Nos soldats manquent d'entraînement, c'est vrai, mais pas plus que ceux de l'autre camp. » Le Congrès rebelle devait se réunir à Richmond le 4 juillet. Le Nord souhaitait empêcher cette réunion et une opération en Virginie fut montée. A l'Ouest, le général Patterson fut envoyé dans la vallée de la Shenandoah. A l'Est, le général Mac Dowell, avec une « Grande Armée » de trente mille hommes, traversa le Potomac pour attaquer les Confédérés qui étaient à vingt milles au sud de Washington, le long du petit fleuve de Bull Run, et défendaient l'embranchement du chemin de fer de Manassas. L'armée partit pour cette bataille comme pour une partie de plaisir. Nul ne doutait de la victoire. Des Sénateurs et des *Congressmen* suivaient les troupes dans l'espoir « de voir le Seigneur leur livrer les Philistins ». On allait écraser les rebelles. Une dame, armée de jumelles d'opéra, disait gaiement : « Nous serons demain à Richmond ! » Beaucoup de fermiers étaient venus avec leurs femmes, en carrioles, avec un panier de provisions, pour voir la bataille. Mais, des deux armées mal entraînées, celle qui était sur la défensive avait l'avantage. Quand des renforts venus de la vallée de la Shenandoah arrivèrent aux Confédérés, l'armée du Nord fléchit et sa retraite devint bientôt une déroute. Un flot de voitures et de cavaliers bousculait les spectateurs. Les cavaliers, agitant leurs sabres, criaient : « *Turn back! We are whipped!...* Fuyez ! Nous sommes fichus !... » On vit dans les rues de Washington des régiments débandés ; les bars se remplirent d'uniformes poussiéreux et sanglants. Si les Confédérés avaient poursuivi les fuyards, ils auraient pris Washington, car Scott, et même Lincoln, ne savaient que faire, mais les Sudistes avaient été aussi « désemparés par la victoire » que les Nordistes par la défaite et aucune décision ne suivit le combat de Bull Run.

V. — Au moment de la déclaration de guerre, l'unité du Nord avait été admirable. Mais tout échec divise. Après Bull Run, le Congrès s'en prit au Président. Lincoln fit appeler le général Mac Clellan, âgé seulement de trente-quatre ans, qui avait bien réussi en Virginie et dans l'Ouest, et lui donna le commandement de l'armée du Potomac. Cinq mois plus tard, il le fit commandant en chef. Le choix semblait hardi et heureux. Mac Clellan, officier du génie sorti de West Point, nourri des classiques de la stratégie, avait été envoyé en Europe pour y suivre la guerre de Crimée. Il possédait donc quelque expérience du combat moderne. Quittant l'armée, il était devenu président d'un chemin de fer et avait montré, dans ce poste civil, de remarquables qualités d'administrateur et d'organisateur. C'était un technicien, méthodique, travailleur. « Non seulement il savait ce qu'il fallait faire, mais il avait l'art de démontrer qu'il était le seul homme qui pût le faire. » *Little Mac* avait de Bonaparte la jeunesse, le goût des lettres, la petite taille, la main dans la redingote. Un trait lui manquait, mais qui seul importe : le caractère. Il était vaniteux, disait : « Mon armée », et traitait le président des États-Unis avec hauteur, presque avec mépris, allant jusqu'à le faire attendre une heure dans son antichambre. Mac Clellan poussait la prudence jusqu'à l'indécision. Énergique dans la préparation, il allait se révéler impuissant dans l'action. « Ne leur permettez pas de me presser », répétait-il au Président. Lincoln l'admirait, le laissait faire, et se préparait lui-même de son mieux au rôle de commandant en chef en lisant des livres sur l'art militaire.

VI. — Dans l'Ouest, le général commandant était Frémont, ancien candidat à la Présidence, héros de l'aventure californienne, époux de la fille du puissant sénateur Benton, richissime propriétaire de mines d'or et, pour toutes ces raisons, ingouvernable. A Saint-Louis où il établit son quartier général, il fit scandale par son train princier, les officiers étrangers dont il s'entourait et surtout par la violence de ses proclamations. Il déclara la loi martiale dans l'État de Missouri, annonça que tout rebelle trouvé les armes à la main serait fusillé, que les propriétés des rebelles seraient confisquées et leurs esclaves mis en liberté. Ainsi, ce général faisait, dans son territoire, ce que le président des États-Unis n'osait encore faire : il abolissait l'esclavage. Quand Lincoln lut la proclamation de Frémont, il fut indigné : « Si vous fusillez un seul de vos prisonniers, les Confédérés fusilleront, en représailles, les meilleurs des leurs, et cela continuera ainsi, homme pour homme, indéfiniment. » Quant à la libération des esclaves en Missouri, elle risquait de jeter dans le camp rebelle tous les propriétaires d'esclaves du Kentucky. Entre Lincoln et Frémont commença une querelle de première grandeur, Lincoln montrant du calme et de la dignité, Frémont soutenant que sa proclamation valait une victoire et refusant de la retirer. A Lincoln, il envoya sa femme, Jessie Frémont, personne impérieuse et violente, qui bouleversa la Maison Blanche par une scène incroyable et essaya ensuite de soulever l'opinion publique contre le Président. Tout un groupe d'extrémistes faisait de son mieux pour envenimer la guerre. Lincoln, au contraire, s'efforçait de la limiter et « d'empêcher un conflit inévitable de dégénérer en lutte révolutionnaire, violente et sans quartier ».

VII. — Cameron, au ministère de la Guerre, se montrait au-dessous du médiocre et tolérait une incroyable corruption. Lincoln le remplaça par Stanton, homme sûr mais difficile à vivre. « Stanton vous a-t-il dit que j'étais un imbécile ? » interrogeait le Président. « Alors c'est que j'en suis un, car il a toujours raison. » Quand on se plaignait à lui du secrétaire à la Guerre et qu'on lui disait qu'il aurait dû trouver des hommes qui eussent les qualités de Stanton, sans ses défauts : « Tout ce que je puis répondre, c'est que je ne les ai jamais rencontrés. Je n'en connais pas. Je voudrais en connaître. » Lincoln lui-même apparaissait en meilleure lumière qu'au début de sa Présidence. Il montrait, dans le danger, du calme et du bon sens. Un jour qu'il semblait harassé, quelqu'un lui demanda : « Les nouvelles sont-elles mauvaises, monsieur le Président? — Oh! non », dit-il, « c'est ce bureau de poste de Balderville... » Depuis Bull Run, il n'y avait « rien de nouveau sur le front de Potomac ». Des deux côtés, on organisait de grandes armées. Les volontaires se présentaient en masse. Pour les équiper, les deux camps se tournaient vers l'Europe. Le Nord achetait en Angleterre, par l'intermédiaire de Baring Brothers, et le gouvernement fédéral manquant de hardiesse dans ses commandes, des États comme l'Ohio, le Connecticut et le Massachusetts passaient des ordres. Toutes les usines belges travaillaient pour le Sud. Pour recevoir les envois, il fallait maintenir les ports ouverts. A ce point de vue le Nord, vieux pays d'armateurs, était mieux partagé et sa flotte supérieure à celle du Sud dans la proportion de dix contre un. Mais le Sud montrait plus d'audace et d'ingéniosité. Dès le début de la guerre, il s'empara de l'arsenal de Norfolk et y trouva la coque de la frégate *Merrimac*. A l'imitation de ce qui avait été fait par Napoléon III en Crimée, les Sudistes revêtirent cette coque d'un blindage et l'armèrent de canons. A quoi le Nord riposta en construisant le *Monitor*, étrange radeau bardé de fer qui portait une tourelle mobile, « comme une boîte de fromage sur un radeau ». C'était l'œuvre d'un remarquable ingénieur suédois : John Ericsson.

VIII. — Chacun des deux camps comptait sur l'appui diplomatique de l'Angleterre. Le Nord s'attendait à ce que les églises protestantes y prissent position contre l'esclavage; le Sud espérait que patrons et ouvriers du

Lancashire, affamés de coton, s'uniraient pour forcer la main au gouvernement. Au début, il sembla que l'Angleterre était sudiste. Un sentiment de classe inspirait aux aristocrates anglais de la sympathie pour les planteurs. Quant aux libéraux, adversaires de l'esclavage, la position du Nord leur semblait ambiguë. Pourquoi Lincoln se battait-il? Il avouait lui-même ne pas être abolitionniste. Au nom de quels principes prétendait-il imposer l'union à des États qui la répudiaient? Gladstone, le libéral Gladstone disait : « Jefferson Davis et les autres chefs du Sud ont fait une armée; ils sont en train, semble-t-il, de faire une marine et, ce qui est bien plus, ils ont fait une nation. » Lord Robert Cecil rappelait que le Sud était client de l'Angleterre; le Nord, rival. Le blocus des ports confédérés par la marine du Nord amenait des incidents. Le plus grave fut celui du *Trent*. Ce bateau anglais fut arrêté en mer par un navire de l'Union qui s'empara de deux ambassadeurs de la Confédération se rendant en Europe, et les fit prisonniers. C'était un acte contraire au droit international et qui provoqua en Angleterre une telle fureur que Russell rédigea un véritable ultimatum. Ce fut grâce à la reine Victoria, et surtout grâce au prince Albert, qui (au nom de la Reine) adoucit les termes de la note, qu'une guerre anglo-américaine fut alors évitée. Les ambassadeurs, relâchés, purent poursuivre leur route. Mais ce ne fut que bien plus tard, et lorsqu'une position énergique eût été prise par Lincoln sur la question de l'esclavage, que l'opinion publique anglaise se rallia aux Yankees.

IX. — Le général Mac Clellan était un curieux homme. Il avait une grande armée, la plus nombreuse qui eût jamais été assemblée sur ce continent. Le gouvernement lui donnait autant d'armes, d'uniformes, de transports qu'il en pouvait souhaiter. Mais il ne bougeait pas. Il croyait toujours l'ennemi plus fort, mieux armé. Lincoln s'inquiétait. Il est impossible de maintenir la discipline et l'enthousiasme dans une armée qui ne combat jamais. « Si nous ne faisons rien », disait le Président, « toute notre affaire va s'écrouler ». Et aussi : « Si Mac Clellan n'a pas besoin de l'armée, j'aimerais à la lui emprunter. » La colère du pays contre Mac Clellan éclata quand soudain Johnston, le général confédéré, quitta sans être inquiété sa position de Bull Run, dont Mac Clellan préparait l'attaque depuis des mois. L'opinion publique réagit avec violence et demanda qu'au moins l'ennemi fût poursuivi. Mais Mac Clellan déclara qu'il ne pouvait prendre Richmond par une attaque frontale, qu'il passerait par la péninsule de Yorktown et y enverrait par mer son armée. En effet, grâce au concours d'une grande flotte, il transporta cent vingt et un mille cinq cents hommes et quatorze mille cinq cent quatre-vingt-douze animaux. Quelques transports furent coulés par le *Merrimac* et on put craindre un instant de voir cette étrange tente de fer maîtresse de la mer. Le petit *Monitor* l'attaqua bravement. Ce fut le curieux « duel d'un nain et d'un géant, tous deux difformes ». Cinq fois durant l'engagement les deux bateaux se touchèrent et tirèrent à bout portant. Les visages des marins étaient noirs de poudre. Le combat se termina par un match nul, mais qui avait montré que le cuirassé était, dans une large mesure, à l'épreuve de l'artillerie. Toutes les Marines du monde pesèrent les conséquences de cette leçon; l'ère des bateaux de bois était terminée.

X. — La campagne dans la péninsule est un classique exemple de batailles perdues par manque de caractère d'un général. Quand Mac Clellan arriva devant les retranchements de Yorktown, ils n'étaient occupés que par cinq cents hommes. Attaqua-t-il enfin? Point du tout. Il se retrancha lui-même et écrivit à Lincoln : « Qu'il n'y ait pas de malentendu au sujet de notre apparente inaction. Pas un jour, pas une heure n'ont été perdus. Nous avons fait des travaux que l'on peut appeler gigantesques. » Les généraux du Sud en riaient : « Nul, hors Mac Clellan, n'eût hésité à attaquer. » Mais lui passait le plus clair de son temps à composer pour sa femme de belles lettres, destinées à la postérité, où il exaltait son propre courage et son esprit de décision. Il avait devant lui le général Lee qui, avec beaucoup d'audace, détacha son meilleur lieutenant, Jackson (dit *Stonewall Jackson*), dans la vallée de la Shenandoah, pour immobiliser des fédéraux par cette feinte. Jackson balaya tout devant lui, fit trois mille prisonniers, prit vingt-cinq mille dollars d'approvisionnements, puis rejoignit Lee à Richmond. De ce raid, Mac Clellan conclut que Lee avait au moins deux cent mille hommes. « Autrement, pensait Mac Clellan, il n'eût pas osé se priver de Jackson. » Ce qu'il oubliait, c'était que Lee le connaissait maintenant à merveille et tenait compte dans ses prévisions des hésitations de l'adversaire. Enfin s'engagea devant Richmond une sanglante bataille, dite bataille des Sept Jours, dans laquelle Lee perdit vingt mille hommes; Mac Clellan, seize mille. Une fois de plus à ce moment, Mac Clellan pouvait prendre Richmond. Il donna l'ordre de retraite et se replia vers sa base, perdant un grand nombre d'armes et de transports qui furent ramassés par les Confédérés. Quand il ramena sur le Potomac, vainement mutilée, sa Grande Armée, ce Napoléon temporisateur fut relevé de son commandement. Puis comme ses successeurs n'avaient pas mieux réussi que lui, et s'étaient fait battre en une seconde bataille de Bull Run qui ouvrait la porte à une invasion du Maryland, il fut rappelé et arrêta enfin Lee à Antietam. Au soir de la victoire, Lincoln télégraphia : « Dieu vous bénisse et tous ceux qui sont avec vous. Détruisez l'armée rebelle si c'est possible. » Mais Mac Clellan n'agissait pas avec une telle précipitation. Cette fois encore, il permit à Lee de se retirer, cependant qu'il écrivait à sa femme : « J'ai envoyé au Président une lettre vigoureuse et forte... S'il suit mes conseils, le pays sera sauvé. » Cette fois, Lincoln se débarrassa de lui définitivement, malgré les mac clellanistes enragés qui persistaient à soutenir que si on lui avait donné du temps, Mac Clellan était sur le point de gagner la bataille décisive de la guerre.

XI. — La bataille d'Antietam, en arrêtant l'invasion, mit fin à une période qui, pour le Nord, avait été désastreuse. Il était temps, car la position de Lincoln devenait difficile. Autour de lui, beaucoup pensaient que l'on ne pourrait battre le Sud. C'était le sentiment des gouvernements anglais et français qui, tous deux, eussent reconnu l'indépendance du Sud si Lee avait pris Baltimore. En France, Napoléon III, qui espérait alors installer au Mexique son candidat, l'empereur Maximilien, croyait avoir besoin de l'amitié du Sud et assurait Slidell, à Saint-Cloud, de sa sympathie. Il autorisait même secrètement un armateur de ses amis, Lucien Arman, de Bordeaux, à construire deux cuirassés et quatre corvettes pour les Confédérés. Mais quand, plus tard, la victoire du Nord parut probable, Napoléon III interdit la livraison des bateaux ce qui, entre autres conséquences, ruina l'armateur français. En Angleterre, seule l'émancipation des esclaves pouvait amener l'opinion publique à changer de camp. Lincoln mit longtemps à prendre cette décision. Fermement décidé à terminer cette guerre par une paix de réconciliation, il ne voulait pas exciter les propriétaires d'esclaves par une mesure prématurée. Dans tous les territoires occupés par les armées de l'Union, les esclaves prenaient leur liberté et on les groupait en bataillons de travailleurs, mais Lincoln avait toujours dit que la question de l'esclavage ne l'intéressait que dans la mesure où elle était liée au salut de l'Union, et il devait tenir compte des États à esclaves restés dans l'Union. De plus, Seward l'avait convaincu de la nécessité d'attendre une victoire. Après Antietam, au mois de septembre 1862, Lincoln convoqua les membres de son Cabinet et leur dit qu'il allait prendre cette décision sans leur demander leur avis. Il avait promis d'affranchir les esclaves dès que le Maryland serait sauvé. Dieu avait fait sa part; il ferait la sienne. Il n'avait pas l'intention de convoquer le Congrès, ni d'appliquer la mesure aux États restés dans l'Union, mais opéra en vertu de ses pouvoirs de commandant en chef, ce qui était son droit en pays ennemi. Une proclamation préliminaire annonça que, le 1er janvier 1863, tous les esclaves des États dissidents seraient libres, pour toujours, et que le gouvernement fédéral reconnaîtrait leurs libertés.

XII. — Le 1er janvier, Lincoln signa la proclamation définitive : « Je n'ai jamais », dit-il, « été plus certain de bien agir que je ne le suis en signant ce document. » Ses ministres étaient heureux. Gaiement, ils se traitaient les uns les autres d'abolitionnistes. Jefferson Davis répondit, quelques jours plus tard, dans un message au Congrès confédéré : « Notre haine pour ceux qui ont signé l'acte le plus exécrable de l'histoire des hommes est tempérée par un profond mépris pour la rage impuissante qu'il révèle... » Les effets de la proclamation furent surprenants. Que le Sud, menacé de perdre ses biens et son type de société, ait été plus décidé que jamais à combattre jusqu'à la mort, cela est naturel. Mais on aurait pu croire que le Nord acquerrait, par cet acte, une ferveur nouvelle. Il n'en fut rien. Les abolitionnistes virent dans le geste une adhésion trop tardive à leur doctrine. Les démocrates nordistes dénoncèrent une manœuvre politique. Seuls les esclaves sentirent passer ce premier souffle de liberté et Julia Ward Howe, poétesse et réformiste, écrivit l'*Hymne de bataille de la République* :

Mine eyes have seen the glory of the coming of the Lord;
He is trampling out the vintage where the grapes of wrath
[are stored.
He hath loosed the fateful lightning of His terrible, swift
[sword.

His truth marching on...

IX

La guerre civile. (II. L'Ouest.)

I. — La guerre dans l'Est avait pour objectif Richmond; la guerre dans l'Ouest avait pour objet la conquête du Mississipi. Là se révélèrent les grands généraux nordistes : Grant, Sherman et Sheridan. Ulysse Grant était l'un de ces militaires originaux que les armées mettent à l'écart en temps de paix et dont la guerre soudain prouve la valeur. Il avait passé par West Point; il y avait laissé l'impression d'un cadet mal tenu. Après une campagne au Mexique, il avait été prié de donner sa démission parce qu'il buvait. Jugé par sa famille un raté, mais un brave garçon, il était devenu fermier, marchand de biens, marchand de cuir, le tout sans succès. La guerre civile venue, il s'était engagé et avait été fait colonel d'un régiment de l'Illinois. Quelques combats heureux lui avaient valu le grade de général de brigade. « Attention, Ulysse! » avait dit son père. « Te voilà général; c'est une bonne place; ne la perds pas. » En février 1862, il avait pris fort Dearborn, assurant ainsi à l'Union la possession du Kentucky et, quand l'ennemi avait demandé ses conditions, avait répondu : « *Unconditional surrender!* » (Reddition sans conditions.) Cette fière réponse l'avait signalé à l'attention du pays, qui le connaissait maintenant sous le nom d'*Unconditional Surrender Grant.* Les officiers de l'état-major de Grant ne comprenaient pas très bien

III
LE GÉNÉRAL GRANT
(1822-1885)

pourquoi il réussissait; il passait par de longues périodes de torpeur, mais quand il en sortait, c'était pour prendre une décision qu'il appliquait ensuite avec une extraordinaire énergie. Lincoln avait remarqué la proclamation de Grant au Kentucky, si différente de celle de Frémont au Missouri : « Je viens à vous non en ennemi, mais en concitoyen et en ami », disait Grant. « Vos opinions ne me regardent pas. Je ne sévirai que contre les rebelles armés et contre ceux qui les soutiendront. » La jalousie de certains généraux envers cet intrus qui était vainqueur contre les règles le gêna longtemps. Quand, avec quelques canonnières et une armée de jeunes garçons du Middle-West, il gagna la bataille de Shiloh, au prix de pertes effroyables, ses ennemis demandèrent au président de l'éliminer. Lincoln dit : « Je ne puis me passer de cet homme : il se bat. » Quand on rappela les vieilles accusations d'ivrognerie, le Président répondit : « Si Grant boit, je voudrais savoir ce qu'il boit, car j'enverrais quelques fûts de whisky de la même marque aux autres généraux... » En 1863, il confia au major général Grant l'armée du Mississipi.

II. — Des trois points de passage qui avaient assuré, entre le Sud-Est et le Sud-Ouest, la circulation des renforts et des vivres, deux : Memphis et la Nouvelle-Orléans, étaient en 1863 au pouvoir des Nordistes. La Nouvelle-Orléans avait été enlevée, très bravement, par les canonnières du capitaine Farragut qui commandait la petite flottille du Mississipi. Après quoi les troupes de l'Union avaient remonté le fleuve, en incendiant et en détruisant tout sur leur passage. Le Sud se plaignait de la dureté des Yankees et il n'avait pas tort. Beaucoup de soldats pillaient les maisons des Confédérés, lacéraient les tableaux, brûlaient les papiers, et finissaient par mettre le feu à la maison elle-même. Les guerres civiles excitent toujours les passions et les officiers yankees se refusaient à plaindre *those dam Secesh women*. Après la perte de la Nouvelle-Orléans, il ne restait au Sud pour se nourrir qu'une route : celle de Vicksburg. Si Grant occupait Vicksburg, le gouvernement du Sud se trouverait coupé de ses provinces de l'Ouest. Le problème stratégique était donc simple, mais l'exécution tactique difficile. Vicksburg, forteresse perchée sur un plateau, était le Gibraltar du Mississipi. On ne pouvait l'attaquer ni de front, ni par le nord, ni par l'est. Le fleuve, débordé, formait autour de la ville un immense marécage qu'aucune armée n'aurait pu traverser. Le seul terrain d'attaque possible se trouvait au sud de Vicksburg. Sherman y rejoignit Grant avec trente-trois mille hommes. Fédéraux et Confédérés avaient dans la région des forces à peu près égales, mais une partie de l'armée confédérée se trouvait à Jackson, Tennessee, et l'autre à Vicksburg. Jouant sur les lignes intérieures, Grant, avec beaucoup de maîtrise, défit l'armée qui était à Jackson, puis, ayant ainsi assuré la sécurité de ses arrières, entreprit le siège de Vicksburg. Que pouvaient faire les Confédérés? Rien, car leurs moyens de transport ne permettaient plus d'envoyer une nouvelle armée pour prendre Grant à revers. Dès lors, le siège classique se déroula, avec mines, contre-mines, brèches, assaut, et se termina, le 4 juillet, par la capitulation de la ville. Grant prit trente et un mille prisonniers, cent soixante-douze canons, et ordonna généreusement à ses hommes de ne faire aux vaincus aucune remarque blessante. Uniformes bleus et uniformes gris fraternisèrent. Les assiégés faisaient aux vainqueurs les honneurs de leurs tranchées; les assiégeants étudiaient les effets de leur tir. Des deux côtés, courtoisie et magnanimité engendraient de plaisantes conversations. Grant renvoya chez eux, sur parole, tous ceux des prisonniers qui venaient du Sud-Ouest. La prise de Vicksburg était une grande victoire, qui donnait au Nord le contrôle du Mississipi.

III. — La veille, 3 juillet 1863, les armées du Sud avaient subi un autre grave échec. Le général Robert Lee, héros de la campagne de Virginie, avait, pour diminuer la pression sur Vicksburg, envahi la Pennsylvanie. Il pensait que, s'il pouvait s'emparer de Harrisburg, de Philadelphie, il amènerait en Amérique la levée du siège de Vicksburg; en Europe, la reconnaissance de la Confédération. Le mouvement était hardi : il découvrait Richmond. Quelqu'un dit à Lee : « Et si les armées de l'Union prenaient Richmond en votre absence ? » Il répondit : « *We should swap queens*... Nous échangerions nos reines. » Il passa par la vallée de la Shenandoah et au début tout marcha bien. L'armée du Sud raflait tous les chevaux de la Pennsylvanie et se nourrissait de ses bœufs, de ses porcs, de ses poulets, mais elle respectait les maisons des Yankees. Lincoln envoya, contre le général Lee, le général Meade et les deux armées se rencontrèrent près de Gettysburg. Lee avait environ soixante-quinze mille hommes; Meade, cent mille. Lee était en position d'accepter ou de refuser la bataille. Il l'accepta. « Nous allons », disaient ses officiers », montrer cette fois aux Yankees comment nous savons nous battre. » Son armée avait été si souvent victorieuse qu'il la croyait invincible, et en fait jamais hommes ne marchèrent plus bravement à l'ennemi que les Virginiens de Pickett derrière leur drapeau bleu. Mais, du haut de la pente, le feu nordiste les décima. Les pertes furent telles que Lee dut ordonner la retraite vers le Potomac. Meade aurait pu le poursuivre et le détruire. Mais Meade était un général du type Mac Clellan, hésitant et prudent. Malgré l'insistance pressante de Lincoln, il laissa l'ennemi s'échapper. Lincoln dit : « Notre armée tenait la guerre dans le creux de la main, elle n'a pas voulu la fermer... Nous avons fait tout le travail des labours et des semailles pour une énorme récolte, et quand celle-ci a été mûre, nous ne l'avons pas engrangée... » Beaucoup d'erreurs avaient été commises par des lieutenants de Lee : Ewell, Longstreet. Avec sa coutumière générosité, il les couvrit : « Tout a été ma faute », dit-il au général Willcox qui lui exposait, presque en pleurant, l'état de sa brigade. « C'est moi qui ai perdu cette bataille. Aidez-moi à en sortir aussi bien que possible. »

IV. — Ce fut sur le champ de bataille de Gettysburg, quand les nombreux morts eurent été enterrés, que Lincoln prononça le célèbre discours qui reste un morceau classique, digne de Périclès et de Démosthène : « Il y a quatre-vingt-sept ans, nos pères ont, sur ce continent, mis au monde une nouvelle nation, conçue en liberté et vouée à cette idée que tous les hommes naissent égaux. Aujourd'hui, nous sommes engagés dans une grande guerre civile, pour déterminer si cette nation — ou tout autre nation ainsi conçue et dédiée — peut durer. Nous nous rencontrons sur un grand champ de bataille de cette guerre. Nous nous rencontrons pour en consacrer une parcelle, comme suprême champ de repos, à ceux qui ont donné leur vie pour que la nation puisse vivre. Il est convenable, il est juste que nous le fassions. Mais en un sens plus large, nous ne pouvons pas consacrer, nous ne pouvons pas dédier, nous ne pouvons pas sanctifier cette terre. Tous les héros, vivants et morts, qui ont lutté ici, l'ont consacrée de manière si haute que nous n'avons plus le pouvoir d'y rien ajouter, ni d'en rien enlever. Le monde remarquera peu ce que nous disons ici et il ne s'en souviendra guère, mais il n'oubliera jamais ce que des braves ont fait en ce lieu. C'est plutôt à nous, les vivants, d'être voués à la tâche encore inachevée qu'ils ont jusqu'ici si noblement accomplie. C'est plutôt à nous d'être dédiés à la grande tâche qui nous reste — afin que ces morts vénérés nous inspirent un dévouement accru pour la cause qui leur a fait combler la mesure du dévouement — afin que nous soyons fermement résolus à ce que ces morts ne soient pas morts en vain; afin que cette nation, devant Dieu, renaisse à la liberté — et afin que le gouvernement du peuple, par le peuple, pour le peuple, ne soit pas effacé de cette terre. »

V. — Bien que Lee, après Gettysburg, eût sauvé son armée, la position du Sud devenait périlleuse. La prise de Vicksburg achevait de couper de l'Ouest la Virginie; le blocus l'isolait de l'Europe; la Confédération était désormais une ville assiégée autour de laquelle le cercle d'assaillants devenait chaque jour plus étroit. La marine fédérale bloquait les ports et le Sud manquait de tout : nourriture, vêtements, munitions, wagons. L'armée, comme l'arrière, en souffrait. Le seul espoir qui restât au Sud était une défaillance du Nord. Il y avait quelques raisons de l'attendre. Lincoln et la guerre semblaient impopulaires. Au début, les volontaires, dans le Nord, avaient afflué. Vers 1863, ils étaient devenus si rares que beaucoup d'États devaient offrir des primes pour les attirer. Mais le soldat qu'attire une prime n'est pas le meilleur. Mieux valait encore la conscription. Tous les hommes de vingt à quarante-cinq ans furent recensés. Un homme désigné par le sort avait le droit de se racheter, pour trois cents dollars, ou de louer un remplaçant. Ces méthodes anti-démocratiques indignaient les masses : « Une guerre de riches, faite par les pauvres », disait-on. En particulier, à New York, les Irlandais démocrates s'élevaient contre un système qui permettait à un banquier de s'occuper de ses affaires, cependant que le boutiquier devait aller se battre en Virginie. Pendant l'été de 1863, des émeutes éclatèrent aux cris de : « Au diable la guerre et la conscription! » La foule envahit les bureaux militaires et y mit le feu en hurlant : « A bas les riches! » Des maisons, des églises furent brûlées. Les rues étaient barricadées, les officiers arrêtés et battus, les fils télégraphiques coupés. C'était une atmosphère d'émeute et de trahison. La populace tua trente nègres, les rendant responsables d'une guerre faite pour les affranchir. Il fallut faire venir à New York deux mille hommes de l'armée du Potomac et même tirer sur la foule. Le Sud conçut de grandes espérances.

VI. — Pendant l'automne de 1863, les succès de Grant avaient continué. Lincoln rétablit pour lui le grade de lieutenant général et le nomma commandant en chef. Le 8 mars 1864, Grant vint à Washington, pour la première fois de sa vie. Sa position était difficile. Stanton, secrétaire à la Guerre, prétendait commander lui-même les armées. Or, Stanton était pusillanime et ne pensait qu'à couvrir Washington. Grant au contraire voulait se défendre en attaquant et marcher sur Richmond. Lincoln lui demandait de prendre la ville, qui jusqu'alors avait résisté à tous les assauts. Grant croyait l'opération possible. Les armées du Nord étaient maintenant des armées de vétérans; l'intendance, bien organisée; les généraux Sherman, Sheridan, Thomas, animés du même esprit d'offensive que Grant. La méthode de l'assaut frontal coûtait cher. Mais le Nord avait un vaste réservoir d'hommes et pouvait réparer ses pertes. Enfin, Grant mit le siège devant Richmond.

VII. — En même temps, le général Sherman devait traverser la Georgie et couper les communications de Richmond avec le Sud. Si Sherman et Grant pouvaient refermer sur Lee cet étau, la guerre était gagnée. La carrière de Sherman n'avait pas été moins bizarre que celle de Grant. Ancien officier, il avait dirigé une succursale de banque, puis une école militaire en Louisiane. Pendant la guerre, il s'était révélé un chef énergique, aux idées claires, à la volonté ferme. En septembre 1864, il marcha sur Atlanta et prit la ville. Traitant les habitants avec une extrême dureté, parce qu'il ne voulait pas immobiliser de troupes pour une occupation, il brûla tout ce qui pouvait être utile à l'ennemi et chassa la population. « Si l'on proteste », dit-il, « contre ma barbarie et contre ma cruauté, je répondrai que la guerre, c'est l'Enfer! S'ils veulent la paix, qu'ils arrêtent la guerre. » Dans sa marche à la mer, Sherman dévasta tout ce qu'il trouva sur son chemin, détruisant les chemins de fer, enveloppant les villes de la fumée des incendies, laissant derrière lui de terribles souvenirs qui mirent des années à s'effacer. Plus d'une femme du Sud disait alors qu'elle eût aimé à pendre les Yankees de ses mains. Cette marche en plein pays ennemi aurait pu être dangereuse, mais Sherman savait la population démoralisée et désarmée. Sa marche ne fut pas inquiétée. Le temps était magnifique. Les musiques militaires jouaient *John Brown's body*. Les soldats répondaient avec entrain : « *Glory, Glory, Halleluia!* » Un souffle de victoire rendait les démarches légères. Les nègres s'assemblaient au passage et se réjouissaient de l'arrivée de l'ange du Seigneur.

VIII. — Lincoln était soumis à la réélection en 1864. Il avait beaucoup changé en quatre ans et son caractère avait grandi. Les masses avaient pris goût à lui, à son humour, à son étrangeté, à son affection pour le peuple. Les honnêtes gens reconnaissaient qu'il avait, dans des circonstances terriblement difficiles, fait son devoir sans jamais fléchir. Hawthorne écrivait qu'il aimait mieux voir Uncle Abe à la tête du pays, en un tel moment, que tout autre homme. Le secrétaire de Lincoln notait : « Le Tycoon est en pleine forme. Je l'ai rarement vu plus serein et plus actif. Il mène la guerre, le recrutement, la politique étrangère, et il prépare la reconstitution de l'Union, tout cela en même temps. Jusqu'à ce jour, je n'avais aucune idée de l'autorité tyrannique avec laquelle il traite le Cabinet. Je suis de plus en plus convaincu que le bien du pays exige qu'il reste là où il est, jusqu'au bout. Il n'y a pas dans le pays un seul homme aussi sage, aussi gentil et aussi ferme... » Mais un parti de la paix combattait Lincoln. On lui reprochait d'avoir abusé de ses pouvoirs de commandant en chef, d'avoir suspendu l'*habeas corpus* sans acte du Congrès, d'avoir autorisé des jugements illégaux par des tribunaux militaires. Un démocrate de l'Ohio, Vallandigham, n'appelait plus Lincoln que *César*. On voulait forcer le Président à relâcher des prisonniers politiques qui avaient fait de l'agitation pacifiste. « Dois-je donc », disait-il, « fusiller un pauvre garçon qui déserte et épargner l'agitateur qui l'engage à déserter? » Dans son propre parti, il était combattu par des *radicaux* qui demandaient l'abolition immédiate de l'esclavage dans tous les États. La Convention démocratique de 1864 se réunit à Chicago, sous la présidence d'Auguste Belmont, chef de la maison Rothschild de New York. Le programme était difficile à établir, car le parti se trouvait composé par moitié de pacifistes et de bellicistes. Les démocrates se déclaraient en faveur de la cessation des hostilités et choisirent pour candidat un général, le fameux Mac Clellan. Il accepta, mais écrivit une lettre au comité du parti pour dire qu'il n'endossait pas le programme. Le désarroi de ce malentendu, joint aux victoires de l'été, assura la réélection de Lincoln par deux cent douze voix contre vingt et une. Andrew Johnson, démocrate partisan de la guerre, fut vice-président. L'élection de Lincoln valait une victoire. Le Nord seul aurait pu faire perdre la guerre au Nord. Puisque le Nord décidait de combattre, il était sûr de vaincre.

IX. — Sherman traversa les Carolines en faisant plus de dégâts encore qu'en Georgie. Ses soldats étaient devenus des experts en pillage. Ils vidaient les armoires, envoyaient à leurs femmes le linge des dames du Sud, brisaient les pianos et brûlaient les livres. C'était une curieuse orgie de haine, due peut-être à la longueur de la guerre. Au point de vue militaire, l'objectif était la jonction avec Grant, mais celui-ci n'attendit pas Sherman et, en mars 1865, pressa l'attaque contre Richmond. Lee, submergé, dut découvrir la capitale et aviser Jefferson Davis d'évacuer Richmond. Le gouvernement confédéré s'enfuit. Le 3 avril 1865, Lincoln vint à Richmond, capitale conquise, dit quelques mots bienveillants et fut reçu par les nègres qui, restés seuls, l'accueillaient comme le Messie venu pour les délivrer et attendaient de lui ils ne savaient quel miracle. Lee battit en retraite, poursuivi et enveloppé par la cavalerie nordiste. Le 7 avril, Grant envoya une note à Lee : « Général, le résultat de la semaine dernière doit vous convaincre de la vanité de toute résistance... » Lee répondit que, pour éviter une effusion de sang inutile, il demandait ce que seraient les conditions d'une capitulation. A ce moment, Lee n'avait plus ni munitions, ni nourriture. Le 9 avril, les deux généraux se rencontrèrent dans une ferme du village d'Appomatox. Cette entrevue est un des épisodes célèbres de l'Histoire. Au contraste entre les deux hommes, Lee si beau, si correctement vêtu d'un uniforme gris tout neuf, portant la belle épée qui lui avait été offerte par la Virginie; Grant, négligé, en tenue de simple soldat, s'ajoutait l'étrangeté de leurs destins. L'amateur avait vaincu le professionnel. Aucun des deux ne s'intéressait passionnément aux aspects politiques du conflit. Tous deux étaient des gentlemen chrétiens et de grands soldats. Tous deux s'étaient battus courageusement. Tous deux souffraient, Lee de capituler, Grant de la douleur d'un tel adversaire. Les conditions de l'armistice furent généreuses. Les soldats de la Confédération pouvaient rentrer chez eux sur parole et prendre avec eux leurs chevaux : « Ils en auront besoin pour leurs labours de printemps », dit Grant. Lee avoua que ses hommes étaient affamés et demanda pour eux des rations. Grant lui en fit envoyer vingt-cinq mille. Pendant toute cette négociation, la dignité des deux généraux, leur humanité, leur simplicité furent dignes d'admiration. Lee, très religieux, pensait que Dieu règle, pour des raisons qui sont les siennes, les affaires des hommes, et il acceptait la défaite avec résignation.

X. — C'était fini. Le Sud, désarmé, gisait à la merci du Nord. Sur fort Sumter, où avait commencé la guerre, fut hissé à nouveau le drapeau de l'Union. L'ancien major Anderson, devenu major général, était présent. « Je suis heureux », dit-il, « d'avoir assez vécu pour voir ce jour. » Quelle paix allait imposer le Nord? En ce qui concernait Lincoln, point de doute. Il souhaitait reconstruire sans humilier. Pourvu que les conditions de paix continssent deux choses : maintien de l'Union, abolition de l'esclavage, il était prêt à signer. Grant se disait d'accord avec le Président et même Sherman, très dur dans la guerre, se montrait clément dans la victoire. Tous trois auraient souhaité que Jefferson Davis s'enfuît du pays. Les soldats chantaient : « Nous pendrons Jefferson Davis à un pommier aux pommes aigres », mais Lincoln et Grant n'avaient nul désir de le pendre et ne le firent prisonnier que parce qu'ils ne purent agir autrement. Comment ne pas avoir pitié du Sud? Il avait tant souffert. Ses femmes, si gracieuses, avaient tout sacrifié à une victoire qui leur avait échappé. Leurs maisons étaient en cendres, leurs plantations détruites, leurs fils morts. Mais les abolitionnistes radicaux exigeaient leur livre de chair et que le péché fût puni. Entre eux et leurs victimes, faisant au Sud un rempart de son corps, il y avait un seul homme : Lincoln. Le 14 avril 1865, comme le Président et Mrs. Lincoln étaient à *Ford's Theatre*, la balle d'un assassin supprima Lincoln. Un acteur à demi fou, John Wilkes Booth, fanatique de la Sécession, avait tué le Président. C'était un vendredi saint. Le matin, Lincoln avait dit aux membres de son Cabinet : « J'ai fait un rêve étrange.

J'étais dans un bateau singulier, indescriptible, qui se mouvait lentement vers une rive sombre. J'ai eu ce rêve avant toutes les victoires, avant Antietam, Gettysburg, Vicksburg... » Une victoire? Non, la mort de Lincoln n'était pas une victoire; c'était, pour tous les Américains, une terrible défaite. « Je ne puis décrire », dit Grant, « le sentiment que j'éprouve en apprenant cette nouvelle. Je connaissais la bonté de son cœur et son désir de voir le peuple des États-Unis tout entier retrouver ses droits de citoyen et une totale égalité. Je sentis que le temps de la reconstruction était soudain reculé très loin, plus loin qu'on ne pouvait le dire. »

X

Conclusion.

I. — « Liberté et Union, unies et indivisibles », avait été un toast célèbre. Liberté et Union étaient désormais toutes deux hors de danger. La question de l'unité nationale ne devait plus être posée. C'était un grand résultat; il n'avait été obtenu qu'au prix d'une guerre meurtrière. Aurait-on pu atteindre le même but par une suite de compromis à la Henry Clay? La guerre civile eût-elle pu être évitée? Un Américain a écrit que, si l'on avait mis dans une même diligence les pires agitateurs des deux camps et jeté la diligence à la rivière, il eût été facile ensuite de faire adopter par les innombrables bons citoyens du Nord et du Sud une solution moyenne, par exemple l'émancipation progressive des esclaves, avec indemnité aux propriétaires. Mais les solutions raisonnables supposent des citoyens raisonnables et, à certaines époques, le bon sens ne joue plus qu'un rôle subalterne dans les affaires humaines. Les peuples, comme les individus, ont leurs crises de passion et de folie. Ni le Nord, ni le Sud, n'eussent accepté, avant l'épreuve du feu, le verdict de la raison.

II. — La victoire de l'Union entraînait de grandes conséquences. Du Rio Grande à la frontière canadienne, du Mexique à l'Oregon, les États-Unis possédaient un prodigieux domaine continental, dont l'exploitation avait été retardée par le conflit latent entre le Nord et le Sud, et qui n'était encore occupé que par des communautés rares et dispersées. Désormais ces terres allaient être affranchies de toute hypothèque idéologique. Aucun conflit n'était plus à craindre. Sans doute, au cœur du Sud, la blessure demeurait profonde, et très vif le ressentiment contre les Yankees, cependant que dans le Nord les radicaux enragés demandaient à grands cris des représailles. Mais si la lutte militaire ne reprenait pas, les passions devaient s'apaiser avec le temps et, en raison de l'écart des forces, la lutte ne *pouvait* reprendre. En outre, la colonisation serait désormais facilitée par le *Homestead Bill*, que Lincoln avait fait voter en 1862. Tout chef de famille ayant servi dans les forces armées avait droit à cent soixante acres du domaine public, à seule charge de cultiver ces terres pendant cinq ans au moins. Le vieux rêve de l'Ouest était ainsi réalisé; les immigrants allaient affluer; tout permettait de penser que le temps d'après-guerre serait celui de la mise en valeur du continent tout entier.

III. — La guerre civile avait mis fin à la période féodale de l'Histoire des États-Unis. L'Amérique n'avait pas connu, comme jadis l'Europe, les luttes des grands barons entre eux, puis leur révolte commune contre une monarchie centralisatrice, mais les rivalités des États y avaient joué un rôle analogue. La victoire de l'Union disposait des théories de Calhoun sur les droits de sécession et de nullification. Lincoln, comme Richelieu, avait assuré le triomphe du pouvoir central. Le Sud reconnaissait que la question de la Sécession avait été réglée à tout jamais et s'engageait à ne pas réveiller cette agitation. Cela n'empêcha pas les défenseurs des droits des États de continuer à protester, comme c'était leur droit, contre toute centralisation excessive. Pendant longtemps, le parti démocrate prétendit être, contre le gouvernement fédéral, le champion des États. Mais cette attitude tenait surtout à ce que les démocrates n'étaient pas au pouvoir. Quand ils y furent, et lorsqu'ils durent y assurer la conduite de grandes guerres, ils cédèrent, autant que les républicains, à la tentation de renforcer le gouvernement central. La nécessité fait la doctrine.

IV. — La période 1830-1860 avait été une période romantique, c'est-à-dire une période d'évasion intellectuelle et sentimentale. Comme en France, les républicains de 1848, les libéraux américains avaient cru (et croyaient encore) à la perfectibilité de l'homme et au progrès social. En Nouvelle-Angleterre, un important mouvement d'idées, dit « transcendantalisme » était né d'un contrat avec la philosophie allemande et avec les idéalistes français. Pendant deux cents ans tout mysticisme, en Nouvelle-Angleterre, avait été étouffé par le calvinisme du XVIIe siècle, puis par le rationalisme du XVIIIe. Vers le milieu du XIXe siècle, Emerson, Thoreau, Alcott, Hawthorne, curieux groupe de « phénomènes lunaires », touchèrent les cœurs par un mysticisme moral, vague et laïque. Plusieurs d'entre eux se groupèrent dans le ravissant village de Concord, près de Boston. Ils ne s'occupaient guère des affaires publiques. Bien que moraliste, Emerson ne fut jamais abolitionniste. « J'ai », disait-il, « d'autres esclaves à délivrer que des nègres. » Pur, « tonique, ineffablement alpestre », il s'efforça de diriger les âmes, non de les connaître. « Unissant les tempéraments de Jonathan Edwards et de Benjamin Franklin, il prêcha l'idéalisme le plus élevé et n'empêcha jamais », dit Van Wyck Brooks, « un seul de ses lecteurs de s'occuper, après avoir fermé le livre, d'accroître son compte en banque. » Thoreau chercha dans la nature les vraies richesses. Il vécut dans les bois, en ermite païen. « Jouissez de la terre, mais ne la possédez pas », disait-il. Moins individualistes, le révérend George Ripley, Nathaniel Hawthorne, Margaret Fuller, féministe ardente, née un demi-siècle trop tôt,

Bronson Alcott, « archange fastidieux », tentèrent pendant quelques années à Brook Farm de vivre en phalanstère. L'expérience parut d'abord réussir puis, en 1846, un incendie détruisit les bâtiments et l'institution. Bien que toute cette « Église de Concord » eût du talent, des vapeurs chargées de miasmes engourdissants se dégageaient de sa pensée. Ces hommes croyaient et voulaient être des sages, mais leur sagesse ne pouvait vivre qu'en milieu parfaitement stérile. « Ils étaient semblables », a-t-on dit, « à de vertueuses girouettes par un jour sans vent. » C'était le temps où le jeune Henry Adams regrettait de constater que l'univers était aussi réel que Mr. Emerson; le temps où Walt Whitman découvrait que l'Amérique est un grand poème; le temps aussi où Edgar Allan Poe, génie morbide et inhumain, produisait chimiquement des poèmes et des contes d'une mathématique et glaciale beauté. Cependant, vers 1857, Mark Twain, sur le Mississipi, apprenait le métier de pilote. Plus qu'aucun autre, il représentait, à la fin de la guerre civile, le véritable espoir d'une littérature proprement américaine.

V. — Mark Twain ne demande plus des modèles aux écrivains européens. Au contraire, il tire ses meilleurs effets de la satire du vieux monde. Que cette satire soit accueillie avec tant de faveur par les lecteurs américains est un indice. Après 1860, entre l'Europe et l'Amérique, le cordon ombilical semble coupé. La jeune nation se tourne vers ses grandes plaines, vers ses vastes prairies, plus que vers les océans. Pendant quelques années, elle demeurera obsédée de sa guerre. Elle mettra des généraux à la Maison Blanche et des vétérans sur le registre des pensions. Les jours d'élection, elle agitera la « chemise sanglante » de Lincoln, du soldat de Grant ou de Sherman. Occupée à développer ses territoires neufs, l'Amérique, pendant quelques décades, s'occupera fort peu de l'Europe. Jusqu'en 1815, elle s'était passionnée pour les querelles européennes; de 1815 à 1860, elle avait profité de ces querelles pour acquérir un continent. Si l'Angleterre, la France et l'Espagne n'avaient été profondément désunies, jamais elles n'eussent permis à une nation nouvelle d'acquérir une telle puissance. Leurs jalousies avaient fait leur faiblesse. Après la guerre de Sécession, qui a montré les ressources militaires des États-Unis, la doctrine de Monroe n'est plus seulement un vœu : c'est un barrage. Mais trente années encore s'écouleront avant que la nouvelle puissance s'oppose dans une guerre à des puissances européennes. Vers 1870, tel un adolescent, elle est tout occupée d'elle-même. Elle grandit. Tant qu'elle aura une frontière où les esprits aventureux trouveront à combattre et à créer, elle se désintéressera du monde extérieur. Le jour où la dernière frontière disparaîtra, elle commencera de regarder autour d'elle et entrera dans la vie des nations.

IV
MARK TWAIN
(1835-1910)
(de son vrai nom Samuel L. Clemens)

LIVRE V

L'AGE DORÉ

I

Reconstruction.

I. — La mort d'un président au cours de son mandat crée toujours, aux États-Unis, une situation surprenante en plaçant au premier rang un homme qui n'a pas été choisi pour cet emploi. Parfois la surprise est heureuse et le Président de rencontre se trouve être meilleur que son prédécesseur; parfois elle est pénible. « Que Dieu nous aide! » dit un des chefs confédérés en apprenant l'assassinat de Lincoln. « Si cette nouvelle est vraie, c'est le pire coup qu'ait encore reçu le Sud. » A coup sûr, Andrew Johnson ne valait pas Lincoln et semblait beaucoup moins que celui-ci capable de liquider la guerre sans souffrances inutiles. Pourtant, il était loin d'être indigne du pouvoir. Le personnage était pittoresque. Né en Caroline du Nord d'une famille très pauvre, orphelin de père dès l'enfance, il avait été mis à dix ans en apprentissage chez un tailleur, s'était enfui en Tennessee où il était lui-même devenu tailleur, et s'était marié à dix-neuf ans. Sa femme lui avait appris à lire et à écrire. Son désir de s'instruire était tel qu'il payait des hommes pour lire à haute voix tandis qu'il cousait. Il avait réussi dans son métier et, à trente-quatre ans, possédait quelque fortune, des esclaves. Les livres qu'il avait lus étant surtout des collections de discours, il avait acquis ainsi une sorte d'éloquence vigoureuse. Puis il était entré dans la vie politique et il avait franchi lentement les degrés de l'échelle des honneurs. Dickens, qui le rencontra, nota qu'il avait un visage remarquable et qu'on le reconnaissait tout de suite pour un homme de caractère.

II. — Sa position politique était complexe. Issu de « pauvres Blancs », il haïssait les riches planteurs qui formaient l'« esclavocratie ». Un de ses adversaires disait que « si Johnson était un serpent, il se cacherait dans l'herbe pour mordre les talons des enfants des riches ». Mais il avait fait sa carrière dans le parti démocrate sudiste et n'avait jamais été violemment opposé à l'esclavage. La Convention qui l'avait choisi pour vice-président se disait unioniste et non républicaine. Elle l'avait associé à Lincoln pour placer dans l'Administration un homme du Sud attaché à l'Union. Au second rang, il avait été un élément de force. Au premier, son manque de tact, la violence de ses colères, allaient augmenter les difficultés d'une époque troublée. Johnson valait beaucoup mieux que les apparences ne le donnaient à croire. Il était sincère, respectueux des lois et attaché à son pays; il avait peu d'idées mais leur était fidèle. Il ne pouvait être, comme le prétendaient ses ennemis, un traître au parti républicain, car à ce parti il n'avait jamais appartenu. Il n'était pas non plus un ivrogne invétéré comme le soutenaient les journaux hostiles. Bien au contraire, s'il avait paru malade le jour où il avait prêté serment comme vice-président, c'était parce qu'il avait pris par exception, pour se soutenir, un verre de brandy, et parce que son estomac n'était pas accoutumé aux liqueurs fortes. La mauvaise foi de ses adversaires, aidée par son manque de tact, fit de sa Présidence une tragédie.

III. — La situation que lui léguait Lincoln était, malgré la victoire, dangereuse. Deux questions semblaient réglées : les Noirs n'étaient plus esclaves et l'Union n'était plus menacée. Mais ces solutions négatives apparaissaient insuffisantes. Qu'allait-on faire des nègres émancipés? Et quelle serait la nature de l'union entre les vainqueurs et les vaincus? Dans la plupart des États du Sud, il n'y avait plus de gouvernement légal. Seule la présence de l'armée fédérale préservait les habitants de l'anarchie. Les vétérans qui rentraient chez eux, dans leurs uniformes gris en lambeaux, ne trouvaient que ruines, maisons et fermes brûlées, villes ravagées, plantations en friche. D'une belle demeure il ne restait qu'une cheminée. Des femmes jadis riches mendiaient pour leurs enfants. Des planteurs vendaient de la mélasse et des fleurs à leurs anciens esclaves. Les objets les plus simples manquaient. Des épis de maïs servaient de navettes. L'herbe poussait dans les rues. Les nègres comprenaient mal ce qui leur arrivait, et croyaient que le gouvernement allait donner à chacun d'eux une terre et du bétail. Ils erraient sur les plantations, se glissaient dans les camps de soldats et attendaient de tout uniforme bleu un miracle. Dans la classe des planteurs, le ressentiment était vif contre les Yankees, et plus encore chez les femmes que chez les hommes. La violence des rancunes rendait toute collaboration difficile. Carl Schurz, en 1865, notait : « Pour le moment, on constate encore chez les gens du Sud une totale absence de sentiment national. » Même entre eux, les Sudistes n'étaient pas unis. Un Virginien qui avait combattu dans les rangs du Nord était boycotté; un soldat confédéré qui avait son foyer en Tennessee n'osait y rentrer.

IV. — Dans le Nord, des radicaux hystériques, fous de haine, demandaient le châtiment des rebelles, la confiscation de leurs biens et la peine de mort pour leurs chefs. Le pire était Thaddeus Stevens, vieillard de soixante-treize ans, pâle et cruel, qui se faisait porter en litière au Capitole par de jeunes nègres, cohabitait avec une belle mulâtresse, Lydia Smith, et passait pour être un fils naturel de Talleyrand dont il avait l'esprit et le cynisme, non le scepticisme et l'indulgence. Fanatique par nature et profession, il avait été successivement anti-jacksonien, anti-franc-maçon, anti-sudiste. Son seul trait constant était la férocité. A ceux qui, devant certaines extrémités, avaient des scrupules de conscience : « Conscience! » criait-il... « Dites à votre conscience d'aller au Diable, et suivez la ligne du parti!... » Il détestait Johnson. « Pourtant », lui dit quelqu'un, « il s'est fait lui-même. — Je suis heureux de le savoir », répondit Stevens, « cela dégage le Créateur d'une terrible responsabilité. » Pour lui, la victoire était surtout la joie de brimer les vaincus. On était loin de la belle sérénité de Lincoln et de sa « charité pour tous ». Des pasteurs, qui se disaient et se croyaient chrétiens, envoyaient froidement tous les Confédérés en Enfer. Brownlow, un Sudiste renégat, devenu gouverneur du Tennessee, disait : « J'aimerais mieux être enterré dans un cimetière nègre que dans un cimetière rebelle, et après la mort, j'aimerais mieux aller dans un Paradis noir que dans un Enfer de Blancs rebelles. » Le désir des radicaux était, non de panser les plaies du pays et d'en refaire l'unité, mais d'humilier cette fière oligarchie et de la faire gouverner par les Noirs qu'elle avait opprimés.

V. — Telle n'avait certes pas été l'idée que Lincoln avait formée de l'après-guerre. Son plan était connu; il l'avait appliqué, pendant la guerre même, en Tennessee, en Arkansas et en Louisiane. Le voici : chaque fois que, dans un État, 10% des votants de 1860 accepteraient de reconnaître l'émancipation et de prêter serment d'allégeance à l'Union, ces citoyens seraient autorisés à former un gouvernement. Tous ceux qui avaient pris part à la rébellion devaient être amnistiés, sauf les chefs du mouvement, et pour ces derniers même, Lincoln ne demandait ni exécutions, ni emprisonnements. Il les eût engagés à quitter le pays, ou à signer un recours en grâce, et les grâces eussent été accordées. Les citoyens du Sud seraient ainsi rentrés en possession de leurs droits civils. Le loyalisme de demain intéressait Lincoln plus que les fautes d'hier. Cette attitude généreuse et sage avait irrité les radicaux du Congrès qui parlaient avec mépris d'une « politique de tendresse envers les rebelles ». Si Lincoln avait survécu, il eût rencontré parmi ces énergumènes une farouche opposition. L'arrivée au pouvoir de Johnson les avait d'abord rassurés. N'avait-il pas toujours dénoncé « une odieuse et dangereuse aristocratie » ? N'avait-il pas dit : « Leurs grandes plantations doivent être saisies, divisées en petites fermes et vendues à d'honnêtes travailleurs ? » Mais dès que Johnson fut au pouvoir, il sentit le danger d'une politique de ressentiment. Dès mai 1865, il accorda une amnistie aux rebelles. Les fureurs excitées par l'assassinat de Lincoln empêchèrent que celle-ci fût aussi complète que Lincoln l'eût souhaitée. Au moins ceux qui en étaient exclus avaient-ils le droit de demander leur pardon, et la plupart l'obtinrent. Johnson recevait les suppliants tout le long du jour à la Maison Blanche, où une pile de grâces était sur une table, gardée par un jeune officier. Jefferson Davis fut d'abord emprisonné à fort Monroe, puis sa femme intervint en sa faveur auprès de Horace Greeley, républicain influent, grand journaliste, qui accepta courageusement de se porter caution pour l'ancien président de la Confédération, son adversaire, et auquel sa générosité coûta sa popularité. Davis fut alors remis en liberté, alla au Canada, puis en Europe, et finit sa vie aux États-Unis, écrivant l'histoire des grands événements auxquels il avait été mêlé. Il la termina par le vœu que, sur l'arche de l'Union, fussent gravés les mots : *Esto perpetua.* Lee, qui avait pensé à se réfugier en quelque maison des bois, devint président de Washington College (qui se nomme aujourd'hui : Washington *and* Lee) et enseigna à de jeunes Virginiens leurs devoirs de bons Américains, à la grande fureur de Thaddeus Stevens. « C'est, j'en suis convaincu », écrivait Lee, « le devoir de tous de s'unir pour la restauration du pays, le rétablissement de la paix et de l'harmonie. »

VI. — Le problème nègre était loin d'être résolu par l'émancipation. Il y avait, dans le Sud, plus de quatre millions de Noirs. Sur ce nombre, environ cinq cent mille avaient, avant la guerre, mené des vies indépendantes et assuré l'existence de leurs familles. En outre, deux cent mille avaient servi dans l'armée fédérale et trois cent mille autres avaient été progressivement libérés dans les États reconquis. Au total, un million d'hommes de couleur avaient fait quelque apprentissage de la liberté. Restaient trois millions d'êtres qui avaient toujours vécu sur les plantations et qui se trouvaient soudain livrés à eux-mêmes. Ils n'avaient plus de maîtres, mais non plus d'abri, de situation sociale, de métier. L'émancipation les avait lâchés nus, affamés et misérables, sous le vaste ciel. Au début, beaucoup restèrent sur les plantations. Le maître les avait convoqués devant sa belle maison et leur avait dit qu'ils étaient libres. Ils avaient répondu : « Maître, nous restons ici avec vous. » Laissés à eux-mêmes, planteurs et affranchis fussent arrivés à un compromis. La plupart des nègres étaient de nature bienveillante et facile. Mais des agitateurs circulaient parmi ces masses malheureuses et disaient aux Noirs qu'ils devaient affirmer leur indépendance en quittant leurs maîtres, en refusant de travailler, en bousculant les Blancs, en s'emparant de leurs églises. Les planteurs ne pouvaient nier l'égalité des hommes devant Dieu; pourtant la première fois qu'un Noir, à Richmond, s'agenouilla parmi les Blancs pour la communion, il y eut un mouvement de recul. Ce fut alors que le général Lee, avec sa coutumière dignité, alla se placer à côté du nègre et donna ainsi un exemple qui fut suivi. Tout de suite les nègres, avides de savoir, remplirent les trop rares écoles qui leur furent ouvertes. Pour le reste, ils attendaient que le gouvernement fédéral se transformât en père Noël et donnât à chacun d'entre eux « quarante acres et une mule ». A la vérité, les agitateurs venus du Nord se servaient des nègres pour leurs propres fins; ce qu'ils espéraient, c'était le vote des Noirs et ils voulaient par avance s'en assurer le bénéfice.

VII. — Pendant l'été de 1865, profitant de ce que le Congrès n'était pas en session, Johnson essaya d'appliquer le plan de Lincoln. Il nomma dans plusieurs États des gouverneurs militaires sous la protection desquels se réunirent les Conventions qui abolirent les Ordonnances de Sécession, ratifièrent le Treizième Amendement (« Ni esclavage, ni servitude involontaires... n'existeront sur le territoire des États-Unis... ») et votèrent de nouvelles Constitutions. Mais quand, en décembre 1865, les sénateurs et représentants des États de cette Confédération réformée se présentèrent à Washington, le Congrès refusa de reconnaître les « gouvernements Johnson », ce qui était son droit, chaque Chambre ayant le privilège de vérifier les pouvoirs de ses membres. Ces « gouvernements Johnson » avaient essayé de résoudre, à leur manière sudiste, le problème nègre. Le Sud acceptait sa défaite, et l'émancipation. Il ne croyait pas à l'égalité immédiate de deux races dont l'une, plus anciennement civilisée, avait acquis ses droits par étapes. Il acceptait de reconnaître aux nègres des droits égaux à ceux des Blancs pour protection de leurs propriétés, de leur liberté et de leur vie, mais il maintenait des barrières sociales. Les « codes noirs » interdisaient les mariages mixtes et affirmaient le principe de la séparation des races dans les écoles. Une loi sur le vagabondage imposait une amende aux nègres sans domicile et les condamnait à payer l'amende sous forme de travail forcé. Si l'égalité était possible, pensaient les gens du Sud, elle ne l'était que par lente accoutumance. Mais les radicaux du Congrès s'indignèrent et soutinrent que le Sud essayait de rétablir l'esclavage sous d'autres noms.

VIII. — La solution temporaire adoptée par le Congrès fut la création du *Freedmen's Bureau* (Bureau des Affranchis), administration mixte, militaire et civile, à laquelle furent confiées toutes les questions de secours aux nègres, de règlements sur leur travail, de leurs écoles et tribunaux, et aussi la gérance des propriétés des rebelles qui avaient été confisquées. *Le Freedmen's Bureau* devenait le tuteur des nègres, considérés comme pupilles de la nation; ce n'était pas une méthode plus libérale que celle des *Black Codes*. Néanmoins, l'institution aurait pu donner de bons résultats si elle avait été entre les mains d'hommes compétents; elle fut confiée à un personnel vénal. « Il se peut », disaient mélancoliquement les gens du Sud, « qu'il y ait *un* honnête homme dans le Bureau. » Sur un seul point, Bureau et planteurs collaborèrent : ce fut sur la question des contrats de travail. A coup sûr, il fallait qu'un employeur blanc et un travailleur noir fussent liés l'un envers l'autre en quelque manière. Mais les nègres avaient peur de tout contrat; telle n'était pas leur idée de la liberté. Peu à peu, un système de division des plantations en parcelles s'établit, le locataire de chaque parcelle étant appelé *cropper*, et la plantation subsista comme unité d'organisation, sous l'autorité du propriétaire ou du régisseur.

IX. — Les radicaux du Congrès, qui avaient mis en Johnson tous leurs espoirs, étaient maintenant exaspérés par sa mansuétude. Thaddeus Stevens, avec son amère éloquence, proposait de traiter les États du Sud en territoires ennemis qui, par leur sécession, avaient perdu leur droit de cité. Thèse absurde, puisque la cause de la guerre avait été l'idée qu'un État ne *pouvait* se détacher de l'Union. Stevens et ses amis auraient voulu proscrire les Confédérés et les déposséder de leurs biens au profit des nègres. De la Constitution des États-Unis, ils parlaient avec mépris comme « d'un chiffon de mauvais papier ». Charles Sumner, leader des radicaux au Sénat, prétendait à l'idéalisme mais en réalité cherchait à obtenir le vote pour les Noirs afin de maintenir à tout jamais son parti au pouvoir. Lincoln avait été partisan de donner le vote aux nègres sachant lire et écrire, et à ceux ayant combattu dans les armées fédérales, ce qui était juste et raisonnable. Les enragés réclamaient le vote même pour les illettrés. Ils soumettaient aux États un Quatorzième Amendement qui disait : *a)* qu'aucun État ne passerait ou n'appliquerait des lois diminuant les privilèges des citoyens des États-Unis; *b)* que nul État ne priverait aucune personne de la vie, de sa liberté, ou de ses biens, sans un jugement rendu dans les formes légales; *c)* que tout individu né aux États-Unis était citoyen (ce qui donnait le vote aux nègres et annulait la décision Dred Scott); *d)* que seraient disqualifiés ou écartés de toutes les fonctions publiques, ceux qui avaient participé à une insurrection ou rébellion contre le gouvernement. Dans le Congrès, Johnson combattait les mesures proposées par les radicaux et leur opposait veto sur veto. De leur côté, ils le poursuivaient dans tout le pays, le traitaient sans respect, interrompaient ses discours et se comportaient envers lui de la manière la plus indécente. Ils avaient formé un comité de salut public de quinze membres qui prétendait se substituer à l'Administration. La Reconstruction devenait une révolution dont Stevens et ses amis étaient les jacobins.

X. — Le Quatorzième Amendement ne fut pas ratifié, en 1867, par les trois quarts des États. De tous les anciens États confédérés, seul le Tennessee le vota. Les radicaux, irrités de cette résistance et forts d'une majorité accrue dans le Nord, firent passer, par-dessus le veto du Président, une loi qui plaçait les dix États non reconstruits sous les ordres de cinq majors généraux, à la manière de Cromwell. Des Conventions, élues dans chaque État par les Blancs loyalistes et par les nègres, devaient promulguer des Constitutions donnant le vote aux Noirs et le retirant aux rebelles. Des élections devaient alors être faites par ce nouvel électorat. Leur résultat n'était pas douteux. Le Quatorzième Amendement serait ratifié et alors seulement les représentants du Sud, de ce Sud reconstruit, auraient droit à une place au Congrès. « La future condition des vaincus dépendra », disait Stevens, « de la volonté des vainqueurs. Ils ne peuvent entrer dans l'Union que comme États nouveaux ou comme provinces conquises. » On ne pourrait imaginer doctrine plus illogique. Tout l'objet de la guerre avait été de maintenir que l'Union était un fait immuable, et la Sécession impossible. Or, l'attitude des radicaux ne s'expliquait que si l'on acceptait la Sécession comme un fait, et la rentrée dans l'Union comme une faveur.

XI. — Tous les tyrans sont détestables, mais la tyrannie militaire est parfois moins détestable que la tyrannie politique. Bien que le Sud se plaignît des « satrapes que lui envoyait le Nord », il les jugea moins dangereux que les politiciens radicaux. La modération de certains généraux irrita le Congrès. Aucun gouvernement n'existant plus, les majors généraux nommaient à tous les emplois. Les Blancs du Sud préféraient ces choix arbitraires à ceux des nègres et de leurs conseillers. Une armée d'aventuriers s'était abattue sur les États reconquis et entrevoyait de grands profits dans l'exploitation de la naïveté des nègres soudain devenus électeurs. Du Nord et de l'Est, des commis voyageurs en élections accouraient, pauvres et avides, portant pour tout bagage un sac fait d'un morceau de tapis (d'où le nom de *carpet-baggers*) et organisaient à leur profit les Conventions; d'autres aventuriers recrutés parmi la pègre du Sud *(scalawags)* s'associaient à l'opération. Tous prêchaient la haine des ex-rebelles et les nègres, sans méchanceté mais par simplicité, collaboraient avec les destructeurs. La première opération était de dresser les listes électorales; cela consistait à enlever le droit de vote à quiconque n'était ni nègre, ni radical. En octobre 1867, après la première révision des listes, il y avait, dans les anciens États confédérés, sept cent trois mille électeurs noirs, six cent vingt-sept mille blancs. Dans tous les États, sauf la Caroline du Nord, le Texas et la Virginie, les Conventions constituantes furent formées d'une majorité de nègres et de *scalawags*. Dans l'Alabama, deux seulement des députés nègres savaient écrire. Des lois surprenantes furent votées : par exemple, en Caroline du Sud, ce devint un crime que d'appeler quelqu'un *Yankee* ou *nègre*. Les majors généraux avaient fait de leur mieux pour modérer la stupidité des *carpetbaggers;* quand les nouveaux législateurs s'installèrent, les chefs militaires s'effacèrent. La Cour suprême elle-même fut réduite à l'impuissance par les radicaux, qui se moquaient de la Constitution.

XII. — Le seul obstacle à la vengeance demeurait Andrew Johnson, le Président. « *Impeach him!* Mettez-le en accusation! » criaient les radicaux, « sinon les *boys in blue* le feront. » Certains enragés parlaient de le décapiter. « Ils peuvent me faire trancher la tête », dit Johnson, « mais quand on la coupera, je veux que le peuple américain soit mon témoin. Un martyr ne leur suffit-il pas?... » Le Congrès le brima par tous les moyens. Le *Tenure of Office Act* fut voté pour lui enlever jusqu'au droit de changer les membres de son Cabinet sans l'autorisation du Congrès. Malgré la Constitution, il fut relevé du commandement suprême de l'armée et Grant fut soustrait à son pouvoir. Les motifs de la haine du Congrès pour le Président étaient, d'une part l'autorité prise par l'exécutif pendant la guerre, d'autre part l'opposition de Johnson aux mesures radicales. Bien qu'il n'eût rien renié du tout, on le traitait de renégat. Le secrétaire à la Guerre, Stanton, était favorable aux radicaux et le *Tenure of Office Act* avait été voté dans l'espoir que le Président passerait outre, révoquerait Stanton et qu'alors il serait possible de le mettre en accusation, en vertu de l'article I, section III, paragraphe 6, de la Constitution. Le 21 février 1868, Johnson renvoya Stanton et, trois jours plus tard, la Chambre, par cent vingt-huit voix contre quarante-sept, prononça la mise en accusation. C'était la première fois que cette disposition était appliquée. Le Sénat, constitué en Haute-Cour, fut saisi de onze chefs d'accusation dont le seul sérieux était la violation du *Tenure of Office Act*. Le procès fut préparé avec un tel parti pris que l'opinion publique commença d'évoluer en faveur de Johnson. Tout Washington était prodigieusement agité. Johnson demeurait très calme. Stevens, mourant, se faisait porter au Capitole par ses nègres et prononçait lui-même le réquisitoire, devant le Sénat. L'accusation était très faible. Des efforts incroyables furent faits pour obtenir une condamnation. Dans les discours de Stevens et de ses amis, Andrew Johnson devenait une incarnation de Satan. Un public de *carpet-baggers* manifestait bruyamment dans les galeries contre le Président. Mais le *Chief Justice* Chase, qui présidait, se conduisit en magistrat et non en partisan. Les douze sénateurs démocrates devaient voter l'acquittement. Cinq sénateurs républicains se joignirent à eux, les uns parce qu'ils étaient honnêtes (Ross fut l'un d'eux), les autres parce qu'ils ne voulaient pas de Wade, président du Sénat, pour président des États-Unis. Avec ces voix républicaines, l'acquittement était certain. Thaddeus Stevens, tandis que ses nègres l'emportaient, cria : « Le pays va au Diable! » Le vote du Sénat était un événement important, non à cause de Johnson qui arrivait à la fin de son terme et avait perdu toute chance de réélection, mais pour le salut de la Constitution et l'indépendance de l'Exécutif.

II

Le nouveau Sud.

I. — L'électeur du Nord aimait à croire qu'il suffisait de donner le vote aux esclaves pour leur injecter du même coup les instincts politiques engendrés par des siècles de civilisation. Malheureusement ce n'était pas vrai. Sans doute la vie sur les plantations avait adouci les mœurs des nègres africains; un grand nombre d'entre eux avaient d'excellentes natures, affectueuses et naïves; certains allaient plus tard prouver leur intelligence et leur talent dans les professions les plus diverses; mais la plupart demeuraient crédules, imprégnés de la bizarre religion Vaudoo, prêts à croire aux fantômes, à la sorcellerie, et à suivre tout démagogue un peu adroit. Depuis la victoire du Nord, les nègres vénéraient le Yankee, le soldat de l'Union, l'uniforme bleu, le *Freedmen's Bureau*. Que demandaient-ils à ces nouveaux dieux? Ils ne le savaient pas très bien : que l'on ne sonnât plus, sur les plantations, la cloche du travail; que les surveillants fussent supprimés; que chaque nègre eût droit, un jour par semaine, à une mule pour se rendre à la ville. Quelques planteurs, croyant apaiser ainsi les Noirs, prenaient pour régisseurs d'anciens soldats yankees, mais ceux-ci ignoraient tout de la culture du coton et les résultats furent déplorables. A Carl Schurz, au cours de son voyage dans le Sud, un planteur dit :

« Il est impossible de faire travailler les nègres

sans contrainte physique. » Le sénateur libéral fut profondément choqué. « L'opinion courante du Sud semblait être », dit-il, « que le nègre a été mis au monde uniquement pour faire pousser du coton, du riz et du sucre pour les Blancs, et qu'il est tout à fait inadmissible qu'il cherche, comme les autres hommes, à faire son propre bonheur à sa manière personnelle... »

II. — Les votes des nègres étaient contrôlés par un petit nombre de *carpet-baggers* et de *scalawags*. Les radicaux du Nord s'étaient groupés dès 1862 en une *Union League of America*, dont les membres s'engageaient à défendre l'Union. Cette Ligue, après la guerre, entreprit d'organiser le vote des Noirs et accueillit ceux-ci avec de mystérieuses cérémonies d'initiation. Elle s'assurait leur fidélité politique par des serments prêtés dans l'obscurité, au bruit des chaînes. Les nègres, membres de la Ligue, s'engageaient à ne jamais assister à un meeting démocratique. Tous devaient voter pour les candidats de la Ligue. Celle-ci devint, pour le parti républicain, un instrument électoral prodigieux. Dans les États du Sud, elle mit au pouvoir des gouvernements mixtes de *carpet-baggers* et de nègres. Au moment du vote, tous les nègres étaient fouillés pour vérifier qu'ils n'avaient sur eux qu'un bulletin, et qui était le bon. On leur disait que, si les démocrates revenaient au pouvoir, ils rétabliraient l'esclavage. Les résultats furent extravagants. Des hommes qui ne savaient pas lire furent élus députés, gouverneurs et même juges. Les débats des assemblées devinrent burlesques. Toutefois, il faut, pour être équitable, reconnaître que les pires éléments de la Reconstruction étaient, non les nègres, mais les aventuriers blancs. Un historien de couleur, W. L. B. du Bois, écrit : « C'était une situation difficile. Elle justifiait des blâmes et des critiques, mais n'adresser ces blâmes qu'aux électeurs nègres est une incroyable déformation de la vérité. » Critique légitime, mais quels que fussent les responsables, le Sud ne pouvait continuer à vivre sous un tel régime.

III. — La gestion financière des malheureux États « reconstruits » fut désastreuse. Les législateurs se votaient du whisky, des crachoirs en or, des restaurants somptueux où tout était gratuit. Pendant cette période, la Louisiane contracta une dette de quarante-huit millions de dollars, la Caroline du Nord de vingt millions, l'Alabama de trente-deux millions. Il est juste de dire que le Nord, à la même époque, avait sa part de scandales. C'était un temps de malhonnêteté publique et les gouvernements de reconstruction n'étaient pas les seuls coupables. Un effort fut fait pour donner aux hommes de couleur une éducation. Le désir de s'instruire était, chez les nègres, sincère et touchant. Malheureusement trop d'écoles, organisées par les radicaux du Nord, devinrent de nouveaux foyers de haine raciale. En 1865, Lincoln avait pu penser que les plaies seraient assez vite cicatrisées et que les meilleurs des Noirs seraient, peu à peu, avec le consentement des Blancs, admis à tous les droits des citoyens. En 1868, les effets de la « reconstruction » avaient été tels que les Blancs du Sud étaient fermement résolus à supprimer, dès qu'ils le pourraient, tout vote noir. Comme il arrive souvent, les nègres avaient été victimes d'amis trop zélés. L'attitude du parti républicain en cette affaire allait annuler pour longtemps toute vie politique dans le Sud et y faire, de la fidélité au parti démocrate, un article de foi.

IV. — De 1868 à 1870, les États du Sud « reconstruits » ratifièrent le Quinzième Amendement, qui interdisait à tout État « de refuser le suffrage à un homme à cause de sa race, de sa couleur, ou de servitude antérieure ». Ils purent ainsi rentrer dans l'Union et s'attachèrent aussitôt à détruire secrètement ce qu'ils acceptaient publiquement. Lorsqu'un peuple ou un groupe se voient privés de tous moyens légaux de défense, ils perdent confiance dans les lois et cherchent à se protéger eux-mêmes. Dans tout le Sud, des sociétés secrètes se formèrent. Les deux plus connues furent le Ku-Klux-Klan et les chevaliers du Camélia blanc. Le Ku-Klux-Klan naquit à Pulaski, petite ville du Tennessee. Là, de jeunes Confédérés avaient fondé, pour se divertir, un *Kuklos* (le mot grec pour *cercle*). Le soir, ils se déguisaient en fantômes, en se drapant de linceuls, et s'amusaient à effrayer les nègres. L'effet fut tel que d'autres villes pensèrent qu'il y avait là un moyen d'action utile. Peu à peu, l'Invisible Empire s'étendit sur tout le Sud. Le Chef suprême était le Grand Sorcier; chaque État formait un royaume, gouverné par un Grand Dragon. Les membres étaient des Goules, ou Spectres. Ils caracolaient, la nuit, en longs suaires blancs, sur des chevaux caparaçonnés de blanc. Ils agitaient des ossements sous leurs robes, promenaient des squelettes au bout de longues perches, allaient s'asseoir sur les tombes dans les cimetières, et ces simples comédies terrifiaient les Noirs. Quand un fantôme frappait à la porte d'un nègre, lui demandait à boire, engloutissait trois seaux d'eau (ce qui se faisait en les versant dans un sac de cuir dissimulé sous la robe), murmurait : « Il fait si chaud en Enfer », puis ordonnait aux nègres de jurer qu'ils ne retourneraient plus à l'*Union League*, il était obéi. Pendant longtemps, la violence fut inutile; la terreur suffisait à écarter des bureaux de vote un grand nombre de Noirs. Le Camélia blanc, qui avait son siège à la Nouvelle-Orléans, prétendait aussi avoir pour objet de maintenir la suprématie des Blancs « tout en respectant les droits légitimes des Noirs ».

V. — Puis les extrémistes tuèrent le Klan, comme ils avaient tué le radicalisme, par leurs excès. Le mouvement devint dangereux et le gouvernement fédéral intervint. L'enquête prouva que tous les membres du Klan avaient reçu l'ordre de se munir d'un pistolet. « Ceci », disait l'acte d'accusation, « met en danger tous nos concitoyens d'origine africaine. » Le Klan fut poursuivi et le Grand Sorcier lui-même (général N. B. Forrest) en prononça la dissolution. Un *Ku-Klux Act* de 1871 autorisa le gouvernement fédéral à se servir de l'armée pour réprimer les agissements du Klan. Mais déjà, dans le Sud, la partie, pour les Blancs, était gagnée et la majorité radicale en rapide diminution. Une amnistie, en 1872, rendit aux anciens rebelles leurs droits politiques. Les nègres étaient écartés du vote, non par des violences qui eussent été dénoncées, mais par des menaces secrètes. Peu à peu, des démocrates reconquirent tous les États du Sud. En 1875, il ne restait sous contrôle radical que la Caroline du Sud, la Louisiane et la Floride. Dans le Nord, le parti républicain gagnait encore des élections en agitant « la chemise sanglante », c'est-à-dire en évoquant le souvenir de la guerre, mais peu à peu les électeurs se lassèrent des interventions de troupes fédérales dans le Sud et les banquiers se plaignirent des fantaisies financières des gouvernements de reconstruction. En 1877, le retrait des dernières troupes assura l'effondrement définitif des *carpet-baggers* et le rétablissement de la domination blanche.

VI. — La grande folie du Congrès avait été de s'attacher à résoudre, de manière hâtive et prématurée, un problème politique alors que le problème le plus urgent était économique. Les planteurs étaient ruinés, aussi complètement, plus complètement que la noblesse française après la Révolution. Entre planteurs et esclaves, le lien ancien était rompu. Comment cultiver les plantations et comment faire vivre les affranchis ? La méthode généralement adoptée fut celle du partage des récoltes. Les grandes plantations furent divisées en petits lots sur chacun desquels vivait une famille. Le propriétaire devait avancer au fermier tout ce dont celui-ci avait besoin, lui construire une maison de bois, lui donner des instruments de travail, des engrais et des semences. En échange, le propriétaire avait droit à deux tiers de la récolte. Malheureusement, la plupart des propriétaires durent emprunter aux banques les capitaux nécessaires. De lourdes hypothèques chargèrent l'agriculture. Les prêteurs, ayant besoin d'un gage facile à réaliser, imposèrent des monocultures : celle du tabac et celle du coton; plus au Sud, celles du riz et de la canne à sucre. Ce ne fut guère qu'à partir de 1880 que le maïs et le blé tinrent une place importante dans la production du Sud. Au temps de la reconstruction, au lieu de voir se développer, comme en France, de petites fermes ou métairies à culture diversifiée, faisant un peu d'élevage, on assista dans le Sud à la formation d'un prolétariat agricole où les Blancs n'étaient pas plus heureux que les Noirs. Banquiers et marchands de biens furent longtemps les seuls à profiter de cette révolution agraire. Toute une armée nouvelle de planteurs dépouillés vint grossir les rangs des « pauvres Blancs ». Dans les collines sablonneuses de l'Alabama et dans les pinèdes stériles de la Georgie, vécurent des êtres réduits à un type d'existence misérable. On les appelait *crackers* ou *hill billies.* Ils existent encore et Erskine Caldwell les a décrits dans *Tobacco Road* et *God's Little Acre.*

VII. — La défaite n'avait pas détruit, chez les hommes et femmes du Sud, l'amour de leur civilisation ni le ferme propos de la maintenir. Bien au contraire, la persécution avait renforcé le patriotisme local. Elle l'avait aussi élargi. Avant la guerre civile, beaucoup se fussent dits citoyens de la Virginie, de la Caroline du Sud, du Tennessee. La guerre civile donna un sens précis à l'adjectif *southern* (du Sud). A partir d'Appomatox, les meilleurs se piquèrent d'être des « hommes du Sud », non reconstruits et non reconstructibles. Pendant trente ans, leur objectif secret fut de rétablir la vie du Sud dans sa vieille indépendance. Ils maintinrent une société unie et jalousement fermée. Un homme venu du Nord, s'il voulait dans le Sud avoir de bonnes relations avec ses voisins, devait se garder d'afficher des idées nordistes. Un des effets de cet état d'esprit fut malheureusement d'accentuer le sentiment de race. Les nègres furent moins bien traités entre 1880 et 1900 qu'ils ne l'avaient été entre 1840 et 1880. Les affreux lynchages (exécutions sans jugement légal) eurent pour cause la résolution obstinée de tenir le nègre à la place qui avait jadis été la sienne. Peu à peu cependant, au xxe siècle, la violence des passions s'apaisa. Les lynchages devinrent rares. Mais la vie resta pénible pour les nègres instruits que formaient les universités noires. Aujourd'hui encore un nègre ou un mulâtre, fût-il cultivé et de bonnes manières, ne peut, dans le Sud, monter dans le même wagon que les Blancs, ni vivre dans le même hôtel. Le résultat fut que, hors quelques apôtres, les meilleurs des nègres émigrèrent vers le Nord, où d'ailleurs ils furent vite aussi malheureux, laissant derrière eux un prolétariat noir sans classe dirigeante, ce qui rendit le problème plus difficile que jamais. Il ne comporte pas de solution immédiate et exige, de part et d'autre, une longue patience.

VIII. — Un autre effet du patriotisme sudiste d'après-guerre fut la création, dans le Sud, d'une industrie. Pour lutter contre le Nord, même pacifiquement, il fallait se servir des armes du Nord. Pour sauver les pauvres Blancs de la misère, qui faisait d'eux des ouvriers agricoles en concurrence avec les nègres, il fallait ouvrir des usines. La présence dans le Sud de grands gisements de charbon, de fer, de cuivre, attira les métallurgistes. La culture du coton appela une industrie textile. A Durham, l'industrie du tabac devint très importante.

Sans doute, la vie industrielle du Sud était handicapée par le climat, par les habitudes d'une vieille civilisation agraire, et par des tarifs de transport et de douane qui, aujourd'hui encore, sont des tarifs de gens du Nord, faits par les gens du Nord, pour les gens du Nord. En revanche, les usines du Sud bénéficiaient du prix plus bas de la main-d'œuvre et du curieux paternalisme qui était une survivance du régime de la plantation. C'est à ce Sud industriel et actif que les historiens américains ont souvent donné le nom de Nouveau Sud. En réalité, le Nouveau Sud n'avait été conçu et créé que pour préserver l'essentiel de l'Ancien Sud. Il fut l'un des moyens d'expression du sentiment passionné qui, pendant trente ans, fit du Sud « une armée de vétérans fidèlement groupée autour de ses chefs » et qui, aujourd'hui encore, s'efforce de sauvegarder ce qu'elle a tant aimé.

III

Ouverture du continent.

I. — Après la guerre, le Nord fut « reconstruit » — ou transformé — aussi complètement que le Sud. L'Amérique de Johnson ressemblait encore par de nombreux traits à celle de Jackson. Les sources des grandes fortunes y étaient, comme au XVIIIe siècle, le commerce et la navigation. La nouvelle aristocratie new yorkaise : les Astor, les Goelet, les Beekman, les Rhinelander, continuait à placer ses capitaux en terres et possédait de vastes domaines, tels jadis les Van Rensselaer et les Schuyler. L'industrie demeurait au stade des affaires de famille, créées par des individus qui les léguaient à leurs fils et les administraient paternellement. Les *Corporations* (sociétés par actions) existaient dès 1860, mais elles ne jouaient pas un grand rôle. L'une des plus importantes était la *Western Union*, compagnie de télégraphe qui avait réuni cinquante petites entreprises. Une partie de l'industrie restait à l'état artisanal; des entrepreneurs distribuaient les travaux de couture, dans les campagnes, à des femmes qui les faisaient à domicile. La plupart des gisements de minerais étaient intacts. En 1859, on avait trouvé du pétrole en Pennsylvanie, mais l'exploitation en était à peine commencée. Les voitures à chevaux étaient encore, dans les grandes villes, les seuls moyens de transport. En 1860, les Américains avait admiré comme une remarquable nouveauté l'organisation du *Pony Express,* système de courriers par cavaliers rapides de Saint-Joseph (Missouri) à Sacramento (Californie). Le temps régulier était dix jours. Le cavalier bondissait d'un cheval à l'autre, quand il arrivait aux relais. C'était un beau spectacle sportif. Mais l'entreprise, toujours déficitaire, céda bientôt la place au chemin de fer et au télégraphe. Le monde a plus changé entre 1865 et 1900 que de César à Washington.

II. — La guerre avait bouleversé et animé l'économie du Nord. Pour armer, habiller et chausser les soldats, il avait été nécessaire d'augmenter la production et de développer les usines. Banquiers et industriels avaient appris à se mieux servir du crédit. La nourriture des armées n'avait pu être assurée qu'en employant des machines agricoles et en créant des industries de conserves alimentaires. La paix venue, les machines rendirent possible l'exploitation des terres immenses qui restaient disponibles dans le Missouri, l'Iowa, le Nebraska, le Kansas. La démobilisation des armées fournissait des immigrants hardis et endurcis pour défricher cette nouvelle frontière. Mais il fallait d'abord la rendre accessible. Ce fut l'œuvre d'un autre type de pionnier : le constructeur de chemins de fer. Ses débuts aux États-Unis avaient été modestes. A l'origine, la traction était animale. La seule raison d'être de la voie était de diminuer les frottements et de permettre au cheval de traîner une charge plus lourde. Les premières locomotives à vapeur eurent peu de succès. Elles couvraient les voyageurs de charbon; elles effrayaient les bêtes au passage; elles irritaient les fermiers qui les accusaient de mettre le feu aux meules. Vers 1825, le canal semblait triompher aisément de la voie ferrée. Le public vantait le confort du coche d'eau. Pourtant de petites entreprises construisaient des lignes qui réunissaient deux points : Hartford et New Haven, Baltimore et Washington. En l'absence de tout réseau organisé, il fallait changer de train plusieurs fois pour de très simples voyages et faire des trajets à pied, à cheval, en voiture ou en bateau. Vers 1860, il existait aux États-Unis environ trente mille milles de chemins de fer, répartis entre de nombreuses compagnies. La grande artère fluviale, le Père des Eaux, gardait son prestige. C'était par le Mississipi que passait tout le commerce de l'Ouest.

III. — La guerre civile ferma le fleuve. Soudain, l'importance de toutes les lignes de chemins de fer qui unissaient l'Ouest à l'Est fut accrue. Chicago et Saint-Louis devinrent des centres commerciaux de première grandeur. Les tronçons furent groupés en réseaux. Après la guerre, cinq lignes importantes se disputaient le trafic Est-Ouest : New York central, Pennsylvania, Érié, Baltimore et Ohio, Grand Trunk Line. En 1867, Pullman eut l'idée du wagon-lit qui porte son nom. Le wagon-restaurant permit de supprimer les longs arrêts dans les buffets des gares. Les rails d'acier remplacèrent les rails de fer. Le développement fut si rapide qu'en 1880, il y avait quatre-vingt-treize mille milles de voies; en 1890, cent soixante-sept mille milles. « La véritable histoire des États-Unis entre 1865 et 1890 », dit Philip Guedalla, « est l'histoire des transports, dans laquelle les noms des présidents de Chemins de Fer sont plus importants que ceux des présidents des États-Unis. » C'est le temps des combats homériques entre le Commodore Vanderbilt, Jay Gould, Daniel Drew, Harriman, Hill, et les banquiers Morgan, Belmont, pour le contrôle des grands « systèmes », le temps des luttes de tarifs, le temps de la bataille entre Philadelphie et New York pour le commerce avec Chicago. Cornelius Vanderbilt fut le premier de ces pirates de génie qui unifièrent les chemins de fer des États-Unis, avec de grands profits pour eux-mêmes et d'indiscutables avantages pour le pays. Vanderbilt était né pauvre et avait bâti sa première fortune en transportant des passagers de Staten Island à New York. Parce qu'il possédait des bateaux, on l'appelait le « Commodore ». Sur le tard, il vint aux chemins de fer. Ce fut lui et son fils qui firent du New York central un réseau homogène, non sans des hardiesses financières qui choquèrent beaucoup de braves gens. Le chemin de fer de l'Érié devint l'un des champs de bataille favoris des corsaires de la finance. Grâce à la complicité de certains législateurs d'Albany, Daniel Drew faisait soudain voter des lois qui bouleversaient le marché. L'une d'elles par exemple l'autorisait à englober des compagnies subsidiaires et à transformer leurs actions en actions de l'Érié. Cela lui permit de réaliser en toute sécurité un coup de bourse prodigieux. Souvent, les administrateurs de l'Érié, menacés de la prison, durent chercher refuge en New Jersey. Chaque fois, après la bataille, Drew, Vanderbilt, Gould et Fisk finissaient par conclure une trêve dont le public faisait les frais.

IV. — Les plus rémunératrices des affaires de ce temps furent les chemins de fer transcontinentaux. En 1862, Lincoln avait autorisé la construction de l'*Union Pacific*, partant d'Omaha vers l'Ouest, et du *Central Pacific*, partant de San Francisco vers l'Est. En 1869, les deux lignes se rencontrèrent à Ogden (Utah). Il était remarquable d'avoir réussi à traverser ces déserts, malgré les Indiens, malgré le terrain, malgré les difficultés de main-d'œuvre. Il avait fallu armer les ouvriers et les faire escorter par des soldats. L'équipe des constructeurs de ponts travaillait quelques milles en avant de l'équipe de la voie. *L'Union Pacific* employait un grand nombre d'Irlandais; le *Central Pacific*, beaucoup de Chinois; quand les équipes se rapprochèrent, il y eut des combats assez vifs. Enfin, les deux trains se touchèrent; chaque mécanicien brisa une bouteille de champagne sur la locomotive de l'autre; des pasteurs prièrent; des chevilles d'or et d'argent furent plantées dans la dernière traverse. L'espace était dompté. L'exploit avait coûté cher au gouvernement fédéral. Non seulement, les Compagnies avaient reçu six mille dollars de bons du gouvernement pour chaque mille de ligne construit, mais en outre des dons de terres considérables leur avaient été consentis. Qu'importait? Ouvrir le continent était un beau jeu et qui devait payer au centuple.

V. — A la mort de Lincoln, l'immense territoire qui s'étend entre les montagnes Rocheuses à l'Ouest, le Missouri et le Kansas à l'Est, demeurait à l'état de « frontière ». Les rares villes : Salt Lake City, Denver, et au delà des Rocheuses : Sacramento, San Francisco, Portland, Seattle, étaient à peu près ce qu'avaient été jadis les forts anglais et français : des avant-postes. Dès qu'on en sortait, on trouvait la Prairie, où régnait le bison. Vers 1865, des millions de ces bêtes énormes vivaient en troupeaux géants. Des chasseurs entreprirent la destruction méthodique de ces hordes et, en quelques années, les anéantirent complètement. Là, s'illustra le capitaine Cody, dit Buffalo Bill. Il avait été l'un des cavaliers du Pony Express. Pendant la construction de l'*Union Pacific*, il devint le grand pourvoyeur des équipes d'ouvriers et les nourrit de viande de bison. Plus tard, il créa la première *Wild West Show* et promena dans toute l'Europe ses chevaux sauvages et ses Indiens coiffés de plumes. La destruction des bisons amena la ruine des tribus indiennes, auxquelles ces animaux avaient fourni leur nourriture, leurs tentes et leurs vêtements. Privés de leur gibier, dépouillés de leurs territoires par des éleveurs et des fermiers blancs, les Indiens luttèrent, mais reculèrent.

VI. — Ce problème indien était difficile. A la fin de la guerre civile, il restait à peu près deux cent vingt-cinq mille aborigènes entre le Mississipi et les Rocheuses. Beaucoup de tribus étaient civilisées. Elles passaient, en toute bonne foi, avec les États-Unis, des traités qui leur reconnaissaient la propriété de certains terrains. Puis les Blancs leur demandaient un droit de passage. Elles l'accordaient. Alors venaient éleveurs et fermiers, qui prétendaient contraindre les Indiens à vendre leurs terres. Refusaient-ils ? Les Faces pâles les massacraient. En Oregon, en 1871, des Blancs aidés de chiens cernèrent, après une véritable chasse, des Indiens dans une caverne et les mirent tous à mort : hommes, femmes et enfants. Naturellement, les Indiens se vengeaient. Ils y étaient aidés par un conflit permanent entre le Département de la Guerre et les Bureaux indiens du Département de l'Intérieur. L'Intérieur, attribuant les troubles au manque de gibier, distribuait des fusils aux Indiens pour les aider à chasser le bison. Au printemps suivant, les Indiens se servaient de ces armes pour attaquer diligences, convois et forts. Alors, les Indiens devenant trop dangereux, l'Intérieur faisait appel à la Guerre. La Guerre protestait contre le sentimentalisme de l'Intérieur. Le gouvernement devait entretenir, de manière permanente, vingt-cinq mille hommes dans les territoires indiens. L'armée eût souhaité faire une vraie guerre et en finir. « Le seul bon Indien est l'Indien mort », disait Sheridan. Et Sherman : « Nous devons agir contre les Sioux avec un zèle vengeur et, au besoin, aller jusqu'à leur complète extermination : hommes, femmes et enfants... » Mais le Département de l'Intérieur recommandait la clémence.

VII. — De 1868 à 1876, deux chefs hostiles, Taureau Assis et Cheval Fou, résistèrent victorieusement aux armées des États-Unis et les troupes durent abandonner fort Kearny et fort Reno. Le 25 juin 1867, les Sioux surprirent le régiment de Custer et tuèrent tous ses hommes jusqu'au dernier. Après quoi Taureau Assis s'enfuit au Canada. C'était l'ultime soubresaut du dragon. Devant l'effrayante puissance des Blancs, les Indiens finirent par se résigner. Le dernier acte de guerre entre Blancs et Indiens est de 1890. Dès 1887, le *Dawes Act* avait à peu près réglé l'administration des affaires indiennes. En 1901, les membres des cinq tribus civilisées acquirent la nationalité américaine. Enfin, en 1924, un Acte du Congrès décida que tout Indien né sur territoire américain serait désormais citoyen. Beaucoup d'entre eux vivaient encore en tribus et possédaient leurs terres en commun. Des Blancs, assez nombreux, avaient épousé des Indiennes pour devenir membres d'une tribu fortunée, comme celle des Osages, propriétaires en Oklahoma de riches terrains pétrolifères. Aujourd'hui, grâce à une meilleure hygiène, le nombre des Indiens tend de nouveau à augmenter, et il y en aura bientôt un demi-million aux États-Unis et au Canada. Mais la plupart d'entre eux sont des sang-mêlé et les anciens maîtres du continent finiront un jour par se fondre dans la population blanche.

VIII. — Avant la guerre civile, peu de pionniers avaient réfléchi aux conséquences économiques qu'entraînait la similitude entre le bison et le taureau. Elles étaient pourtant évidentes; sur l'herbe des prairies qui avait si bien nourri les troupeaux sauvages, le bétail domestique devait, lui aussi, prospérer. La colonisation de la Prairie fut d'abord l'œuvre de cow-boys venus du Sud avec leurs bêtes. De temps immémoriaux, Texas et Mexique avaient fait de l'élevage pour leurs besoins locaux mais, faute de marchés, le bétail avait peu de valeur. Il demeurait à demi sauvage. Qui avait besoin de viande ou de cuir tuait un bœuf. Mexicains et Texans, tous excellents cavaliers, savaient manier le lasso, capturer les bêtes et marquer les veaux au fer rouge. Le troupeau une fois marqué, le propriétaire le laissait en liberté, tout l'hiver, et savait à peu près où le rassembler au printemps. Quand les grands espaces, au Nord, s'ouvrirent, les cow-boys découvrirent que l'herbe y était meilleure que chez eux, et en outre qu'ils y trouveraient un marché. Leur objectif devint d'atteindre le chemin de fer qui leur permettrait de vendre leurs bêtes aux grandes usines de conserves de Chicago, Saint-Louis, Kansas City, Omaha. La Longue Piste *(the Long Trail)*, qui allait du Texas à l'Illinois, fut bientôt creusée de sillons profonds par les sabots des bêtes. Tout le Middle-West apprit à connaître le cow-boy, son costume de cuir, ses hautes bottes, le large feutre qui lui servait d'ombrelle et de parapluie, son mouchoir de soie rouge autour du cou, son pistolet et sa corde. De grandes cités naquirent le long des voies ferrées. Vers 1880, l'élevage fut transformé par l'invention du fil de fer barbelé, qui permettait d'enclore à peu de frais un pâturage. De riches éleveurs se saisirent des terres qui jadis avaient été communes. La « reine Herbe » devenait aussi puissante dans l'Ouest que jadis le roi Coton dans le Sud. En même temps les fermiers, encouragés par la *Homestead Law*, les immigrants venus d'une Europe toujours surpeuplée, se déversaient en flots au-delà du Mississipi. Ils y trouvaient des terres toutes différentes de celles sur lesquelles ils avaient jusqu'alors travaillé. Dans la Prairie, il n'y avait pas d'arbres, d'où l'impossibilité de construire des barrières tant que le fil de fer barbelé n'eut pas été inventé. Dans la Prairie, il ne pleuvait pas et il fallut mettre au point toute une technique du *dry farming*. Quand la conquête de la Prairie par les fermiers eut été achevée, ce fut la fin de la « frontière ». Avec elle disparaissait l'une des grandes forces qui avaient modelé l'Amérique. Jusqu'alors, l'existence de terres libres avait suffi pour assurer la défense des pauvres contre les riches; des générations de pionniers avaient pensé que le meilleur gouvernement est celui qui gouverne peu. Après 1890, le nouveau prolétariat américain, ne trouvant plus de terres libres, devra se fixer dans les villes et le problème de la protection du travail deviendra difficile et important.

IX. — Les mineurs avaient été parmi les premiers à occuper le nouvel Ouest. C'étaient eux qui avaient déterminé l'essor de la Californie. En Colorado, Idaho, Montana, Nevada, Wyoming, on vit de petites communautés se créer autour des mines de cuivre, d'argent, de plomb, ou d'or. Ainsi en Nevada, le *Comstock Lode* produisit, en vingt ans, trois cents millions de dollars d'argent. Le désert se peuplait de millionnaires. Dès qu'un nouveau gisement entrait en exploitation, des centaines de tentes formaient un camp. Des *saloons*, des bars, des maisons de jeu s'ouvraient. Des filles de mauvaise vie accouraient. Une ville champignon poussait. Autour d'elle, des fermiers défrichaient le sol, pensant qu'ils trouveraient aisément à vendre leurs produits aux mineurs. Puis le gisement s'épuisait, la ville se mourait, les mineurs partaient, les fermiers restaient. On peut voir, près de Denver, une ville fantôme : Central City, qui eut son temps de prospérité, qui posséda même un charmant petit théâtre, et qui est aujourd'hui entièrement vide. Au temps de la fièvre minière, de nouveaux États étaient nés : le Nevada avait été admis en 1864; le Nebraska, en 1867; le Colorado, en 1876. Les territoires d'Idaho, Dakota, Washington, grandissaient avec la construction des chemins de fer et demandaient leur admission. Le Montana fut admis en 1889 et le Wyoming en 1890. Ainsi s'affirmait, au Sénat, la puissance de l'Ouest. Elle n'était pas sans danger, car elle donnait à une minorité le pouvoir de diriger la politique étrangère du pays.

X. — Les Américains atteignaient leur dernière frontière, mais l'esprit de la frontière n'était pas mort. Par un choc en retour, il revenait vers l'Est et y animait des pionniers d'une espèce nouvelle. Grands banquiers

V
ANDREW JOHNSON
(1808-1875)

et industriels montraient l'impatience, l'individualisme agressif de la frontière. Cette génération « ouvrait le continent » et, enivrée d'action, elle avait peu de scrupules. Les hommes de l'époque jacksonienne avaient eu, comme les Européens de 1848, le romantisme du progrès; ils avaient rêvé d'une Amérique toujours plus libre, plus démocratique et plus généreuse. Les hommes de 1870 demeuraient romantiques, mais leur romantisme était celui des affaires. Ils rêvaient d'un monde où tout : usines, affaires, villes, serait chaque jour plus grand, plus riche. Ils n'hésitaient pas, pour réaliser ce rêve, à mettre en coupe réglée les richesses de l'État. Les rois du bétail, comme ceux du chemin de fer, se taillaient des principautés dans le domaine national. C'était un temps où, sous leurs chapeaux hauts de forme, derrière leurs barbes bien coupées, hommes d'affaires et législateurs cachaient des âmes de corsaires, implacables et brutales. Mark Twain nomma cette époque : L'*Age doré*. Ce n'était plus l'âge d'or de Jefferson. Fini le temps du goût, de la culture et des belles maisons virginiennes. Les intérieurs de 1880 sont chargés de moulures, les murs couverts de mauvais tableaux. Le premier millionnaire qui posséda cent millions de dollars, le commodore Vanderbilt, « avait lu un seul livre, *Pilgrim's Progress*, et cela seulement après avoir atteint soixante-dix ans ».

XI. — En politique, les Machiavels de l'âge doré semblent s'intéresser surtout à une question : comment peut-on se servir de la Constitution, du Congrès, des municipalités, pour favoriser les intérêts privés? L'époque est immorale parce que les tentations sont grandes et les contrôles insuffisants. Les richesses créées étant immenses, il est facile, pour les gens d'affaires, d'en abandonner une part aux hommes politiques qui peuvent tout pour les aider. Dans une ville comme New York, deux tiers des électeurs sont des naturalisés de fraîche date qui ne comprennent rien aux finances de la ville, d'où la puissance de la Bande Tweed *(the Tweed Ring)* qui met le budget municipal au pillage, en distribuant à ses membres des millions de dollars. Les législateurs de certains États ne valent pas mieux. Le Congrès lui-même se remplit de politiciens d'un type nouveau, qui ont été choisis par les grandes affaires et les représentent. Le pire danger pour le pays est alors le cynisme. Henry Adams note avec horreur « que les satires les plus poussées contre les sénateurs et politiciens américains ne manquent jamais d'exciter l'hilarité et les applaudissements du public. Riches et pauvres sont d'accord pour mépriser leurs propres représentants. Une société tourne en dérision, avec des rires dénués de sens, son propre échec ». Échec? Non, la démocratie américaine n'était pas un échec. Elle avait été prise au dépourvu par une croissance si rapide que ni les lois, ni les mœurs n'avaient pu s'adapter assez rapidement, et la suite de l'histoire allait au contraire montrer qu'elle était capable de se ressaisir et de réagir. Mais il fallait d'abord qu'elle traversât quelques pénibles années.

IV

Présidence de Grant.

I. — L'élection présidentielle de 1868 fut, pour tous les citoyens des États-Unis, un événement d'importance capitale. Pour les républicains, il s'agissait d'assurer la mainmise de leur parti sur le gouvernement du pays en consolidant le droit de vote des nègres; pour les banquiers et manufacturiers, de mener à bien un vaste programme, magnifiquement subventionné, d' « ouverture du continent »; pour les démocrates, de gagner la paix après avoir perdu la guerre, de rendre aux États une partie de leurs droits, de reprendre le vote aux nègres et de lutter contre les tarifs. Les chances des républicains étaient bien plus grandes que celles de leurs adversaires : ils avaient le prestige de la victoire, celui de l'argent, et l'auréole de leur président martyr, Abraham Lincoln. Il est rare que l'argent et la vertu soient dans le même camp. Pour une fois, ils se rencontraient ou, tout au moins, le parti et le pays le croyaient. Le sang de Lincoln sanctifiait des hommes dont la sainteté personnelle semblait contestable. Le programme républicain comportait avant tout le maintien des principes de la reconstruction, mais une autre question, presque aussi sérieuse, occupait alors les esprits : celle du paiement de la dette contractée pendant la guerre. Serait-elle remboursée en or ou en *greenbacks*-papier ? Les banquiers républicains, qui détenaient les bons, favorisaient le paiement en or; les fermiers démocrates jugeaient le remboursement en papier plus équitable. Le candidat démocrate fut Horatio Seymour, un ancien gouverneur de New York, dénué de prestige et de talent. La Convention républicaine choisit, par acclamations, l'illustre général Grant qui avait un glorieux passé militaire, mais si peu d'expérience politique qu'il n'était pas même sûr d'être républicain. En fait, quand le général avait voté (événement rare), il avait voté démocrate.

II. — « Un grand soldat peut être un bébé en politique. » Grant possédait un charme simple, de la bonté et une naïve confiance en ses amis. Ses victoires militaires l'avaient rendu conscient de la dette de son pays envers lui. Il tenait la Présidence non pour une charge, mais pour une récompense. De la Constitution, des devoirs du Président, il ignorait tout et il ne faisait aucun effort pour s'en informer. En outre, la guerre l'avait usé. Il avait encore des éclairs de volonté, pendant lesquels apparaissait sa naturelle honnêteté, mais retombait vite dans une torpeur qui rendait ses décisions aussi déconcertantes, dit Henry Adams, « qu'eût fait la complexité d'un Talleyrand... Il était impossible de suivre le processus de la pensée du général. On n'était même pas tout à fait sûr qu'il pensât ». Que l'évolution eût produit Grant après Washington, remarquait le même Adams, suffisait pour infirmer Darwin. Depuis son triomphe, le général avait si bien pris l'habitude d'être l'enfant gâté de la nation qu'il acceptait comme des hommages légitimes des cadeaux de grand prix qui, aux yeux de ceux qui les faisaient, devaient préparer la route à des projets secrets et profitables. Un groupe d'hommes d'affaires lui donna une bibliothèque de soixante-quinze mille dollars, un autre une paire de trotteurs admirables, d'autres encore des maisons, des cachemires pour sa femme ou de trop beaux jouets pour son fils. Grant avait été pauvre toute sa vie et il aimait l'éclat de la richesse. Quand un spéculateur l'emmenait sur son yacht et lui offrait de gros cigares, la facilité de cette vie lui inspirait une dangereuse euphorie. Que les États-Unis lui fissent cadeau de la Présidence lui semblait naturel. Les électeurs du Nord là-dessus sentaient comme lui. Ils votèrent en 1868, non pour un programme, mais, comme dit Allen Nevins, « pour une légende indestructible, pour un héros national... Vous prononciez ce nom monosyllabique : *Grant*, et le prosaïque travailleur, fermier, employé, pour une fois en sa vie, avait une vision. C'était la vision de quatre années de terreur et de gloire ». On votait pour Vicksburg, pour Appomatox. Pourtant, la majorité populaire de Grant fut très petite, à peine trois cent mille voix. Le vote nègre ayant été de sept cent mille voix, le parti républicain constatait avec inquiétude que, malgré le triomphe militaire, sa domination était précaire. Cela devait le rendre plus résolu que jamais à maintenir les lois de reconstruction.

III. — Le Président étant incompétent, le choix du secrétaire d'État prenait une importance particulière. Seward, au temps de Johnson, avait occupé avec distinction ce poste difficile; il avait réussi à liquider, sans guerre, l'entreprise impériale et française de Napoléon III au Mexique, et à obtenir des Russes qu'ils lui vendissent l'Alaska (1867). Pour succéder à Seward, le nom de Motley, grand historien, fut suggéré à Grant. « Non », dit le Président avec dégoût, « il a une raie au milieu et il porte un monocle... » Hamilton Fish obtint le poste et s'en acquitta bien, encore que le Président lui donnât du tourment. Grant négocia, sans consulter le Cabinet, un traité d'annexion de la République de Saint-Domingue. Le colonel Babcock, secrétaire du Président avait traité l'affaire pour un million et demi de dollars, avec un gouvernement révolutionnaire dont les pouvoirs étaient douteux. Quand Grant annonça fièrement cette nouvelle au Cabinet stupéfait, Hamilton Fish offrit sa démission. Grant le supplia de rester, à sa désarmante manière : « J'ai besoin de vous, et Mrs Grant a besoin de votre femme. » Car Mrs. Hamilton Fish, femme du monde expérimentée, servait de chef du protocole à Mrs. Grant. Le traité fut repoussé par le Sénat, mais l'épisode montra que Grant pouvait, sous l'influence d'hommes adroits et intéressés, prendre des positions dangereuses. En revanche, il se montra raisonnable dans l'affaire de l'*Alabama*. En ce vieux débat entre l'Amérique et l'Angleterre, les États-Unis demandaient compensation pour les dégâts commis par un croiseur confédéré que les Anglais avaient laissé sortir illégalement de leurs eaux territoriales. Par le Traité de Washington (1871), les deux pays acceptèrent de soumettre le cas à un tribunal arbitral qui siégerait à Genève. L'année suivante, ce tribunal accorda aux États-Unis quinze millions et demi de dollars, que l'Angleterre paya aussitôt. C'était un bel exemple de sagesse internationale.

IV. — Les escrocs grouillent sur les charniers. Au lendemain de la guerre civile, le désordre monétaire, l'incertitude sur la valeur des *greenbacks*, les folies de la reconstruction, engendrèrent aux États-Unis des bandits de grande envergure. « Pour certains, le brigandage fut le chemin de la respectabilité; pour d'autres, celui de la prison. » L'entourage du Président n'était pas d'une pureté à toute épreuve. Son propre secrétaire, Babcock, fut compromis dans une affaire de whisky. Son beau-frère, Corbin, prit une part coupable à la célèbre spéculation sur l'or de Gould et de Fisk. Jay Gould était un boursier, président de plusieurs chemins de fer, qui, avec son ami Jim Fisk, avait eu l'idée d'acheter tout l'or disponible, puis de passer de nouveaux contrats dépassant la quantité de métal existant; après quoi il exigerait livraison; l'or monterait verticalement; la hausse de l'or amènerait la baisse des prix; les fermiers, effrayés, vendraient leur blé et Gould, qui transporterait le blé sur ses chemins de fer, gagnerait sur les deux tableaux. C'était simple et brillant, mais l'opération présentait un danger. La Trésorerie des États-Unis possédait six cents millions d'or; elle pouvait déjouer toute la manœuvre en jetant cet or sur le marché. Gould et Fisk crurent prendre une assurance contre une contre-attaque éventuelle en mettant dans l'affaire le beau-frère du Président : Corbin. A voleur, voleur et demi : Corbin dit à ses complices que Mrs. Grant, sa sœur, spéculait avec lui, ce qui assurait la protection du Président. Or, ni le Président, ni Mrs. Grant, n'étaient informés. Quand ils le furent, leur honnêteté s'effaroucha. Le Président ordonna à la Trésorerie de faire baisser l'or et un certain « vendredi noir » (24 septembre 1869), les prix s'effondrèrent. Jay Gould avait flairé le danger, retiré sa mise et joué à la baisse. Mais son associé, Fisk, fut ruiné, temporairement. Tout le pays s'indigna de la faiblesse du Président qui tolérait, à la Maison Blanche, des aventuriers aussi dangereux.

V. — Dans le parti républicain, beaucoup de bons citoyens s'inquiétaient à la fois de la corruption latente, et du tour brutal que prenait la politique de reconstruction. Un groupe réformiste grandissait à l'intérieur du parti. A sa tête était le sénateur Carl Schurz, réfugié allemand, libéral, soldat, journaliste et historien; Charles Francis Adams, de la maison royale du Massachusetts; et G. W. Curtis, rédacteur en chef de *Harper's Weekly*. Les réformistes voulaient retirer le soutien des troupes fédérales aux gouvernements des *Carpetbaggers*, diminuer les tarifs « qui enrichissaient les riches et appauvrissaient les pauvres », et mettre les places de fonctionnaires au concours au lieu d'en faire des récompenses électorales. Une grande partie du pays approuvait les réformistes et ils auraient eu chance, en 1872, de faire échec à Grant pour un second terme s'ils avaient choisi un bon candidat. Après de longues querelles, ils désignèrent Horace Greeley, éditeur à New York du journal *La Tribune*. C'était un brave homme et qui avait du talent. Tous les réformistes du pays, « hommes aux longs cheveux et femmes aux cheveux courts », le tenaient pour leur providence. Greeley avait été passionnément anti-esclavagiste et nous avons déjà dit que, le jour où Mrs. Jefferson Davis avait eu besoin d'un répondant pour faire mettre son mari en liberté, elle s'était adressée à Horace Greeley, comme au plus généreux de ses ennemis et qu'il avait donné sa signature. Mais les fanatiques confondent grandeur d'âme et trahison. Les reconstructionnistes radicaux avaient accusé Greeley de trahir la cause. Au moment de l'élection présidentielle, alors que les démocrates soutenaient Greeley contre Grant, ses anciens amis républicains le traitèrent fort mal. « J'ai été attaqué si violemment que je ne savais pas si j'étais candidat à la Présidence ou à la prison. » Grant fut réélu à une immense majorité. Greeley mourut un mois après l'élection. La justice n'est pas de ce monde.

VI. — Le second terme de Grant fut, comme le premier, terni par des scandales. Le plus grave d'entre eux, celui du Crédit Mobilier, atteignit jusqu'au vice-président des États-Unis : Schuyler Coldax. Les fondateurs de la Compagnie *Union Pacific* avaient obtenu du gouvernement fédéral un emprunt de vingt-sept millions de dollars, gagé par une seconde hypothèque sur la ligne à construire. Après quoi, ils avaient hypothéqué le même gage, en première hypothèque au profit d'une petite société, le Crédit Mobilier, dont ils possédaient toutes les actions et qui devait construire la ligne. Les experts découvrirent plus tard que le prix payé au Crédit Mobilier était deux ou trois fois supérieur au coût réel des travaux. En somme, l'opération consistait à dépouiller : *a)* l'État, et *b)* l'*Union Pacific*, au profit du Crédit Mobilier, lequel devait donner 800 % de dividende à un petit groupe d'élus. Cette transaction, plus ingénieuse qu'honorable, pouvait amener des réactions violentes de l'opinion publique. Aussi les bénéficiaires essayèrent-ils, à leur habitude, de se couvrir en mettant de puissants personnages dans leur jeu. Mr. Oake Ames, un *Congressman* du Massachusetts, accepta de signaler secrètement aux membres du Congrès que les actions du Crédit Mobilier étaient des « mines de diamant ». Le vice-président Colfax fut l'un de ceux qui tirèrent parti de cet avis, peut-être en toute innocence. Mais quand, en 1872, Mr. Ames fut appelé à témoigner et ouvrit son carnet chargé de noms, cette innocence fut contestée. Aussitôt, le Président écrivit à Colfax une lettre l'assurant de sa sympathie. Tel était Grant, incapable d'imaginer que ses amis pussent être malhonnêtes ou que, s'ils l'étaient, ce fût consciemment.

VII. — Ce scandale s'apaisait à peine qu'éclata une tornade financière. Les crises économiques devenaient périodiques. Il semblait impossible d'ajuster pouvoir d'achat et production. A la vérité, personne ne l'essayait. Dès que les affaires marchaient bien, les entreprises se multipliaient; les prix et les salaires montaient; les crédits s'enflaient. Un moment venait où les crédits dépassaient les valeurs réelles et où le marché, en équilibre instable, était à la merci du moindre choc. Ce fut ce qui arriva en 1873. L'Europe cessa d'acheter les valeurs américaines. La banque Jay Cooke, célèbre pour avoir financé la guerre civile dans le Nord, suspendit ses paiements. L'événement bouleversa le monde des affaires. Le public croyait Jay Cooke aussi solide que la Banque d'Angleterre. Le lendemain de cette faillite, en quelques heures, le marché s'effondra. Bientôt, les usines s'arrêtèrent. On vit, dans les grandes cités, des pitoyables queues de chômeurs qui attendaient un morceau de pain. Il y eut six mille faillites en 1874; huit mille en 1875; neuf mille en 1876. Le nombre des suicides croissait. La méfiance devenait une névrose collective. On ne trouvait plus à emprunter cent dollars sur une ferme de cent acres. La crise durait encore quand arriva, en 1876, le temps de la nouvelle élection présidentielle. Aussi celle-ci se passa-t-elle dans une atmosphère de mécontentement. Tout le pays, non sans raison, exigeait des réformes. C'en était fini des élections faciles, faites contre le Sud en agitant « la chemise sanglante ».

V

Abus et désordres.

I. — Parmi les mécontents que suscita la panique de 1873, les plus amers furent les fermiers. Il faut avouer qu'ils avaient de sérieux sujets de plaintes. Le gouvernement distribuait à des spéculateurs le patrimoine de la nation. Comment les fermiers n'eussent-ils pas été choqués de voir de pauvres colons payer, si peu que ce fût, chacun de leurs maigres acres de terre, tandis que les magnats des chemins de fer recevaient des royaumes sans débourser un cent? Ces dons immenses épuisaient les terres disponibles. Les nouveaux fermiers, dans la région des grandes prairies, devaient cultiver pour l'exportation. Mais alors ils entraient en concurrence avec les marchés européens à bas salaires et ils étaient handicapés par les tarifs élevés, par les prix de transport et par les impôts. Leurs intérêts étaient tout différents de ceux de l'industriel ou du banquier. Ce que demandait l'agriculteur c'était de l'argent à bon marché, des prix de transport bas, des économies dans les services publics et la suppression des intermédiaires. Au début, les chemins de fer avaient paru être les amis du fermier; ils le rapprochaient des centres urbains; ils lui permettaient d'expédier ses produits au loin; plus tard, les scandales financiers, la manipulation des tarifs, la ruine des porteurs de bons avaient au contraire créé un vif antagonisme entre la ferme et le rail.

II. — Dès 1867, un homme pensa qu'il était nécessaire de grouper les fermiers pour les défendre. C'était un fonctionnaire fédéral nommé Kelley, qui avait été chargé d'une enquête dans le Sud et qui avait observé la détresse des cultivateurs et leur isolement intellectuel. Il décida de fonder un ordre secret des fermiers, sorte de franc-maçonnerie, qu'il nomma *La Grange*. En principe, il devait y avoir des *Granges* dans tous les États, mais Kelley avait, pour lancer le mouvement, si peu d'argent qu'il ne pouvait pas même acheter des timbres. Si jamais parti politique fut fondé sur « le roc de la pauvreté », ce fut celui-là. Pourtant il réussit, dans plusieurs États, à faire élire des candidats aux législatures locales. Il entama contre les chemins de fer une lutte qui, sur beaucoup de points, fut heureuse et imposa aux Compagnies des tarifs plus raisonnables. Après la panique de 1873, le mouvement fit place pour une part à celui des *Greenbackers*, qui demandaient le maintien de la monnaie-papier. C'était une réaction naturelle des fermiers débiteurs contre leurs créanciers. Quand le pouvoir d'achat du dollar baisse, le blé monte et les hypothèques s'allègent. Pour l'élection présidentielle de 1876, les *Greenbackers* créèrent un parti indépendant et, en plusieurs États, parvinrent à inquiéter les vieux partis. Un républicain de l'Indiana écrivait : « Une campagne *Chemise sanglante*, des fonds électoraux, et l'Indiana est à nous... Une campagne sur des questions monétaires et pas de subsides, nous sommes battus. »

III. — Cette élection de 1876 fut l'une des plus étranges de l'histoire du pays. Il semblait que le candidat républicain dût être Blaine, homme politique célèbre pour sa bonne grâce, son magnétisme et le charme irrésistible de ses manières. Blaine arrivait à la Convention avec un nombre de voix tel qu'il se croyait certain de la nomination. Mais des adversaires évoquèrent de vieux scandales : Blaine n'était pas entièrement pur. Non qu'il fût à la lettre malhonnête, mais il traitait les questions d'argent avec une superbe négligence. Il connaissait, comme Panurge, mille manières de le dépenser, et quelques manières de le gagner qui n'étaient pas tout à fait orthodoxes. En outre, il eut le malheur d'avoir un coup de soleil la veille de la Convention. On raconta qu'il était mort; cela lui fit du tort et le parti choisit Rutherford B. Hayes, gouverneur de l'Ohio, ancien général respecté, à longue barbe carrée, qui aurait voulu que les citoyens fussent des soldats disciplinés et s'attristait de les trouver déraisonnables. Les démocrates avaient découvert une autre belle âme, le gouverneur Tilden, de New York. C'était une année où l'honnêteté faisait prime. Mais le Diable gardait le contrôle des ficelles. Bien que Blaine n'eût pas été désigné, ce fut lui qui imposa au parti républicain le thème de la campagne : « Émancipation des nègres », et un slogan : *Vote as you shot.* (« Votez comme vous tiriez »). Blaine croyait encore aux vertus de la « chemise sanglante ». L'élection, dans le Sud, se passa dans un grand désordre; il y eut des violences, des fraudes et de la confusion. Il fallait cent quatre-vingt-cinq voix pour être élu. Lorsqu'on sut que Tilden, le démocrate, avait cent quatre-vingt-quatre voix acquises, on crut qu'il était président. Mais les résultats de quatre États : Floride, Louisiane, Caroline du Sud et Orégon, furent contestés. Un long débat commença devant le Congrès.

IV. — Les bureaux de vérification de Louisiane et de Floride étaient républicains. Ils reçurent du parti des promesses alléchantes et, sous des prétextes ingénieux autant que fallacieux, éliminèrent un nombre de bulletins suffisant pour donner ces deux États à Hayes. Les démocrates protestèrent avec force. La loi et le bon sens eussent proclamé Tilden élu. Mais les républicains avaient une longue expérience de la machine gouvernementale. Ils firent preuve d'une énergie et d'une absence de scrupules qui, jointes à la confusion, tournèrent leur défaite en victoire. Comme la Constitution n'avait pas prévu le cas, le Congrès passa une loi et créa une commission électorale qui contenait des membres du Congrès, moitié démocrates et moitié républicains, et quatre membres de la Cour suprême, deux républicains, deux démocrates. Les quatre juges devaient en nommer un cinquième qui, à lui seul, déterminerait la décision. Ils choisirent d'abord un indépendant, mais celui-ci fut élu sénateur de l'Illinois et refusa de siéger. Le juge Bradley, républicain, le remplaça et les républicains, ayant désormais la majorité de la commission se donnèrent la majorité dans l'élection avec un cynisme que récompensa le succès. La solution fut adoptée le 2 mars. Il était temps. Le Président devait être inauguré deux jours plus tard. Hayes accepta l'artificielle victoire, non sans scrupules de conscience. Il se demandait s'il était vraiment élu.

V. — C'est une grande preuve du respect des Américains pour le régime et de leur amour pour l'ordre que l'acceptation, par les démocrates, de l'étrange procédure qui fit Hayes président. Ils eussent été moins souples sans doute si Hayes n'avait donné aux hommes politiques du Sud des assurances. En échange de leur adhésion, il leur promit de ne plus employer les troupes fédérales pour soutenir les *Carpetbaggers*, ce qui revenait à dire que la domination blanche serait aussitôt rétablie. La guerre civile était donc enfin terminée et Hayes, républicain, avait fait pour le Sud « ce qu'aucun président démocrate n'aurait pu faire ». Du jour où les troupes fédérales furent retirées, les nègres, dans le Sud, perdirent en fait le droit de suffrage. Tantôt les États du Sud imposèrent des conditions, compatibles avec le Quinzième Amendement mais qui privaient les nègres de leur vote (un électeur devait savoir lire et écrire, ou avoir eu un grand-père électeur, ce qui n'était le cas d'aucun nègre); tantôt on les empêcha par la violence d'approcher des salles de vote; tantôt enfin on les intimida par des menaces. Beaucoup de républicains parlaient encore de la nécessité de faire respecter la Constitution, mais un bloc démocrate blanc s'était formé dans le Sud et il y était tout-puissant. Ce fut ce qu'on appela *le Solide Sud*, composé de dix des États de l'ancienne Confédération. Désormais, il allait être indécent, et presque inconcevable, pour un Blanc du Sud, de ne pas voter pour le *ticket* démocratique. Le parti se trouvait, depuis la guerre civile, écarté de la Présidence; il semblait que ses membres dussent renoncer aux places et à toute influence politique dans la nation. Mais le tabou demeurait absolu. Un Blanc du Sud qui votait pour les républicains était un traître.

VI. — Le président Hayes, excellent administrateur et aussi peu partisan que possible, eut pourtant une présidence difficile. Les républicains eux-mêmes n'étaient pas favorables à un président qu'ils avaient élu à si grand'peine. Ils le trouvaient trop équitable, trop modéré, et ne le nommaient que *Granny Hayes* (grand'-maman Hayes). Ils lui reprochaient de donner des bureaux de poste à d'anciens Confédérés, forfait abominable. « Il n'a aucune idée », disait-on dans le parti, « de ce qui est populaire. » Toutefois, il avait une idée fort claire de ce qui était sage. Il régla au mieux plusieurs questions épineuses. L'importation de main-d'œuvre chinoise, à bas salaires, irritait les ouvriers de Californie; Hayes s'entendit avec le gouvernement chinois pour limiter cette immigration. Des grèves très brutales, en 1877, mirent à feu et à sang Pittsburgh et Chicago; le Président convoqua la milice de plusieurs États et rétablit l'ordre, mais il nota dans son journal : « Les grèves ont été réduites par la force; il faut maintenant trouver un remède réel. Ne peut-on rien faire par l'éducation des grévistes, par le contrôle judicieux des capitalistes, par une politique générale plus sage, pour mettre fin à ces maux, ou tout au moins pour les diminuer? » Tels étaient en effet les problèmes que l'Amérique devait maintenant résoudre.

VII. — Hayes fut aux prises aussi avec les propriétaires des mines d'argent. Des gisements énormes avaient été découverts et la production de l'argent avait plus que décuplé. Jusqu'alors, les orfèvres avaient employé tout l'argent disponible de sorte que le Congrès, en 1873, avait pu, sans irriter personne, suspendre la frappe des monnaies d'argent. Lorsque l'orfèvrerie devint incapable d'absorber l'énorme afflux de métal, les États argentifères demandèrent la frappe libre de monnaie d'argent, à l'ancien taux de seize pour un. Une loi *(Bland Allison Bill)* imposa à l'Administration d'acheter chaque année entre deux et quatre millions de dollars de monnaie d'argent. Mais comme la valeur de l'argent, par rapport à l'or, avait baissé, cette monnaie d'argent ne valait plus réellement qu'un cinquième de sa valeur nominale. Il était absurde de prétendre imposer au public, et aux nations étrangères, une monnaie à laquelle nul homme raisonnable ne pouvait croire. Mais l'absurdité n'a jamais arrêté les passions, ni les intérêts.

VIII. — Hayes, honnête homme et bon administrateur, aurait dû obtenir un second terme. Son honnêteté le mit en conflit avec « la Machine » de son parti, puissante combinaison de politiciens petits et grands, destinée à produire des votes favorables. Les rouages élémentaires de « la Machine » étaient les organisations locales. Chaque ville avait son *boss* qui distribuait les places, les faveurs, et récoltait les voix. A New York, Tammany Hall restait le siège de la Machine démocratique. Dans une métropole où arrivaient chaque année des milliers d'immigrants qui ne savaient pas la langue et ne connaissaient pas les lois du pays, Tammany pouvait rendre

VI
GROVER CLEVELAND
(1837-1908)

des services innombrables. La Machine, dès l'arrivée de l'immigrant, le guidait dans ses démarches, l'aidait à se faire naturaliser et ne lui demandait en échange qu'un bulletin. Le système avait ses avantages, car l'aide ainsi donnée aux malheureux était utile et réelle. Les menus services de la Machine ressemblaient à ceux qu'un député français rendait alors à ses électeurs. Mais il y avait des abus. Dans les villes en croissance constante et rapide, il fallait créer des services d'éclairage, de transports, de police. C'était trop souvent l'occasion d'enrichir les amis de la Machine. La politique devenait, pour beaucoup d'aventuriers, le chemin de la fortune. Sous le masque d'un des deux grands partis, l'un cherchait un poste bien payé; un autre, une concession de tramways; un troisième, une commande de pavés ou la construction d'un immeuble municipal. Trop souvent, la Machine électorale se faisait l'agent d'intérêts privés.

IX. — Ces manipulations étaient rendues plus faciles par le manque de principes des deux grands partis. Théoriquement, le parti républicain apparaissait nationaliste et favorable à l'industrie, cependant que le parti démocrate défendait les droits des États et ceux de l'agriculture. Mais la guerre civile avait modifié les allégeances. Des agrariens de l'Ouest votaient le *ticket* républicain en souvenir de Lincoln. Par sa lutte contre l'esclavage, le parti républicain avait rallié aussi un certain nombre d'intellectuels libéraux. Il dominait si complètement une grande partie du pays qu'à beaucoup d'Américains « ne pas être républicain semblait une curieuse infirmité ». Les démocrates obtenaient aux élections presque autant de voix que leurs adversaires, mais la nature de ces voix faisait leur relative faiblesse. Leur parti n'était guère qu'une somme de minorités : le Sud, à cause des souvenirs de la guerre; les Irlandais catholiques, par opposition à la majorité protestante;

les Allemands, parce qu'ils craignaient que les puritains anglo-saxons ne fissent voter quelque forme de prohibition et ne les privassent de bière. En l'absence de grands débats politiques sur des questions de principe, les intérêts inspiraient les programmes. Dans l'État de New York, deux sénateurs, le superbe Roscoe Conkling et le cynique Platt, surnommé : « Moi aussi Platt », parce qu'il suivait en toutes choses Conkling, menaient toutes les affaires avec le contrôleur des douanes du port, Chester Arthur. Celui-ci multipliait à grands frais les emplois inutiles donnés à des amis politiques. Hayes le révoqua et s'acquit ainsi la haine de la Machine qui, ayant fait élire le Président, croyait pouvoir compter sur sa reconnaissance et sur son appui.

X. — En 1880, le parti républicain se coupa en deux. Les *stalwarts*, autrement dit « les durs », étaient pour le système des dépouilles, pour la souscription forcée des fonctionnaires aux fonds du parti, pour les tarifs élevés, pour le vote des nègres, pour la Machine. Les *half breeds* étaient « les mous », les réformistes qui avaient le front de penser que tout n'était pas pour le mieux dans le meilleur des partis. Les « durs » avaient eu l'idée de soutenir une nouvelle candidature de Grant, qui venait de rentrer d'un tour du monde triomphal et faisait encore recette. Les « mous » pensaient à Blaine ou à John Sherman, le secrétaire d'État de Hayes. Mais la Convention eut un de ces brusques mouvements auxquels sont sujettes les assemblées et, au cri de : « N'importe quoi pourvu que Grant soit battu ! », elle désigna l'obscur général Garfield. Pour apaiser la grande fureur des *stalwarts*, l'un de leurs hommes, Chester Arthur, le contrôleur des douanes chassé par Hayes, fut choisi pour vice-président. L'élection de Garfield exaspéra les maîtres de la Machine, Roscoe Conkling et « Moi aussi Platt », qui allèrent jusqu'à donner leur démission de sénateurs. Un fanatique à demi fou, Charles

Guiteau, tira un coup de feu sur le Président en disant : « Je suis un dur des durs... Maintenant, Arthur est président! » Garfield languit quelques mois, puis mourut, ce qui mit en effet Chester Arthur à la Maison Blanche. Une fois de plus, les événements montraient combien la règle qui faisait du Vice-Président l'héritier présomptif du Président exposait le pays à des surprises. Dans ce cas cependant, la surprise fut heureuse et Chester Arthur, que l'on croyait un chef de partisans, se montra raisonnable et modéré.

VI

Grover Cleveland et son temps.

I. — Pendant près de vingt-cinq ans, le parti républicain avait été le maître du pays et l'on ne pouvait dire qu'il eût fait de son pouvoir un usage heureux, ni adroit. Par sa politique de représailles, il s'était acquis la haine du Sud. A cause de la corruption de certains de ses élus, il avait perdu la confiance de l'opinion publique. Il gardait la faveur du monde des affaires et celle des vétérans de la guerre civile, mais sa majorité était étroite et fragile. A l'intérieur même du parti, beaucoup de citoyens respectables souhaitaient des réformes. Ceux-là furent surpris et irrités quand, en 1884, le « magnétique » James G. Blaine fut choisi pour candidat par la Convention républicaine. Blaine était l'homme le plus aimé et le plus haï de son temps. Sa femme, qui l'adorait, écrivait quand il était absent : « Je regrette sa constante sollicitude et sa non moins constante indifférence... » Il était le défenseur avoué, conscient, du gouvernement des politiciens, par les politiciens, pour les politiciens. C'était au moins une attitude nette. Blaine avait été *speaker* de la Chambre des Représentants. Il appartenait à l'école des hommes politiques qui font de l'amitié une profession rémunératrice. Il savait à merveille entourer de son bras, de manière caressante, les épaules d'un adversaire. Il passait, à tort ou à raison, pour avoir toléré la corruption et même pour y avoir participé. On parlait d'une certaine lettre compromettante qui se terminait par un post-scriptum : « Brûlez cette lettre. » Roscoe Conkling lui-même, qui n'était ni un saint, ni un délicat, avait refusé de faire campagne pour Blaine en disant : « Je ne m'occupe pas d'affaires criminelles. » C'était exagéré, mais un certain nombre de chefs du parti, dégoûtés, décidèrent de voter pour le démocrate, à la seule condition qu'il fût honnête homme. Ces transfuges éminents furent ironiquement baptisés : *Mugwumps*, mot indien qui signifiait : *grands capitaines*. Le choix, par les démocrates, de Cleveland, satisfit les *Mugwumps*.

II. — Grover Cleveland, homme vigoureux, valeureux, avait peu de génie, mais une solide intelligence, du bon sens et du caractère. D'abord vendeur dans une épicerie, venu par hasard à Buffalo, à dix-huit ans, pour voir un oncle, il y était resté, dans une étude d'avocat. Entré dans la vie politique, il devint *sheriff* de son comté. Sa brutale honnêteté, son courage attirèrent l'attention et, en 1881, il fut élu maire de Buffalo, puis gouverneur de New York. « Je n'ai jamais sollicité une fonction publique », disait-il, et c'était vrai. Dans ces deux postes, il prouva qu'il était de taille à résister aux plus cyniques des hommes d'affaires et aux plus rusés des politiciens. « Il avait un véritable don de silence », et mérita le surnom de *Veto Mayor*. Il plaisait par sa franchise : « On parle », disait-il, « de l'importance du *jeu* politique, mais regardez les hommes qui l'ont joué. Sont-ils allés plus loin que moi ? » Il n'avait pas de culture mais, par instinct, frappait de temps à autre une phrase excellente : *A public office is a public trust... It is a condition that confronts us, not a theory* [1]. Quand la marée de la révolte monta contre le parti républicain, elle porta Grower Cleveland

1. *En français :* « Une fonction publique est un devoir public. » — « Nous avons affaire non à une théorie, mais à un état de choses. »

à la tête des réformistes. Ses adversaires lui reprochèrent sa vie privée : il avait eu, à Buffalo, un enfant naturel. Ses amis lui demandèrent ce qu'ils devaient répondre : « Quoi que vous disiez, dites la vérité. » Les républicains chantaient : *Ma! Ma! Where is my Pa? — Gone to the White House. Ha! Ha! Ha!* A quoi les démocrates répliquaient : *Burn this letter, James G. Blaine, burn this letter!* La lutte était serrée et le résultat dépendait de l'État de New York. Là, les Irlandais catholiques étaient puissants. Un orateur républicain, le pasteur Borchard, y commit l'incroyable imprudence de définir le parti démocrate qui était anti-prohibitionniste, catholique et sudiste : « Rhum, Romanisme et Rébellion. » Cette phrase malheureuse, offensante, soigneusement mise en valeur par les démocrates, donna les voix de New York à Grover Cleveland qui fut élu président, ayant rompu le charme hostile à son parti et triomphé du magnétique Blaine. « C'est affreux pour moi », écrivit la charmante Mrs. Blaine. « J'étais certaine de l'élection. » Quant à Cleveland, il apprit sa nomination tandis qu'il travaillait à son pupitre de gouverneur, à Albany. « Quoi qu'il en soit », dit-il, « finissons ce travail... » Il prouva son courage, le jour de son inauguration en prononçant sans notes son discours solennel au Capitole, et un peu plus tard en épousant une jeune fille à peine sortie du collège. Ce fut un heureux mariage. Le succès semblait répondre au courage. « Je m'éveille parfois la nuit », disait le Président, « et je me frotte les yeux en me demandant si tout cela n'est pas un rêve. »

III. — Cependant, la position de Cleveland était difficile. Il souhaitait réformer le *Civil Service* et soustraire le plus grand nombre des postes au système des dépouilles; les *Mugwumps* l'adjuraient de ne déplacer aucun fonctionnaire; son propre parti, affamé, exigeait des places. « Ne vous permettez jamais », lui disaient les vieux renards, « d'oublier que notre grand jeu national est la politique, non le poker. Nul n'a jamais songé à organiser une réforme du poker... » Quand il parlait de maintenir à leurs postes les fonctionnaires républicains, ses amis murmuraient avec ironie : « Aux vaincus appartiennent les dépouilles. » Il dut céder dans un grand nombre de cas, mais parvint à faire mettre dix mille emplois de plus sur la liste des places données au seul mérite. Cleveland pensait qu'un autre abus était celui des pensions. Les anciens soldats de la guerre civile s'étaient organisés en G. A. R. *(Grand Army of the Republic)* et exerçaient une influence électorale qui les rendait puissants. Des agents d'affaires se chargeaient, grâce à leurs appuis politiques, d'obtenir des pensions que parfois rien ne justifiait. En 1879, avait été passée une loi sur « les arriérés de pensions » qui permettait à ceux qui se faisaient inscrire de recevoir leurs pensions depuis le jour où ils avaient quitté l'armée. En 1885, il y avait trois cent cinquante mille titulaires de pensions. Pour ceux dont le Bureau des Pensions écartait la demande, le Congrès allait jusqu'à voter des lois personnelles et, en 1887, il décida de pensionner tout soldat qui avait servi trois mois, fût-ce à l'arrière, et qui manquait de moyens d'existence. Cleveland opposa son veto à cette loi et aussi à bon nombre de lois personnelles. Cela indigna la G. A. R. d'autant plus que Cleveland n'avait pas lui-même fait la guerre et qu'il proposait de rendre leurs drapeaux aux anciens États confédérés. Il ne réussit pas à mettre fin au scandale des pensions de la guerre civile et en 1890, après son départ, fut votée une loi qui mettait sur la liste « tous les soldats survivants dont la santé laissait à désirer ». En 1912, il y avait, avec les veuves, huit cent mille retraités. Plus on s'éloignait de la guerre, plus on retrouvait de guerriers.

IV. — Après l'inauguration de Cleveland, Carl Schurz, *Number One Mugwump*, Mugwump Numéro Un, était venu le voir à la Maison Blanche et le Président lui avait demandé : « Quelle est la plus importante question du jour? — Le Tarif, avait répondu Schurz. — Je suis honteux », dit Cleveland, « mais je ne sais rien du Tarif. » Il étudia la question. Les tarifs élevés qui avaient été appliqués pendant la guerre civile ne paraissaient plus nécessaires. Il n'était pas possible de les justifier par l'obligation de protéger des industries naissantes, car les « bébés de guerre » avaient grandi et se défendaient fort bien par leurs propres moyens. D'autre part, l'état des finances du pays, si brillant que le budget se soldait par un surplus, permettait de se passer des recettes douanières. Cleveland adopta un principe : « Pas de droits de douanes, sinon pour revenu. » Autrement dit pas de douanes pour protection. D'où fureur des industriels et ressentiment du Congrès qui considérait le surplus comme un réservoir où il pouvait puiser pour faveurs locales et pensions. Tous ces ressentiments firent que Cleveland fut battu, en 1888, par l'obscur républicain Harrison, homme distingué qui n'avait d'autres titres qu'héréditaires : un père *Congressman*, un grand-père Président *(Tippecanoe)* et un arrière-grand-père signataire de la Déclaration d'Indépendance. Le second général Harrison avait été bon soldat pendant la guerre civile, où il avait commandé une brigade. Quand il apprit son élection, il s'écria : « La Providence nous a donné la victoire! » La phrase choqua John Wanamaker, de Philadelphie, trésorier du parti républicain, qui avait trouvé les fonds pour la campagne. Harrison fut un président réservé, décent, froid, donc impopulaire. Il avait l'intention sincère de se refuser aux compromissions. Mais il dut capituler, comme tant d'autres, et dissiper le surplus en faveurs et pensions. John Wanamaker, qu'il nomma *Postmaster General*, ne réforma pas le *Civil Service* et distribua, comme il se devait, les bureaux de poste aux amis politiques. Quant aux pensions, le Cabinet estima « qu'on ne pouvait peser les droits des vétérans sur des balances d'apothicaires. »

V. — La loi la plus importante de cette époque fut le *Sherman Anti Trust Act* de 1890. L'objet en était d'imposer une discipline aux manufacturiers et banquiers, dont l'individualisme et la puissance devenaient dangereux. L'industrie américaine s'était, en trente ou quarante années, développée de manière prodigieuse. Jefferson avait cru, au début du siècle, que l'Amérique serait un pays agricole et rural; elle devenait un pays industriel et urbain. Dès 1890, on pouvait prévoir qu'elle l'emporterait sur toutes les vieilles nations européennes réunies. Pourquoi ce triomphe? Parce que l'Amérique avait toutes les chances : elle possédait les plus beaux gisements de charbon, de fer, de pétrole et de nombreux métaux secondaires; elle avait d'immenses réserves de forces hydrauliques, elle offrait aux industries un vaste marché que ne coupait aucune barrière douanière; elle produisait des inventeurs ingénieux : Fulton, du bateau à vapeur; Morse, du télégraphe; Bell, du téléphone; Edison, de la lampe électrique; Sholes et Glidden, de la machine à écrire; Mac Cormick, des machines agricoles; plus tard Ford, de l'automobile; Orville et Wilbur Wright, de l'avion; enfin, elle formait des chefs d'entreprises hardis, qui n'étaient empêtrés d'aucune tradition pesante et se montraient prêts à accepter de grands risques parce qu'ils attendaient de grands profits. En quelques décades, l'Amérique se couvrit d'usines.

VI. — Dans l'industrie métallurgique, en particulier, la concentration avait été rapide. Andrew Carnegie, qui avait débuté comme ouvrier, montra tant d'intelligence et de flair qu'à trente ans il avait fait une grande fortune. En 1865, il avait décidé de se consacrer uniquement aux produits de fer : rails, ponts, locomotives. Quand Kelley, en Amérique, et Bessemer, en Angleterre, avaient découvert qu'un courant d'air pouvait changer le fer en acier, Carnegie avait entrevu les conséquences de cette découverte. Soutenu financièrement par la *Pennsylvania Railroad*, il était devenu le grand maître de forges du pays. Associé avec Frick, roi du coke, il avait acquis des flottes de steamers sur les Grands Lacs, des mines, des ports, des compagnies de chemins de fer. Grâce à lui, dès 1890, la production des États-Unis en fer et en acier dépassait celle de la Grande-Bretagne. Toutefois, Carnegie ne possédait pas un monopole. Ses concurrents étaient nombreux, puissants, et dans sa vieillesse, il se vit menacé d'une guerre de prix. Fatigué, prêt à la retraite, il souhaitait mobiliser sa fortune pour des fondations qui lui survivraient. Il accepta, en 1901, de vendre toutes ses affaires à une société que créa le banquier J. P. Morgan et qui groupa la plupart des usines métallurgiques du pays : la *United States Steel*, au capital de un milliard quatre cents millions de dollars.

VII. — Ainsi fut constitué le trust de l'acier. On appela d'abord *trust* un groupe de sociétés qui plaçaient leurs titres entre les mains de *trustees* chargés de les administrer; puis tout groupe d'affaires réunies en vue de limiter la concurrence. Avant la *United States Steel*, beaucoup de telles combinaisons avaient été formées. John D. Rockefeller avait créé la *Standard Oil* et peu à peu éliminé tous ses concurrents. Les grands fabricants de conserves (Swift, Armour) s'étaient entendus. Guggenheim avait fait le trust du cuivre; Mellon, celui de l'aluminium. Il y avait un trust du sucre, un trust du whisky, un trust du nickel. Cette concentration des affaires était-elle favorable au consommateur? Les trusts le soutenaient. La production en série, par grandes usines, disaient-ils, abaisse le prix de revient et par conséquent le prix de vente. Mais cela n'était pas nécessairement vrai. Qui empêchait les trusts, en l'absence de toute concurrence, d'abaisser les prix de revient sans abaisser les prix de vente, et par conséquent d'augmenter le profit? En outre n'était-il pas mauvais de laisser naître des fortunes monstrueuses et arbitraires qui étaient dues, non plus comme celles des industriels de jadis, au travail de toute une vie, mais à un trait de plume? L'opinion manifestait beaucoup de méfiance à l'égard des trusts. Comment les atteindre? Une *corporation* avait le droit de se former dans l'État de son choix; bien qu'elle commerçât dans tout le pays, elle obéissait aux seules lois de l'État choisi. Naturellement, les corporations s'établissaient dans les États qui ne leur imposaient aucune restriction, ce qui les laissait libres d'agir à leur gré. Elles abusaient de leur force pour étrangler tout concurrent possible, par exemple en obtenant des compagnies de chemins de fer des ristournes, sur le transport de leurs produits. Si quelque État voulait sévir, le trust se réfugiait derrière le Quatorzième Amendement, qui interdisait de priver un citoyen de ses droits de propriété *without due process of law* (sans une procédure légale). Cet amendement, voté jadis pour émanciper les nègres, n'avait donné aucun avantage aux nègres mais il avait été rédigé avec soin, par des avocats subtils et prévoyants, pour protéger la propriété privée, et de cette fonction complémentaire, grâce à l'appui de la Cour suprême, il s'acquittait à merveille.

VIII. — En 1888, le Congrès avait voté une loi sur le commerce entre États et une *Interstate Commission* avait été créée pour contrôler le commerce national, mais un long temps devait s'écouler avant que ces mesures devinssent efficaces. Le *Sherman Anti Trust Act* de 1890 édicta : *a)* que tout contrat, combinaison ou conspiration, destiné à restreindre le commerce entre États, ou avec des nations étrangères, était illégal; *b)* que toute personne qui tenterait de monopoliser une part quelconque de ce commerce serait coupable d'un délit. L'objet de la loi était évidemment de permettre aux Cours fédérales d'intervenir, car en vertu de la Constitution, le gouvernement fédéral avait le droit de légiférer sur le commerce entre États. Mais la loi Sherman ne définissait pas clairement le délit et elle fut difficile à appliquer. Pourtant, il était nécessaire de faire quelque chose. L'individualisme actif et avide qui avait dominé l'industrie, depuis la guerre civile, avait eu son temps d'utilité. A son agressivité était dû le développement industriel du pays. Mais si toutes les entreprises en arrivaient à être concentrées dans quelques mains, si la concurrence devenait illusoire, si un trust unique dominait chaque industrie, que deviendrait l'esprit d'initiative et de hardiesse qui avait fait la nouvelle Amérique? Quel recours aurait le public? Et n'était-il pas à craindre que les libertés politiques elles-mêmes ne fussent un jour menacées par une oligarchie économique? Dans les deux grands partis des groupes réformistes se posaient de telles questions.

VII

Sur une croix d'or.

I. — L'Amérique de 1890 était un pays riche, mais insatisfait. Dans les masses, une vague de mécontentement montait. Pourquoi ? Parce que la dernière frontière avait été atteinte, parce que les bonnes terres devenaient rares, parce que le fermier et l'ouvrier ne participaient pas assez largement à l'enrichissement du pays, parce que les tarifs faisaient monter le prix des objets fabriqués cependant que baissaient ceux des produits agricoles, parce que le nouveau type d'immigrants semblait moins facilement assimilable que l'ancien. Jusqu'en 1880, les grandes immigrations avaient été celles des Anglo-Saxons, des Irlandais, des Allemands et des Scandinaves. Après 1880, et surtout de 1890 à 1910, le Sud et le Sud-Est de l'Europe, et aussi la Pologne, déversèrent sur les États-Unis des millions de familles. Les derniers arrivants, ne trouvant plus de terres gratuites, s'installèrent dans les villes en y formant des quartiers nationaux où ils restèrent longtemps fidèles à leur langage, à leurs mœurs. Les grandes métropoles devinrent des tours de Babel. L'ignorance des travailleurs étrangers et leurs besoins immédiats leur firent accepter de bas salaires. Les ouvriers américains souffrirent de cette concurrence sans cesse renaissante. Il leur fallut s'organiser pour maintenir leurs salaires.

II. — Mais si, de toutes les classes ouvrières du monde, celle des États-Unis était alors celle qui avait le plus besoin d'être défendue par une organisation syndicale puissante, elle était aussi celle où cette organisation semblait le plus difficile à créer. Les obstacles étaient d'une part l'arrivée constante d'immigrants qui n'étaient pas de langue anglaise, qu'aucune propagande n'atteignait, et qui avaient un besoin urgent de travailler; d'autre part, le caractère fédéral du pays. Si un État accordait au travail des conditions que les manufacturiers jugeaient trop favorables, ceux-ci avaient la ressource de transporter leurs usines dans un État moins libéral. Enfin, l'opinion publique et les Cours de justice étaient en général hostiles au travail organisé. Le seul emploi qui fut fait, pendant longtemps, du *Sherman Anti Trust Act* fut la lutte contre ce que les juges appelaient les « conspirations ouvrières ». Pourtant, des organisations syndicales se développaient lentement. L'ordre des chevaliers du travail, ouvert à tous les travailleurs, se proposait de leur assurer leur part des profits. En 1881, Samuel Gompers, diamantaire hollandais qui avait étudié le syndicalisme européen, créa l'*American Federation of Labor*. Sa politique rappela celle des *Trade Unions* britanniques. Elle fut prudente, adroite, sans violence, et gagna peu à peu la confiance d'un public d'abord hostile. Quant aux groupes syndicalistes et révolutionnaires, ils demeurèrent sporadiques et sans importance jusqu'à 1905, date à laquelle furent fondés les *Independent Workers of the World.*

III. — Plus mécontents encore que les ouvriers étaient les fermiers. Le parti de « la Grange » avait disparu, mais non l'esprit de la Grange. Les agriculteurs souffraient d'une déflation des prix agricoles qui rendait pour eux impossible de payer les intérêts de leurs emprunts. Presque toutes les propriétés du Middle-West étaient hypothéquées. La situation était la même qu'au temps de Jackson. Les nouveaux États avaient été équipés avec de l'argent emprunté. Les spéculateurs avaient fait monter les terrains à des prix trop élevés. L'Ouest débiteur accusait de ses maux l'Est créancier, et demandait une monnaie plus abondante pour relever les prix de ses produits. L'indignation des pionniers de l'Ouest était compréhensible. Ils étaient venus à travers prairies et déserts; ils avaient arraché des récoltes à une terre jusqu'alors stérile. Et quelle était leur récompense? La misère. Vers 1890, ils s'unirent avec l'*American Federation of Labor* pour former un nouveau parti : le parti du peuple, ou populiste. En 1891, ils tinrent une convention à Cincinnati et établirent un programme qui comportait la frappe libre de l'argent, l'abolition des banques nationales, un impôt sur le revenu, la nationalisation des chemins de fer, et l'élection des sénateurs des États-Unis par le suffrage populaire. Pour l'élection de 1892, ils désignèrent un candidat présidentiel : James B. Weaver, qui obtint un million de votes et enleva plusieurs États. Les deux vieux partis lui avaient opposé des candidats éprouvés : Cleveland et Harrison. Cleveland fut élu.

IV. — Une crise commerciale de première grandeur se préparait. On en pouvait distinguer tous les signes avant-coureurs. La construction des chemins de fer, celle des villes, s'étaient arrêtées. Les produits ne trouvaient plus de marchés. Le chômage grandissait. Or, le parti démocratique, tout imprégné de populisme, croyait que le seul remède était dans la monnaie d'argent. Le bimétallisme était devenu l'une de ces curieuses maladies mentales qui, de temps à autre, atteignent les peuples. Il y avait des fanatiques de l'argent. Mineurs, fermiers, ouvriers lui demandaient leur salut. Mais la vérité économique était exactement contraire. Parce que la monnaie d'argent avait une valeur réelle inférieure à sa valeur nominale, elle chassait la monnaie d'or. Celle-ci se cachait. La crainte de voir les États-Unis payer en argent empêchait les étrangers d'acheter les valeurs américaines. Cleveland voyait le danger et se montrait intransigeant sur la question de l'or. Divisant son parti, il prenait position pour la monnaie « dure ». Il savait que, si les États-Unis cessaient de payer en or, leur crédit tomberait au rang de celui de tel petit État discrédité. Il demanda au Congrès de révoquer la loi Sherman, qui rendait obligatoire l'achat d'argent par le gouvernement aux dépens de la réserve d'or. Malgré les sénateurs de sept États argentifères, il triompha. Puis, comme l'or continuait à fuir, Cleveland essaya de vendre des bons gouvernementaux. Ne trouvant pas d'acheteurs, il se tourna vers Wall Street. Pierpont Morgan accepta de fournir à la Trésorerie soixante-deux millions de dollars d'or, contre des bons 4 %. Une grande partie de cet or venait de l'étranger, ce qui améliorait la situation. Les adversaires de Cleveland dirent qu'il avait fait au banquier des conditions beaucoup trop avantageuses. Lui, soutint au contraire qu'il avait été bien heureux de trouver Mr. Morgan. A partir de cette date, Cleveland fut haï par son parti et par le pays comme aucun président ne l'avait été depuis Johnson. Mais il demeura, sous les injures, inébranlable et stoïque.

V. — Ses tourments augmentèrent encore quand commencèrent des troubles ouvriers. A la fin de 1893, la crise battait son plein, avec son habituel accompagnement de salaires diminués, de faillites, de personnel congédié. Une armée de chômeurs conduite par Jacob Coxey marcha sur Washington. Coxey demandait au Congrès d'émettre pour cinq cents millions de bons destinés à donner du travail aux chômeurs. Cette marche sur Washington eut son dénouement quand les hommes de Coxey furent arrêtés par la police pour avoir piétiné l'herbe du Capitole. A Chicago, en été 1894, la comédie tourna en tragédie lorsque éclata la grève des établissements Pullman. En raison de la crise, Pullman avait licencié quatre mille ouvriers ou employés, et diminué les salaires des autres. Le personnel, connaissant les immenses réserves de la Compagnie, pensa qu'elle aurait pu patienter et proposa de soumettre la question à un arbitrage. Sur refus de la Compagnie, l'Union des chemins de fer, que présidait Eugène Debs, refusa de manipuler les wagons Pullman. Bientôt gares et lignes furent obstruées. Le gouverneur de l'Illinois, Altgeld, démocrate populiste, était favorable aux grévistes et refusa d'intervenir. Lorsque Cleveland vit que la grève engendrait une émeute, il envoya des troupes fédérales à Chicago, sous prétexte que les grévistes arrêtaient la poste fédérale. Le gouverneur protesta : l'action du Président était, disait Altgeld, contraire aux droits des États, fétiche du parti démocrate. Mais Cleveland, lorsque l'ordre était troublé, ne connaissait plus de partis. Peut-être exagéra-t-il de bonne foi la gravité des troubles. Pour la première fois dans l'histoire des États-Unis, des coups de feu furent tirés sur des citoyens en temps de paix. Debs fut arrêté et emprisonné. Cleveland brisa la grève, mais son impopularité grandit encore. Dans le parti démocrate se dessinait une révolte contre un chef qui faisait, disait-on, la politique des républicains.

VI. — Blâmé pour sa défense de l'or et de l'ordre, Cleveland fut en outre honni pour avoir offert de rendre les îles Hawaï à la reine indigène qui était leur légitime souveraine. Celle-ci avait été déposée, au temps du président Harrison, par un gouvernement provisoire blanc que protégeaient les États-Unis. Cleveland proposa de la remettre sur le trône si elle renonçait à ses projets de vengeance contre les Américains. Elle se montra déraisonnable et les îles furent plus tard annexées (juillet 1898), mais Cleveland avait maintenu avec énergie la doctrine traditionnelle des États-Unis : respect des petites nations, suprématie du Droit sur la Force. Cela lui valut de nouvelles injures. En revanche, il fut acclamé, pour la première fois de son terme, quand il tint tête à l'Angleterre sur une question de frontière entre le Venezuela et la Guyane britannique. Le Venezuela avait fait appel aux États-Unis. Le *State Department* avait protesté au nom de la doctrine de Monroe et Lord Salisbury lui avait répondu, ou à peu près, de se mêler de ce qui le regardait, Cleveland adressa un message au Congrès et demanda des crédits pour envoyer une commission américaine chargée de régler la question des frontières vénézuéliennes, « tout en se rendant parfaitement compte », disait-il, « des responsabilités qu'il prenait et des conséquences possibles ». C'était dire qu'il ne craignait pas une guerre avec l'Angleterre. Mais l'opinion publique anglaise ne voulait à aucun prix de cette guerre. Les protestations des membres du Parlement amenèrent Lord Salisbury, qui avait du bon sens, et qui en outre savait son affaire excellente, à accepter un arbitrage, lequel donna, en partie, raison à l'Angleterre.

VII. — Quand, en 1896, son mandat se termina, Cleveland avait acquis de solides haines. Mais les haines publiques sont des phénomènes et non des jugements. Cleveland avait été un homme d'État, chef énergique, roc dans la tempête. Il devait mourir en disant : « J'ai tant essayé de bien agir. » Et il avait le droit de le dire. Ses ennemis l'avaient surnommé : *His Obstinacy* (Son Obstination). Ses amis démocrates cherchèrent, pour le remplacer, un homme plus soumis aux volontés des masses. Ils trouvèrent William Jennings Bryan. Cleveland avait dit : « Le citoyen doit servir le pays; non le pays, le citoyen. » Bryan eût volontiers mis le gouvernement aux ordres du public. Petit avocat du Nébraska, naturellement éloquent et de beau visage, il avait été élu au Congrès. Il était membre actif de tous les nouveaux mouvements : *greenbackisme*, populisme et, vers 1894, il se mit à courir la vallée du Mississipi en prêchant l'évangile de la frappe libre de l'argent. Comment pouvait-il croire qu'une mesure aussi mécanique et aussi simple améliorerait, par miracle, la condition des pauvres? C'est ce que nous comprenons mal, mais il le croyait, il le disait, il le disait bien, et il répétait sans nuances quelques idées élémentaires. « Sa force », écrit William Allen White, « était dans son mortel sérieux. » Son innocence et sa sincérité lui donnaient prise sur les foules. Lorsqu'il vint à la Convention démocrate de 1896, comme délégué du Nébraska, et lorsque sa belle voix cria : « Je suis venu pour parler d'une cause aussi sainte que la cause de la liberté : je veux dire la cause de l'humanité », il émut tous les délégués. Il était (peut-être inconsciemment) un excellent acteur et un brillant rhéteur; il suscita un enthousiasme frénétique. « Son discours contenait tout ce qui pouvait faire appel aux préjugés populaires : éloge des pionniers, défi à l'Angleterre, acceptation du martyre. » Il conclut : « Ayant derrière nous les masses productrices de cette nation et de toute la Terre, appuyés sur les commerçants, les ouvriers et les travailleurs du monde entier, nous répondrons à ceux qui insistent sur l'étalon-or : Vous n'enfoncerez pas, dans le front du travail, cette couronne d'épines; vous ne crucifierez pas l'humanité sur une croix d'or... » Les acclamations durèrent une heure et toutes les délégations allèrent incliner leur drapeau devant celui du Nébraska. « Que Mr. Bryan, ennemi du capitalisme, ait été l'agent inconscient d'un groupe de capitalistes (les propriétaires des mines d'argent), et qu'il ait été prêt à crucifier les pauvres gens sur une croix d'argent déprécié » est possible, écrit Thomas Beer, mais Bryan était honnête, éloquent et il plut.

VIII. — Bryan fut choisi pour candidat démocrate. Le « Boy orateur » n'avait que trente-six ans, mais ses partisans faisaient de lui « le nouveau Lincoln », « le lion du Nébraska ». Les républicains désignèrent le major William McKinley, de l'Ohio, ancien officier, politicien de carrière, bien élevé et bien habillé. Le *Majah* avait « un visage d'ecclésiastique italien du xve siècle ». « Quel prêtre il aurait fait! » disait de lui Mgr Ireland. Dans son État, dont il était gouverneur, il était adoré comme « conciliateur adroit, agréable voisin, ami de tout le monde ». En particulier, l'admirait Mr. Marcus Hanna, riche homme d'affaires de l'Ohio, qui était prêt à dépenser beaucoup d'argent pour la politique. Marcus Hanna avait décidé de piloter McKinley jusqu'à la Maison Blanche. Il obtint d'abord pour lui la « nomination » républicaine, puis se mit en devoir de le « lancer » dans le pays. Il obtint des subventions d'industriels, de compagnies d'assurances, et alla jusqu'à imposer d'un pourcentage fixe le capital de toutes les grandes banques. Il réunit ainsi, pour l'élection, trois millions et demi de dollars. Bryan, de son côté, recevait plusieurs centaines de milliers de dollars des capitalistes propriétaires de mines d'argent. Bryan voyageait fiévreusement d'un océan à l'autre, faisant six cents discours en quatorze semaines. Plus exactement, « il ne faisait qu'un seul discours, mais il le faisait deux fois par jour ». Son unique sujet était la monnaie d'argent. Les banquiers internationaux n'en voulaient pas? Et pourquoi l'Amérique devait-elle accepter les ukases des banquiers internationaux? Pourquoi donner au métal or, entassé dans l'Est, préférence sur le métal argent, que l'Ouest produit en abondance? « Vous nous dites que les grandes cités sont en faveur du *Gold Standard.* Nous répondons que les grandes cités reposent sur nos fertiles prairies. Brûlez vos cités et sauvez nos fermes : vos cités renaîtront comme par magie. Détruisez nos fermes, et l'herbe poussera dans les rues de toutes les cités du pays. » Beaucoup de fermiers, qui ne comprenaient rien à la question du bimétallisme, croyaient que, si Bryan était élu, ils auraient seize fois plus d'argent. Mais McKinley fut élu.

VIII

Entrée dans le monde.

I. — Le président McKinley était un homme parfait, presque trop parfait. Honnête, scrupuleux, bienveillant, indulgent, attentif aux volontés populaires, il incarnait « la boîte à bulletins dans ce qu'elle a de plus noble ». « Il avait le don », dit un Américain, « de répandre un vernis moral sur des politiques douteuses et de le faire avec sincérité. » Six sénateurs différents lui recommandaient six protégés pour un même poste et il renvoyait chacun d'eux convaincu que son homme serait nommé, alors que lui-même, depuis longtemps, avait choisi un septième candidat. A ses côtés veillait le Warwick qui avait fait ce roi, le sénateur Marcus Hanna de l'Ohio, ambassadeur à Washington « d'une ploutocratie triomphante ». Ni le sénateur Hanna, ni le président McKinley n'avaient le désir de se trouver mêlés à des discussions de politique internationale. Ce qui les intéressait, c'était le monde des affaires, sa prospérité, le maintien du tarif, la victoire de l'étalon-or. Mais ces questions, qui avaient soulevé de si fortes passions, passèrent vite au second plan. En 1896, des milliers d'Américains étaient prêts à se battre pour la monnaie d'argent. Puis était venue la découverte de nouvelles mines d'or au Klondyke, en Afrique du Sud; elle avait amené la baisse de ce métal et la hausse des prix; dans le Middle-West, une récolte abondante s'était vendue à un prix rémunérateur; et le faisceau lumineux de l'attention publique s'était tourné d'un autre côté.

II. — Les citoyens des États-Unis avaient depuis longtemps un grand mépris pour l'impérialisme des puissances européennes. Sans doute, leur « destinée manifeste » les avait amenés, aussi, à conquérir des territoires, mais tôt ou tard ces territoires avaient été admis comme États de l'Union. Toujours « la Constitution avait suivi le drapeau ». Vers 1890, la dernière frontière ayant officiellement disparu, certains Américains commencèrent à penser que la destinée manifeste ne s'arrêtait pas nécessairement aux rivages des océans. Un grand historien et stratégiste, le capitaine Mahan, montrait en ses ouvrages le rôle dans la vie des peuples des bases navales et des marines nationales. Le sénateur Henry Cabot Lodge, du Massachusetts, écrivait : « Du Rio Grande à l'océan Arctique, il ne devrait y avoir qu'un drapeau, qu'un pays. » Il fallait, disait le sénateur, ouvrir un canal entre les deux océans; pour la protection de ce canal et du commerce américain dans le Pacifique, il serait utile de contrôler les îles Hawaï et d'avoir au moins une base dans les Antilles. « Et », continuait le Picrochole yankee, « quand le canal du Nicaragua sera construit, l'île de Cuba deviendra pour nous une nécessité. » Ces idées, au temps de McKinley, avaient été répandues par une presse nationaliste. Elles n'étaient plus seulement celles de quelques impérialistes, mais plaisaient aux masses comme aux « Filles de la Révolution américaine ». Une minorité d'intellectuels libéraux et pacifistes combattait cette doctrine, mais on pouvait imaginer des cas où les passions des libéraux et celles des impérialistes coïncideraient, par exemple s'il s'agissait de venir au secours d'une petite nation opprimée par une grande puissance. Les Américains avaient grand cœur; le personnage de Don Quichotte les touchait; ils ne demandaient qu'à le jouer sur la scène internationale; ce fut un paradoxe que d'avoir à le jouer, pour la première fois, contre le pays de Cervantès.

III. — La question de Cuba avait occupé plus d'une administration américaine. L'île était proche du continent; les Américains y avaient de grands intérêts commerciaux; ils en achetaient le sucre et le tabac; la domination espagnole y était acceptée à contre-cœur. Mais les États-Unis n'étaient pas intervenus officiellement au cours des nombreuses révolutions cubaines. Tant qu'avait duré la controverse entre le Nord et le Sud, l'affaire de Cuba avait été jugée non pour elle-même, mais pour sa répercussion éventuelle sur la politique des États-Unis. Plus tard, la révolution cubaine de 1868 avait excité, en Amérique du Nord, de vives sympathies; le drapeau cubain avait flotté à New York; mais le Nord qui venait de défendre le droit, pour un gouvernement, d'écraser une rébellion pouvait difficilement refuser ce même droit au gouvernement espagnol. En 1895, une nouvelle révolution cubaine, due pour une large part aux tarifs américains qui ruinaient les planteurs cubains et faisaient baisser les salaires de l'île, fut réprimée avec une extrême dureté par le général espagnol Weyler. Il créa des camps de concentration *(reconcentrado)*; on raconta que les femmes et les enfants y mouraient par milliers. Certains journaux exagérèrent les atrocités espagnoles et lancèrent l'idée de guerre comme on lance une nouvelle cigarette. L'un d'eux se faisait fort, pour trois millions de dollars, d'avoir sa guerre. Le désir d'indépendance des Cubains plaisait à de nombreux Américains libéraux, hostiles par principe à toute monarchie autoritaire. Le gouvernement de Cleveland s'efforça de persuader les Espagnols d'accorder à l'île son autonomie, mais résista fermement à la campagne de presse pour une intervention militaire.

IV. — Vers 1897, l'anarchie cubaine commença d'inquiéter les Américains qui avaient des plantations à Cuba. L'Espagne refusait de se reconnaître responsable des dégâts causés par l'insurrection. Des citoyens américains furent arrêtés et maltraités. McKinley négociait et espérait arriver à une solution qui donnerait à l'île une indépendance de fait tout en maintenant avec l'Espagne, pour satisfaire l'honneur de celle-ci, un lien analogue à celui qui unissait le Canada et l'Angleterre. Lorsqu'un libéral, Sagasta, arriva au pouvoir en Espagne et que le général Weyler fut rappelé, on put croire que la patience allait porter ses fruits. Mais en février 1898, un nouvel incident surgit. Le ministre d'Espagne à Washington, Señor Dupuy de Lôme, écrivit à un ami une lettre où il décrivait McKinley comme un politicien hésitant et opportuniste. La lettre tomba entre les mains du *New York Journal* de Hearst, qui la publia. Dupuy de Lôme dut donner sa démission. Le cuirassé *Maine* fut envoyé à La Havane pour protéger les nationaux américains. Le sénateur Hanna, qui déconseillait la guerre, n'approuva pas cette décision. « C'est s'amuser », dit-il, « à jeter une allumette dans un puits de pétrole. » L'événement lui donna rapidement raison. Le 15 février 1898, le *Maine* sauta et une grande partie de son équipage fut tuée. Quelle était la cause de l'explosion ? Plusieurs hypothèses semblaient admissibles : accident, attentat voulu par le gouvernement espagnol, attentat commis par des isolés, attentat des insurgés pour provoquer une guerre. On ne sut pas et on ne saura jamais la vérité, mais l'opinion publique américaine accusait le gouvernement espagnol. Comme jadis, on avait crié : *Remember the Alamo!* on disait maintenant : *Remember the Maine!* Le gouvernement espagnol, qui ne voulait pas la guerre, négocia. Il offrit d'accepter une enquête et un arbitrage; il demanda au Pape d'intervenir; il offrit même l'autonomie aux Cubains. Mais déjà, McKinley avait adressé un message au Congrès et il craignait, s'il n'allait jusqu'au bout, de couper en deux son parti. Le 19 avril, le Congrès déclara qu'un état de guerre existait entre les États-Unis et l'Espagne. Le sénateur Hanna n'était pas content.

V. — « Cela a été une merveilleuse petite guerre », écrivit plus tard John Hay, secrétaire d'État, érudit ironique, charmant, l'un des meilleurs diplomates de son temps, qui essayait d'observer à la fois la Règle d'or et la doctrine de Monroe. Ce fut en effet une guerre sans angoisses, où la victoire jamais ne changea de camp, où l'enthousiasme du pays fut unanime, où de nouveaux démocrates et républicains, Nordistes et Sudistes, se retrouvèrent unis au service d'une cause commune. Un ancien général du Sud écrivit un chant patriotique de réconciliation : *He laid away his suit of grey — To wear the Union blue*... Aux yeux d'une minorité, c'était une guerre impérialiste, mais nécessaire; aux yeux de la majorité, c'était une guerre idéaliste. Il s'agissait de libérer de malheureux voisins opprimés. Nul ne doutait d'une victoire rapide et pourtant, à examiner les faits, le doute eût été raisonnable. La marine américaine semblait en bon état et l'épreuve en montra l'excellence. Au contraire, l'armée avait été fort négligée : elle ne comptait guère que vingt-huit mille hommes et, aux deux cent mille volontaires que l'on appela, on eut grand'peine à fournir des armes et des uniformes. Mais l'armée espagnole, plus nombreuse, était mal équipée et mal commandée. Un petit corps expéditionnaire de quinze mille hommes suffit, grâce à l'appui de la flotte qui détruisit l'escadre espagnole dans la baie de Santiago, pour conquérir Cuba. Là, se distingua un sous-secrétaire d'État à la Marine, Théodore Roosevelt, qui avait demandé à quitter son poste pour prendre le commandement d'un régiment de *Rough Riders*. Dans le Pacifique, le commodore Dewey, avec une petite escadre, se présentait devant le port de

Manille et détruisait la flotte espagnole sans perdre un bateau ni un homme, sous l'œil jaloux d'un amiral allemand et l'œil amical d'un amiral anglais. Toutefois, ce ne fut que le 13 août, et après la signature de la paix, que la ville de Manille fut prise avec l'appui des Philippins insurgés, qui avaient pour chef Aguinaldo. Quant à « l'île espagnole de Porto Rico, la résistance y fut si brève qu'un humoriste parla de la campagne comme d'un grand pique-nique ou d'une excursion au clair de lune ».

VI. — Un traité fut signé à Paris par l'Espagne, bien que les conditions en fussent amères. Elle abandonna Cuba, Porto Rico et accepta l'occupation de Manille jusqu'à ce que la question des Philippines fût réglée. C'était la fin de l'Empire espagnol et il était dur pour cette fière nation de perdre ses dernières possessions dans ces parages où elle avait, la première, apporté la civilisation occidentale. Pour les États-Unis, cette victoire posait de graves questions de principe. C'était le temps où Kipling, en Angleterre, justifiait les politiques impériales et louait l'homme blanc d'accepter le fardeau du pouvoir. Beaucoup d'Américains libéraux estimaient que « le fardeau de l'homme blanc » menaçait plutôt d'être un fardeau pour les hommes rouges, noirs et jaunes. En novembre 1898, une ligue anti-impérialiste avait été créée, à Boston, par Charles Francis Adams et Carl Schurz; elle avait pour programme de s'opposer à l'acquisition de toute colonie. En ce qui concerne Cuba, cette doctrine triompha. Le général Léonard Wood n'y resta que le temps nécessaire pour qu'une convention pût préparer une Constitution, mais Cuba dut s'engager à ne jamais passer d'accords mettant en question sa souveraineté sans le consentement des États-Unis; à donner à ceux-ci deux bases navales; à accepter l'intervention du gouvernement de Washington en cas d'attaque de l'île par une puissance étrangère; et enfin à ne pas contracter de dettes dont l'intérêt ne pût être payé sur le budget régulier de l'île. A Porto Rico, une solution mixte fut adoptée. En 1900, les citoyens de l'île reçurent le droit d'élire une Chambre des Représentants. Un Conseil et un gouverneur étaient nommés par le Président des États-Unis. Plus tard, en 1916, les Porto-Ricains devinrent citoyens américains. Le Conseil fut remplacé par un Sénat élu, le gouverneur étant seul choisi par le président des États-Unis. Aujourd'hui, quelques-uns des Porto-Ricains souhaiteraient que leur île devînt un État de l'Union; d'autres désirent l'autonomie.

VII. — La question des Philippines était plus complexe. Si l'Amérique gardait ces possessions lointaines, elle devenait une puissance coloniale. Beaucoup d'Américains y répugnaient. D'autres tenaient leur conscience pour satisfaire si un paiement était fait à l'Espagne. Le secrétaire d'État, John Hay, écrivait : « La seule question, dans mon esprit, est de savoir jusqu'à quel point il est *possible* pour nous d'évacuer les Philippines. » D'autre part, les Philippins avaient formé un gouvernement à la tête duquel était Aguinaldo. Avec une armée de trente à quarante mille hommes, Aguinaldo encerclait Manille, que le général américain Otis assiégeait de son côté, avec une quinzaine de mille hommes. Que valait l'armée d'Aguinaldo? L'événement prouva que les indigènes étaient divisés. Grâce à un stratagème, Aguinaldo fut pris. Désormais, il semblait certain que les États-Unis conserveraient ces îles, et aussi celle de Guam, entre Hawaï et les Philippines, qu'une expédition avait conquise en passant. Pour le gouvernement de tels territoires, conquis et non assimilables, la Constitution des États-Unis ne prévoyait aucun mécanisme. Le Président, en sa qualité de commandant en chef, y avait seul autorité. Il se fit assister par une commission qui, comme c'est la tradition en Amérique, contenait des militaires, des marins, et des présidents d'Universités. Plus tard, il envoya un gouverneur civil, le juge Taft, aimable géant, dont le bon sens et la modération firent merveille. Les Américains surent se faire aimer aux Philippines et ils avaient, au moment où éclata la guerre de 1941, l'intention honorable et généreuse de donner aux Philippins leur indépendance complète en 1944.

VIII. — Mais, en 1900, les controverses au sujet de l'impérialisme étaient violentes. Beaucoup de professeurs, philosophes, écrivains, pensaient que l'Amérique perdrait son âme si elle acceptait, comme les vieux États corrompus de l'Europe, de jouer le jeu colonial. Mark Twain écrivit au Président pour suggérer qu'à l'avenir, sur le drapeau américain, les bandes blanches devraient être remplacées par des bandes noires et les étoiles par une tête de mort. Mais McKinley connaissait son peuple. Lord Salisbury avait dit jadis de la reine Victoria que, si l'on voulait savoir ce que pensaient les masses anglaises, il suffisait de consulter la Reine. McKinley pensait, spontanément, comme la majorité des Américains. Il savait que le pays, à ce moment, approuvait sa politique extérieure. En fait, les électeurs lui demeurèrent fidèles et lui accordèrent un second terme. Bryan lui fut, cette fois encore, opposé et, la passion bi-métalliste étant assoupie, fit une campagne anti-impérialiste. Il soutenait que « tout gouvernement qui n'est pas fondé sur le consentement des gouvernés est une tyrannie », qu' « un empire ne pouvait plus être une république » et que les idées exprimées dans la Déclaration d'Indépendance n'étaient pas compatibles avec le gouvernement de populations asservies : « Nous ne pourrions plus jouir de notre beau mépris pour les nations qui gouvernent par la force... Nous devons, ou abandonner ce protectorat, ou renoncer aux principes pour lesquels nos pères ont combattu dans la Révolution... » Les anti-impérialistes, Adams et

Schurz, soutenaient Bryan tout en le jugeant fou. Le pays ne les suivit pas. Le succès de McKinley fut magnifique. Il obtint plus de neuf cent mille voix de majorité et, pour mieux marquer encore le caractère nationaliste de l'élection, Théodore Roosevelt, le colonel de *Rough Riders* devenu gouverneur de New York, fut vice-Président, contre son gré et contre celui de McKinley. A la vérité, la « Machine » de l'État de New York avait fait de Roosevelt un vice-président pour l'éloigner d'Albany où les politiciens le trouvaient indépendant et difficile. Mais les machines elles-mêmes calculent mal et celle-là, voulant se débarrasser d'un gouverneur, en fit un Président. Car le 6 septembre 1901, première année de son second terme, McKinley fut tué par un anarchiste et mourut, comme il avait vécu, en disant exactement ce qu'il convenait. Il avait été, dit John Hay, *one of the sweetest and quietest natures I have ever known among public men.* Le dynamique, l'ardent colonel Roosevelt devenait Président.

IX

Conclusion.

I. — De la guerre civile à la fin du siècle, l'Histoire des États-Unis est un extraordinaire mélange de satire et d'épopée. Les noms illustres de cette époque, ceux dont le peuple se souvient, ne sont ni ceux des présidents, ni ceux des penseurs, mais ceux des capitaines d'industrie. L'œuvre accomplie tient du miracle. Un continent a été, en moins d'un demi-siècle, couvert de chemins de fer, peuplé, défriché, exploité. Mais les conquistadores du XIXe siècle montrent peu de scrupules, accumulent des fortunes surhumaines par des procédés inhumains et traitent les masses qui les servent comme chair à machines. L'homme à leurs yeux est un moyen, non une fin. Les idéalismes du passé sont sans pouvoir sur leur esprit; ils vont à l'église, mais ne sont plus religieux; ils parlent de liberté les jours de vote, mais ne s'occupent de la Constitution que pour la tourner et de politique que pour protéger leurs affaires; ils ont peu de goût, point de manières, et aucune morale esthétique ne remplace pour eux la morale religieuse. C'est une époque de grands individus, monstrueusement égoïstes, merveilleusement efficaces.

II. — Peut-être leur force implacable était-elle nécessaire pour forger l'instrument. Mais, dès la fin du siècle, un temps vient où l'excès d'individualisme rend difficile la vie de l'individu moyen. La ploutocratie réussira-t-elle à dominer la démocratie? Telle est la grande question de ces trente-cinq années. Dès 1880, l'opinion publique demande que les hommes d'affaires soient surveillés et que la vie politique devienne plus honnête. « Tout l'art de gouverner consiste alors », dit Henry Adams, « à contrôler ces hommes qui sont socialement aussi loin de nous que des divinités païennes, inconnus de nous mais indispensables à connaître et qui, même si on les écorchait vifs, ne trouveraient rien à dire sur les valeurs politiques. » Bientôt, le réformiste, aux élections, l'emporte sur l'affairiste. Parfois l'affairiste, sur ses vieux jours, se fait réformiste. Carnegie, Rockefeller donnent leur fortune à des fondations qui vont désormais jouer un rôle dans le développement intellectuel du pays. En chacun des deux partis, l'aile progressiste devient puissante. Les lois sur les trusts sont populaires. Bien que cette période ait été inquiétante par son immoralité, dès 1890, les facteurs rassurants sont nombreux et montrent que le pays, dans son ensemble, demeure sain. Il y a des scandales et des abus, mais les uns et les autres sont dénoncés. Si le mal est grand, le relèvement paraît certain. Nul ne peut exiger, dans les affaires humaines, la perfection. Tout ce que demande un citoyen raisonnable est que les institutions permettent à un pays de se redresser et d'osciller autour d'une position moyenne. Tel est le cas des États-Unis.

III. — Cette période est, pour l'Amérique, un temps de centenaires historiques, 1876 : anniversaire de la Déclaration d'Indépendance; 1881 : anniversaire de Yorktown; 1887 : anniversaire de la Constitution. Ces pierres miliaires permettent de mesurer l'espace parcouru. Ce qui n'avait été, en 1776, qu'un espoir fragile, l'idée hardie de quelques hommes, est devenu, en 1876, un pays géant et prospère, l'un des plus puissants du monde. La Constitution, si difficilement élaborée à Philadelphie, a résisté à cette épreuve d'un siècle et elle montre une étonnante jeunesse. Pourtant, l'Amérique de Washington et de Jefferson n'est plus; celle d'Hamilton est venue au monde, enfant posthume du génie, et fort différente de ce qu'eût imaginé Hamilton. Une grande partie de la population vit désormais dans les villes. La richesse et le luxe prennent des aspects offensants. Le sentiment de classe grandit. A New York, les Quatre Cents et les Quatre Millions s'affrontent. « L'Amérique de Fisk et de Gould, du *Boss* Tweed et du Crédit Mobilier », dit un écrivain américain, « était loin de satisfaire aux exigences d'une civilisation rationnelle. Après cent ans, avoir produit de tels héros, s'être enlisé dans une telle boue, c'était un résultat de la grande expérience que l'on ne pouvait contempler avec orgueil. » Le jugement est trop sévère. La grande expérience avait produit d'autres héros que Fisk et Gould, d'autres institutions que le Crédit Mobilier. Mais qu'une critique réaliste fût devenue nécessaire était vrai; elle n'avait encore trouvé, dans les lettres américaines, ni ses porte-parole, ni ses moyens d'expression.

IV. — Les institutions adoptées à la fin du XVIIIe siècle fonctionnent encore, de manière à peu près satisfaisante, à la fin du XIXe. Cela tient pour une part aux traditions libérales que l'Amérique a héritées de la Grande-Bretagne, pour une autre à la Constitution elle-même. Les pionniers du Middle-West sont de formation anglo-saxonne. Ils chérissent leurs libertés. Ils croient à la libre discussion, au jury, au principe : « Pas de taxation sans représentation. » Ils ont apporté de la Nouvelle-Angleterre le town-meeting et l'habitude des discussions publiques ordonnées. L'expérience politique des États-Unis est donc ancienne et solide. La force du pouvoir exécutif et le droit d'amendement ont permis de réaliser pacifiquement toutes les réformes nécessaires, sauf celle de l'esclavage. L'acquittement de Johnson a délivré le Congrès de la tentation de se mettre au-dessus des lois. Pourtant, quelques changements paraissent nécessaires. En particulier, les libéraux souhaiteraient faire nommer les sénateurs des États-Unis par un vote populaire. La Constitution de 1887 avait confié l'élection des sénateurs aux législateurs des différents États. L'élection indirecte permettrait, avaient pensé les Fondateurs, de choisir des hommes éminents et de les affranchir de la nécessité des sollicitations démagogiques. Ce n'était pas absurde et bon nombre de sénateurs formaient, à la fin du siècle, une classe de personnages consulaires, véritables Anciens de la République et ambassadeurs de leur État auprès du gouvernement de Washington. Mais l'élection indirecte rendait aussi plus facile, disaient ses adversaires, l'action des affairistes qui voulaient avoir au Sénat des hommes à leur dévotion. Le Sénat devenait « un club d'hommes riches » sur lequel l'opinion publique était presque sans pouvoir. Il est difficile de dire qui, dans cette controverse, avait raison; quoi qu'il en soit, les partisans de l'élection directe gagnaient du terrain et en 1913, un amendement à la Constitution allait modifier le mode d'élection du Sénat. En certains États, les électeurs demandaient aussi les *direct primaries*, c'est-à-dire le droit, pour l'électeur, à l'intérieur de chaque parti, de choisir les candidats au lieu de voter pour les candidats inscrits sur le *ticket* par la « Machine ».

V. — Les villes grandissent monstrueusement. La population de New York passe de trois millions huit cent quatre-vingt-mille en 1860 à sept millions deux cent soixante-huit mille en 1900; celle de Chicago, de cinq cent mille en 1860 à un million six cent quatre-vingt-dix-huit mille en 1900. Minneapolis, Saint-Paul, Detroit, Cleveland, Milwaukee, Columbus, doublent et triplent le nombre de leurs habitants. Les constructeurs de ce monde neuf montrent plus d'audace que de goût. Les prétentieux palais de pierre brune qui s'édifient alors dans la Cinquième Avenue et au bord de l'Hudson (Riverside Drive) sont chargés de tourelles inutiles; ils copient des châteaux de la Renaissance, des villas italiennes, des hôtels de ville flamands. Ils sont remplis de meubles trop sculptés, de marqueteries trop bigarrées, de rideaux trop épais, de bibelots hideux, de tableaux français et anglais des pires époques. Godkin, fondateur de l'hebdomadaire *The Nation*, appelle son époque : « le temps des chromos » et en effet la dureté de la vie des affaires éveille, par besoin de compensation, un sentimentalisme assez plat. Toutes les femmes font alors du crochet. Meubles, objets et esprits, sont couverts de housses inutiles. Les chiens ont des muselières de crochet. Vers 1870, on construit à New York, East 18th Street, la première maison à appartements. Un logement de six pièces et un bain s'y loue de mille à quinze cents dollars. C'est un grand succès et ce type d'immeuble va se multiplier.

VI. — Les fortunes sont plus ostentatoires que jadis. Un million de dollars n'est plus la grande richesse. Certains magnats de la finance ont cinquante, cent millions de dollars. Dans leurs demeures, un *butler*, importé d'Angleterre, règne sur des valets en livrée et s'efforce d'imposer à ses maîtres les traditions britanniques. Léonard Jérôme donne, chez Delmonico, à soixante-douze amis, un banquet de dix mille dollars. Le surtout de table est un miroir d'eau sur lequel nagent des cygnes que des grilles d'or isolent des convives. Les plaisirs eux-mêmes sont alors sans grâce. Il faut avant tout étonner. Les premiers cirques américains avaient été naïfs et charmants, mais ne possédaient qu'une piste, comme tout cirque européen. P. T. Barnum eut l'idée de montrer au public deux pistes en même temps, puis trois. Il avait commencé sa carrière en exhibant une vieille négresse, qu'il disait avoir été la nurse de George

Washington. Puis il avait promené dans tout le pays le « général Tom Pouce » et le « rossignol suédois » Jenny Lind. Il transportait maintenant, par chemin de fer, *the greatest show on earth.* Sarah Bernhardt, elle aussi, avait été lancée aux États-Unis comme « la plus grande actrice du monde ». Le goût du théâtre grandissait. Entre 1880 et 1900, le nombre des acteurs passa de cinq mille à quinze mille. *La Case de l'oncle Tom* et *Les Deux Orphelines* faisaient la fortune des troupes ambulantes. C'était le temps où l'Amérique commençait à devenir le paradis de virtuoses européens. Des orchestres symphoniques étaient nés, à New York (1845), à Boston (1881), à Chicago (1891). A New York, des amis de la musique dotaient le Metropolitan Opera (1883); toute grande famille tenait à honneur d'y avoir sa loge héréditaire et nominative, comme elle avait son équipage, sa victoria, son coupé, sa calèche. L'automobile, à la fin du siècle, n'était encore qu'une expérience. Mais Henry Adams, à cinquante ans, apprenait, solennellement et péniblement, à se servir d'une bicyclette.

VII. — La misère, dans certains quartiers de grandes villes, était pitoyable. Des organisations charitables firent un effort, non seulement pour porter secours aux malheureux, mais pour étudier les causes du malheur et pour trouver des remèdes. Des *settlements* furent créés (Henry Street à New York, Hull House à Chicago). Jane Addams, à Hull House, s'efforçait de connaître les familles, de résoudre leurs difficultés, d'obtenir l'amitié des enfants. Partout, les œuvres de bienfaisance se groupaient. Contre les *saloons*, où régnaient l'alcool et la prostitution, une campagne fut menée avec courage par de pieuses jeunes femmes, qui allaient s'agenouiller sur le trottoir, aux portes des *saloons*, et priaient pour leur fermeture malgré les railleries des ivrognes. La *Women's Christian Temperance Association* ajouta bientôt l'action à la prière. La tempérance fut enseignée dans les écoles. La résistance vint des « intérêts humides » et des immigrants de tous pays qui ne voulaient pas renoncer à leurs coutumes locales. En particulier, les Allemands tenaient à leur bière. En 1895, fut créée l'*Anti Saloon League of America* qui devait prendre une grande importance politique. Un *Prohibition Party* essaya même de présenter des candidats, mais sans grand succès. Pourtant se déclaraient en faveur de la prohibition totale des alcools certains puritains, des industriels qui tenaient la boisson pour nuisible au travail, et le corps médical qui rendait l'alcoolisme responsable de beaucoup de maladies.

VIII. — L'Amérique fin de siècle reste — et, dans son ensemble, souhaite rester — un pays protestant. Mais l'immigration a considérablement renforcé les éléments catholiques. En 1900, neuf à dix millions de catholiques (Irlandais, Français, Italiens, Allemands, Polonais) vivent aux États-Unis. A Baltimore, le cardinal Gibbons protège les travailleurs et leurs organisations syndicales. L'archevêque Ireland, de Saint-Paul, intervient dans les grandes grèves. Les églises protestantes conservent leurs fidèles et les temples, le dimanche, sont pleins, mais beaucoup d'esprits inquiets étudient les conflits de la science et de la religion. Le darwinisme, la critique historique de la Bible troublent des fils de puritains. Des évolutionnistes sont autorisés à faire des conférences à New York, grande nouveauté. Certains protestants libéraux ne voient plus dans la Bible qu'un beau livre, de haute valeur poétique et morale. En plus d'un collège, des professeurs sont exclus pour avoir enseigné les doctrines nouvelles. Le colonel Ingersoll, agnostique, attaque publiquement les Écritures; sa doctrine est : « Je ne sais pas. Je ne contredis pas. Je ne crois pas. » Des sectes nouvelles : théosophes, *Christian Science*, trouvent des adhérents nombreux. En 1895, une église du Christ Scientist est construite à Boston. Des sociétés secrètes, dirigées contre les catholiques et les Juifs, renaissent dans le Sud et dans l'Ouest. Le nombre des Juifs inscrits dans les synagogues atteint, à la fin du siècle, à peu près un million. Les leviers de commande, dans la plupart des professions et surtout dans l'éducation, demeurent entre les mains des protestants.

IX. — Entre 1865 et 1900, le nombre des élèves, dans les écoles primaires publiques, passe de six millions à seize millions; dans les *High Schools*, de cent mille en 1878 à cinq cent mille en 1898. Les États, dès qu'ils en ont les moyens financiers, organisent des Universités. Parmi les riches, la mode se répand de faire aux vieux collèges privés des dons royaux. Harvard, Yale, Princeton voient s'accroître leurs dotations. Pour l'éducation élémentaire, il reste alors beaucoup de progrès à faire. Les instituteurs sont très mal payés. Leur salaire mensuel moyen, à la fin du siècle, est de quarante-cinq dollars pour un homme, trente-huit pour une femme. Leur position sociale et morale n'est pas ce qu'elle devrait être. Les traditions qui, en Europe, font de l'éducation une routine consacrée par l'expérience des siècles manquent ici, et trop souvent les programmes sont bouleversés par des fanatiques de telle méthode nouvelle. Quant à l'éducation post-scolaire, elle fait de réels progrès. Des bibliothèques publiques s'ouvrent partout. Les premières, telle l'Athenaeum de Boston, avaient été des clubs et il fallait acheter une action de trois cents dollars pour en faire partie. Mais Andrew Carnegie donne six millions de dollars aux bibliothèques et d'autres l'imitent. Les villes accordent des crédits. Des revues sérieuses : *Harper*, *Atlantic Monthly*, *Scribner*, forment l'esprit et le goût du public. Des conférences sont organisées par les Lyceums. Sur les bords du lac Chautauqua près de New York, se réunit chaque été une Université libre en plein air où des adultes peuvent rafraîchir, compléter ou même commencer leur éducation. La curiosité, le goût d'apprendre deviennent de plus en plus des vertus américaines.

X. — Les noms de Walt Whitman et de Mark Twain dominent encore le début de cette période. Après eux, on trouve en littérature peu de grands noms. Whitman lui-même, professionnel de l'enthousiasme, avoue son découragement : « Je dis que notre démocratie du Nouveau Monde, qui est peut-être un succès... en progrès matériels, en production et aussi par une certaine culture populaire superficielle, est décevante, et jusqu'à ce jour un complet échec, en ses aspects sociaux et en tous ses résultats religieux, moraux, littéraires et esthétiques... » Il y a pourtant des penseurs de l'âge doré. En philosophie, au mysticisme des transcendantalistes a succédé le réalisme des pragmatistes. William James, Charles Pierce, John Dewey, font de la vérité une « recette » qui doit être acceptée si elle réussit. Le déterminisme des savants engendre un pessimisme fort différent des espoirs romantiques de la première partie du siècle. Parmi les romanciers, Bret Harte, Jack London, expriment le côté aventureux de l'Ouest; Hamelin Garland écrit l'épopée du pionnier. William Dean Howell représente la tradition de l'Est, celle du roman sage et bien fait. Henry James, bien que séduit par la culture européenne, demeure original à sa manière lente et minutieuse, et plus américain qu'il ne le sait lui-même. L'arbre exotique déraciné et replanté sous d'autres cieux, s'il fleurit, continue à produire des fleurs de son espèce.

XI. — Écrivains et conférenciers de l'âge doré ont plus de lectrices et d'auditrices que de lecteurs et d'auditeurs. L'homme américain du XIXe siècle « fait » des dollars; sa femme, qui a plus de loisirs, se cultive. Les femmes américaines sont respectées, choyées, dans leur propre pays et recherchées par les aristocrates français et anglais. En 1895, le comte de Castellane épouse Anna Gould, et le duc de Marlborough, Consuelo Vanderbilt. Vers la fin du siècle, la natalité diminue : quatre enfants par famille en 1890; trois seulement en 1900. Le divorce est difficile; il demeure assez rare. En 1887, il y avait par an aux États-Unis vingt-sept divorces par cent mille habitants; en 1897, soixante-deux. En 1880, deux millions et demi de femmes travaillaient; en 1900, près de six millions. Beaucoup de professions : vendeuses, secrétaires, journalistes, médecins leur étaient ouvertes, mais les femmes qui profitaient de cette facilité étonnaient encore. Dès la fin du XIXe siècle, le problème des gens de maison est aigu aux États-Unis, peut-être à cause des campagnes contre l'esclavage, sans doute aussi parce que les libres citoyens de l'Amérique n'aiment pas cette forme de travail. Il en résulte que les mères de famille qui ont un métier prennent l'habitude de servir, chez elles, le contenu, réchauffé, des boîtes de conserves. Les clubs de femmes se multiplient : Book Clubs, Art Clubs, Musical Clubs, Athletic Clubs. Harriet Beecher Stowe, Julia Howe, Louisa Alcott ont fait campagne pour le suffrage des femmes. A la fin du siècle, la femme américaine est beaucoup plus indépendante que la femme anglaise ou française. Les collèges de jeunes filles : Vassar, Barnard, Smith, Wellesley, Bryn Mawr sont déjà florissants.

XII. — La coutume est de se montrer sévère pour cet âge du chromo. Il est facile, et d'ailleurs juste, de critiquer l'immoralité de ses hommes d'affaires, la vénalité de ses politiciens, l'insuffisance de ses lois sociales, ou la laideur de ses modes. Avec la guerre civile, un monde, en Amérique, était mort et tel survivant de ce monde, descendant des puritains fondateurs, se trouvait moins à l'aise dans l'Amérique nouvelle qu'un immigrant tout frais arrivé de Kiew ou de Naples. D'où les regrets et les blâmes. Ils ne doivent pas faire oublier qu'un autre monde était né. Pendant ces trente années de fiévreux travail, l'équipement du pays avait été créé. Il allait permettre de corriger beaucoup d'inégalités. Grâce à de puissantes industries, un nivellement du type de vie était devenu possible. Désormais, la production en série des vêtements permettra aux hommes et femmes de condition modeste de s'habiller à peu près comme les classes riches et de suivre des modes annuelles. Les grands magasins mettront à la disposition des masses presque tous les objets jadis réservés aux privilégiés. La civilisation de 1865-1900 n'a pas produit que de la laideur. Vers la fin du siècle, l'Amérique a un grand sculpteur : Saint-Gaudens, et des architectes de talent. En 1893, une exposition ouverte à Chicago pour le quatre centième anniversaire de la découverte de l'Amérique choque les architectes originaux par son classicisme mais inspire aux Américains moyens le désir d'avoir des cités mieux dessinées, des parcs, des jardins. Le fermier du Middle-West y prend le goût d'un confort nouveau, qu'il pourra se donner car, de 1894 à 1900, il aura toute une suite de bonnes récoltes vendues à des prix élevés. La population, dans son ensemble, participe à l'accroissement des richesses du pays. Ce que les réformateurs vont désormais soutenir avec raison, c'est que, dans la distribution de ces richesses, la part du capital est trop grande. « Avec la complexité croissante de la vie moderne, le sentiment a grandi que la liberté et la chance de l'individu ne peuvent être sauvegardées que par le contrôle du gouvernement. Les conditions de vie aux États-Unis ne sont pas assez mauvaises pour donner aux socialistes ou aux communistes un grand prestige populaire. Mais la plupart des Américains pensent qu'un contrôle social intelligent est nécessaire pour tenir en respect, d'une part un individualisme sans scrupules, et d'autre part un paternalisme gouvernemental. »

LIVRE VI

PUISSANCE MONDIALE

I

Théodore Roosevelt.

I. — « Le possible est toujours près du nécessaire. » Une réforme de la vie politique américaine était demandée par le plus grand nombre des Américains. Le réformateur allait surgir. Théodore Roosevelt était né en 1858, d'une des plus anciennes et des plus respectées parmi les familles de New York. En lui, le sang hollandais se mêlait à celui de huguenots français, d'Écossais, de Gallois et de quakers de Pennsylvanie. Ses ancêtres avaient exercé diverses magistratures locales, mais il semblait dans son enfance trop frêle pour une vie de luttes. Il avait la poitrine étroite et de l'asthme. Sur le conseil de son père, il entreprit, par volonté et ténacité, de se bâtir un corps vigoureux. Une gymnastique quotidienne fit de lui non seulement un homme normal, mais un sportif aux muscles de fer. Par réaction contre sa nature, qui était d'un historien et d'un homme de lettres, il se prit d'un goût passionné pour la boxe, la chasse, la vie en plein air, pour toute action énergique et violente. Dès sa sortie de Harvard, il voulut entrer dans la carrière politique. Des amis lui dirent qu'un garçon de bonne famille comme lui trouverait là un milieu grossier, rude et, d'une façon générale, « de sales affaires ». Il répondit que les véritables classes dirigeantes doivent être cherchées dans les comités politiques et non dans les salons à bas de soie. Puis, avec activité et courage, il plongea dans la vie municipale de New York.

II. — Cette vie était alors loin d'être saine. Un satiriste la résumait ainsi : « Gouvernement du peuple, par les *bosses*, pour les hommes d'affaires. » Roosevelt, avec un groupe de jeunes amis, fondit à bras raccourcis sur les prévaricateurs, sur les juges corrompus, sur le sénateur *Moi aussi Platt*, grand maître de la « Machine » républicaine à New York. Commissaire du *Civil Service*, président du *Police Board* de New York, partout il nettoya les administrations qu'il dirigeait et leur inspira, sur leurs devoirs, des idées neuves et saines. Pour l'horreur des politiciens professionnels, il choisit ses subordonnés sans tenir compte de leur parti ni de leurs opinions. Son intérêt pour les petites gens, le soin qu'il prenait de découvrir leurs sentiments et leurs besoins, le firent surnommer : *Haroun al Roosevelt*. Dès 1889, Kipling, l'écoutant dans un club, lâcher, sur tous les sujets du monde, un torrent de projets et de jugements, eut l'impression que ce jeune « Teddy » faisait tourner la planète. Mais sa fougue ne l'empêchait pas d'acquérir la réputation d'un administrateur efficace et, au temps de la guerre d'Espagne, McKinley le nomma secrétaire adjoint au Département de la Marine. Là, son activité passionnée effraya d'abord les services. Son chef, John Davis Lang, disait que son nouvel adjoint risquait de causer dans la marine des explosions plus dangereuses que celle du *Maine*. Heureusement, Roosevelt lui-même démissionna pour aller à Cuba, comme colonel de *Rough Riders*. Il pensait qu'un homme qui aime son pays et souhaite le gouverner un jour doit être prêt à se battre pour lui. « Ce n'était pas une bien grande guerre », dit-il comme à regret, « mais nous n'en avions pas d'autre. » Son courage le rendit populaire et, à son retour, il fut élu gouverneur de New York. Dans ce poste important, il gêna tellement par son indépendance, le puissant sénateur Platt qu'en 1900, celui-ci, pour s'en débarrasser, le fit désigner, à sa grande fureur, comme candidat à la Vice-Présidence. « Vice-Président? », protesta Roosevelt, « je ne vois pas ce que je pourrais faire. Je serais simplement président du Sénat et cela m'ennuierait à périr. » Certains des Anciens du parti ne souhaitaient pas plus que lui qu'il fût nommé. Le sénateur Marcus Hanna, *boss* des *bosses*, demanda à McKinley s'il se rendait compte de ce qui arriverait si, par malheur, « ce damné cow-boy » devenait président des États-Unis. Lorsque McKinley fut assassiné et que le damné cow-boy fut Président, le sénateur Hanna dut accepter la situation. Il le fit avec bonne grâce. Très vite, le Président appela le sénateur *old boy* et Marcus Hanna appela le Président *Teddy*. Bien que réformateur impérieux, Roosevelt savait faire des concessions aux personnes lorsque des intérêts supérieurs l'exigeaient. Il voulait lutter contre certains abus; il savait qu'il ne pouvait le faire qu'avec l'appui du parti, et il cherchait à conserver cet appui.

III. — Quand il quitta la Maison Blanche, en 1908, Théodore Roosevelt dit : « Peut-être d'autres ont-ils vécu plus longtemps dans cette maison et s'y sont-ils plu autant que moi mais certainement personne ne s'y est amusé autant que nous. » Par *nous*, il entendait sa famille aussi bien que lui-même. Les enfants Roosevelt, montés sur des échasses ou sur des patins à roulettes, passaient comme des trombes à travers les couloirs sacrés, cependant que le Président aussi jeune que ses enfants, jouait au tennis, montait à cheval, prenait des leçons de jiu-jitsu ou boxait avec Mike Donovan. Tout cela sans nuire à son travail car, contrairement à la légende, il n'attachait qu'une petite importance à ses prouesses physiques, tandis qu'il jouissait du bouillonnement de son cerveau et de l'étendue de ses connaissances. Il avait tout de suite été populaire. Non qu'il fût démagogue, mais il était juste. Il voulait assurer *a square deal*, un traitement équitable, aux travailleurs aussi bien qu'aux capitalistes. Il souhaitait faire du parti républicain le parti de la raison, de la santé politique. Un radicalisme excessif aurait eu pour effet, pensait-il, de jeter le parti dans les bras des réactionnaires. Fermement décidé à lutter contre l'omnipotence de ceux qu'il appelait « des malfaiteurs de grande richesse »; il ne croyait pas, et il ne disait pas, que tous les hommes de grande richesse sont des malfaiteurs. « Il y a », disait-il, « de braves gens et des canailles de toutes nationalités, de toutes croyances et de toutes couleurs. » Il entendait juger les hommes suivant leur valeur et leur moralité personnelle, non suivant leur classe ou leur fortune. « Je serais désolé de perdre la Présidence mais je serais cent fois plus désolé de la garder en m'abstenant, d'une part de contraindre les hommes les plus riches et les plus puissants à respecter les lois, d'autre part de dire aux ouvriers que l'envie est aussi coupable que l'arrogance et que les crimes de la violence seront aussi sévèrement punis que ceux de l'avidité. » C'étaient là des idées élémentaires, mais il a toujours fallu beaucoup de courage pour suivre cette route moyenne sur laquelle l'homme politique n'est soutenu par aucun groupe de partisans actifs. Roosevelt fut, comme il s'y attendait, dénoncé comme socialiste par les industriels, et comme capitaliste par les ouvriers. Il se consola en citant Lincoln : « Le travail est antérieur au capital et il en est indépendant. Le capital n'est que le fruit du travail. Le travail est donc le supérieur du capital et il mérite la plus haute considération, mais le capital a ses droits qui méritent d'être protégés, comme tous les droits... » En principe, Roosevelt laissait le capital et le travail discuter leurs contrats entre eux. Si les luttes du capital et du travail mettaient l'État en danger, il intervenait. Il fut le premier à réquisitionner une mine en grève et à la faire administrer par l'armée, jusqu'à ce qu'un accord fût intervenu. « Tant que je serai Président, je veux que l'ouvrier sente qu'il peut avoir accès à moi tout comme le capitaliste, et que les portes de la Maison Blanche s'ouvrent aussi facilement pour un salarié que pour le président d'une grande corporation — aussi facilement, mais pas *plus* facilement. »

IV. — Au moment où Roosevelt arriva au pouvoir, le public américain voyait avec inquiétude croître l'influence des *corporations* géantes. La loi Sherman contre les trusts n'avait pas empêché le développement de ceux-ci. Roosevelt ne pensait pas que les dimensions d'une société fussent en elles-mêmes condamnables. Il admettait que de grands hommes d'affaires fissent de grands profits, pourvu qu'ils contribuassent grandement à l'enrichissement du pays, mais il exigeait qu'ils fussent honnêtes, et que leurs procédés de concurrence fussent légitimes. Pouvait-on admettre par exemple qu'un trust fît briser par des hommes à sa solde les machines d'une société indépendante ? Qu'un chemin de fer favorisât telle raffinerie d'essence aux dépens de telle autre ? Que le trust des sucres achetât l'Administration des Douanes ? C'était l'affaire du gouvernement que de faire respecter l'ordre public, et le Président s'y attacha. Des poursuites furent engagées contre les plus puissantes des sociétés réfractaires. Celles-ci, fort irritées, menacèrent de supprimer leurs contributions aux fonds électoraux du parti. Mais Roosevelt administrait le pays avec justice, « sans crainte ni faveur ». Ce fut lui qui prit l'initiative de lois sur la protection de la santé publique, grâce auxquelles le peuple américain est aujourd'hui encore celui dont la nourriture est la mieux surveillée. A partir de ce moment, il fut interdit d'annoncer un produit pour autre chose que ce qu'il était. Grande et louable nouveauté. Mais quand la mode fit naître d'innombrables écrivains qui, après les méfaits réels des trusts, dénoncèrent des méfaits imaginaires, et inventèrent des crimes pour les flétrir, le Président blâma ce goût du scandale et ceux qu'il appela les *muck rakers* (ramasseurs d'ordures). Rendre à la morale sa place dans la vie des affaires était œuvre pie (et c'était l'objectif de Roosevelt), mais faire de la morale une affaire était diabolique, et Roosevelt n'hésitait pas à dire ce qu'il pensait du Diable, même quand il le trouvait dans son propre camp.

V. — Le Président, parce qu'il était un homme de plein air et un esprit curieux, connaissait fort bien la géographie et la géologie de son pays. Il avait compris que l'un des graves dangers qui menaçaient l'Amérique future était la folle prodigalité avec laquelle l'Amérique passée avait gaspillé ses richesses naturelles. Mines de charbon, puits de pétrole avaient paru si intarissables aux Américains du XIXe siècle qu'ils n'avaient fait aucun effort pour les ménager. Si une région se déboisait, si des terres s'épuisaient, qu'importait? Il y en avait d'autres plus loin. Peu à peu, cet optimisme cessa d'être légitime. Dès le début du XXe siècle, les arbres coupés étaient chaque année, dans les forêts, trois fois plus nombreux que les arbres nouveaux. La disparition de zones boisées modifiait le régime des pluies, supprimait la protection contre le vent et devenait cause d'une érosion ruineuse sur des étendues immenses. Les pâturages publics étaient soumis, par les grands éleveurs, à un régime qui les ruinait. Roosevelt entreprit : *a)* de conserver les richesses existantes; *b)* d'en créer de nouvelles. Pour sauver les forêts, il annexa beaucoup d'entre elles au domaine national. Pour protéger les pâturages, il fit payer ceux qui jusqu'alors s'en étaient servis sans redevance. Naturellement, ces mesures engendrèrent de bruyantes fureurs et de durables rancunes. Pour créer de nouvelles richesses, le Président s'efforça d'irriguer les terres arides et construisit avec succès, dans le Mississipi, le *Roosevelt Dam*, qui rendit à la culture sept cent cinquante mille acres.

VII

THEODORE ROOSEVELT

(1858-1919)

VI. — La politique extérieure de Théodore Roosevelt fut un heureux mélange de fermeté et de modération. « Il y a », disait-il, « un adage familier : *Parlez doucement, mais portez un gros bâton, et vous irez loin.* Si la nation américaine parle doucement et si en même temps elle maintient en parfait état d'entraînement une marine efficace, la doctrine de Monroe ira loin. » Roosevelt porta, pendant toute sa présidence, un gros bâton, mais il le portait derrière son dos et quand il parlait avec fermeté, le faisait assez discrètement pour que l'honneur de l'interlocuteur ne fût jamais en jeu. Parce que le Venezuela avait répudié certaines dettes, l'Allemagne menaçait de se payer par une occupation. Discrètement, Roosevelt fit savoir à l'empereur Guillaume II que, si celui-ci n'acceptait pas un arbitrage, la flotte américaine s'opposerait par la force à toute occupation du Venezuela. Sur quoi l'empereur d'Allemagne, ramené à une vue réaliste des choses, accepta de soumettre le cas à la Cour de La Haye. Roosevelt le loua publiquement de sa grandeur d'âme, sans faire la moindre allusion au gros bâton et à ses effets. La Californie, exaspérée par une invasion de coolies japonais, avait pris contre ceux-ci des mesures que ne justifiaient pas les traités en vigueur et les Japonais se plaignaient avec véhémence. Roosevelt parla doucement aux Californiens de l'action possible des troupes fédérales, aux Japonais de l'action éventuelle de la marine américaine, et il obtint des uns le retrait des mesures hostiles, des autres, la limitation de l'immigration japonaise. « Les neuf dixièmes de la sagesse », disait Roosevelt, « consistent à être sage à temps. » Il l'était.

VII. — Le canal de Panama est l'un des monuments de la présidence Roosevelt. En 1888, une tentative pour percer l'Isthme avait été faite par une compagnie française présidée par Ferdinand de Lesseps, le créateur du canal de Suez. Elle avait échoué pour des raisons techniques, politiques et financières. Le canal était resté inachevé. Ce canal présentait une immense importance pour les États-Unis, non seulement au point de vue commercial, mais au point de vue stratégique. Les nouveaux intérêts des États-Unis dans le Pacifique rendaient souhaitable que la flotte pût passer facilement d'un océan à l'autre. Pendant la guerre d'Espagne, le cuirassé *Oregon* avait dû faire le tour du cap Horn, et la longueur du trajet avait rappelé la nécessité du canal. Mais le traité de 1850 entre l'Angleterre et les États-Unis constituait un sérieux obstacle, car les deux nations s'étaient engagées à n'exercer, sur un tel canal, aucun contrôle exclusif. John Hay, ambassadeur des États-Unis à Londres, puis secrétaire d'État, s'attacha à faire annuler ce traité à l'amiable, et finit par y réussir. En Amérique même, deux thèses, au sujet de la construction du canal, s'opposaient, les uns voulant racheter la concession française de Panama, les autres percer le canal sur le territoire du Nicaragua. Le premier projet (Panama) était le plus facile à réaliser, mais la compagnie française demandait cent dix millions de dollars, et la compagnie américaine n'en offrait que quarante. En outre, l'État de Panama faisait théoriquement partie de la République de Colombie, bien qu'il en fût séparé par de hautes montagnes. Or, la Colombie avait, elle aussi, de grandes exigences. Quand, en 1903, la compagnie française accepta les quarante millions, la solution Nicaragua perdit du terrain. Elle en perdit plus encore quand l'avocat de la Nouvelle Société de Panama, William Nelson Cromwell, eut l'attention généreuse de verser soixante mille dollars aux fonds du parti républicain.

VIII. — Un ingénieur français qui avait travaillé avec Lesseps, Philippe Bunau-Varilla, vint à New York et proposa un moyen simple d'en finir avec les demandes croissantes de la Colombie. Si une révolution éclatait à Panama, si l'État panaméen se déclarait indépendant et accordait aux États-Unis le terrain nécessaire pour construire le canal, il n'y aurait plus de problème. Le gouvernement des États-Unis dut reconnaître que cette solution serait en effet admirable, mais par la bouche du secrétaire John Hay, il déclara ne pouvoir prendre part à des négociations aussi peu orthodoxes. « Notre politique doit être aux yeux du monde, comme Mme César, au-dessus de tout soupçon. » Cependant, les conspirateurs furent informés, discrètement, qu'en cas de révolution, la flotte américaine bloquerait la côte, ce qui empêcherait les troupes colombiennes de débarquer. L'absence de combattants assurerait l'innocuité de la lutte. En novembre 1903, les Panaméens se soulevèrent; la Révolution s'accomplit, sans victimes; un nouvel État naquit; la flotte américaine le protégea; Bunau-Varilla fut nommé ambassadeur de Panama aux États-Unis et loua la zone du canal au gouvernement de Washington. Un traité avec l'Angleterre (Traité Hay-Pauncefote de 1901) ayant préparé le chemin, il n'y eut pas de protestations étrangères, hors celle de la Colombie, laquelle finit par transiger pour vingt-cinq millions de dollars. « J'ai pris le canal que Bunau-Varilla m'apportait sur un plat d'argent », dit plus tard Roosevelt. Quand certains blâmaient cette politique, un peu trop hardie pour leur goût, et parlaient du « viol de Panama », il répondait que, s'il avait suivi la procédure et consulté le Sénat, « nous aurions eu un grand nombre de discours remarquables, un demi-siècle de discussions, et ensuite, peut-être, le canal. J'ai préféré avoir le canal d'abord et le demi-siècle de discussions ensuite. Maintenant, au lieu de discuter le canal avant sa construction, ce qui aurait fait beaucoup de mal, ils me discutent, moi — une discussion à laquelle j'assiste avec un intérêt bienveillant ».

IX. — Sa politique intérieure du *square deal* (du franc jeu), sa politique extérieure du *big stick* (du gros bâton), la saveur de grande aventure qu'il donnait à la vie du pays, la joie franche et naïve qu'il trouvait à conduire le *band wagon* (le char de la fanfare) avaient évidemment rendu « Teddy » très cher aux électeurs moyens, car il fut élu en 1904, pour un second terme, avec une belle majorité. Au cours de ce second terme, son prestige fut encore accru par l'autorité qu'il sut prendre dans les affaires du monde. Il était de cette race d'Américains qui, lorsqu'ils voient un acte juste à accomplir, ont tendance à courir au secours du plus faible. Ce fut par son action qu'en 1905 fut conclue la paix entre la Russie et le Japon. En 1906, à la Conférence d'Algésiras, il contribua par son énergie à empêcher une guerre européenne. Sa politique ne fut pas toujours strictement constitutionnelle, car il prenait parfois des engagements qui risquaient de mettre son pays en guerre sans le consentement du Congrès, mais il accoutuma le monde européen à tenir compte de la puissance des États-Unis et, en fait, loin d'amener des guerres, il dissipa plus d'une menace. Il aurait pu aisément, en 1908, obtenir un troisième terme, mais il avait toujours dit qu'il ne le demanderait pas et s'employa à faire élire, contre le sempiternel Bryan, le secrétaire à la Guerre William Howard Taft.

X. — Le titre le plus évident de William Howard Taft à la Maison Blanche était son amitié avec Roosevelt. Celui-ci le fit président comme Jackson avait fait Van Buren. Mais Taft était un bon candidat, qui possédait de solides qualités personnelles. Géant blond, aimable et tranquille, dont la voix douce, sortant d'un corps énorme, étonnait, il avait, grâce à son bon sens, à sa bienveillance, et au rire contagieux qui le secouait « comme un bol de gelée », admirablement réussi aux Philippines. Ses amis l'appelaient *Big Bill* et l'aimaient.

Ils ne voyaient pas qu'il était avant tout l'un des leurs « un clubman et un gentleman », nullement fait pour gouverner une démocratie. Roosevelt, après l'inauguration de son successeur, voulut partir pour un grand voyage afin de ne pas gêner Taft auquel il croyait pouvoir confier son œuvre et son équipe. A peine le président sortant fut-il parti que Taft, non par mauvaise foi mais par instinct, rappela au contraire « la vieille garde ». Dès les premiers jours, des hommes recommandés par Roosevelt furent écartés des postes importants. Quand l'ancien président revint, ayant chassé les fauves en Afrique, reçu le prix Nobel, un doctorat d'Oxford, et séjourné chez les souverains d'Europe, il fut reçu à New York en triomphateur et trouva son parti en ébullition. Tous les républicains libéraux étaient dressés contre Taft; ils lui reprochaient sa faiblesse envers les trusts; sa « diplomatie du dollar »; ils lui reprochaient en somme d'être Taft, et de n'être pas Roosevelt.

XI. — Ce dernier étudia la situation. « Taft a de bonnes intentions », conclut-il, « mais il les a faiblement. » Que faire? Roosevelt n'avait que cinquante-deux ans; il se sentait aussi fort qu'un *bull moose* (élan du Canada); il avait un ardent désir de servir encore son pays; il pensait que son programme de réformes était loin d'être réalisé. Quand un groupe de gouverneurs lui suggéra d'être candidat en 1912, il hésita, puis accepta. « Mon chapeau est dans l'arène », dit-il. Taft fut profondément blessé. Quoi? Son meilleur ami prétendait le priver de son second terme? La Convention républicaine, dominée par la « Machine », choisit Taft, mais Roosevelt partit en dissidence et créa un parti nouveau, dit *progressif*, que le public appela parti du *Bull Moose*, parti de l'élan (le parti républicain ayant pour totem l'éléphant et le parti démocrate l'âne). Le parti progressif, naturellement, désigna Roosevelt pour son candidat. La rupture Taft-Roosevelt fut consommée; il fallait le regretter, car tous deux étaient hommes de mérite. Elle allait mettre fin à la vie politique de « Teddy » et lui valoir la haine tenace du G. O. P. Mais l'échec du parti progressif ne doit pas faire oublier l'importance de l'œuvre accomplie, de 1901 à 1908, par Roosevelt. Il avait aidé les Américains à reconnaître la nécessité d'aider les pauvres, de protéger le public et de maintenir la paix dans l'industrie. A l'étranger, il avait fait respecter son pays; il ne l'avait lancé dans aucune aventure regrettable; et il l'avait établi dans une position d'arbitre mondial. Sept années bien remplies.

II

Entrée de Woodrow Wilson.

I. — Les républicains étant divisés, les démocrates avaient, en 1912, une excellente chance de reconquérir la Présidence. A qui devaient-ils confier leur drapeau? Comme candidats orthodoxes, réguliers, la « Machine » offrait Champ Clark, du Missouri et Underwood, de l'Alabama. Bryan, las de ses nombreux échecs, ne souhaitait plus représenter les éléments libéraux du parti. Ceux-ci lancèrent le nom de Woodrow Wilson, gouverneur du New Jersey. Qui était Wilson? Un professeur, entré dans la vie politique depuis deux ans à peine et type de candidat nouveau dans les luttes pour la Présidence. Mais le choix était moins surprenant qu'il ne semblait. Né en 1856, fils d'un pasteur presbytérien du Sud, Woodrow Wilson avait enseigné les sciences sociales et l'histoire à Bryn Mawr, à la Wesleyan University et à Princeton. Partout son succès avait été immédiat; la distinction de ses manières, la beauté de son élocution, la précision de son langage, la clarté de son exposition, tout y contribuait. Il avait écrit une thèse : *Gouvernement par Congrès* et une *Histoire du Peuple américain*. La nature même de son enseignement l'amenait à exprimer des idées politiques; ses qualités d'orateur attiraient l'attention sur lui; en 1902, il fut choisi comme président de Princeton.

II. — Aux États-Unis, le président d'une grande université est un homme politique *in partibus*. Ses discours sont cités dans les journaux. S'il a du talent, et quelque adresse, il devient une autorité morale. Wilson renforça la sienne en se faisant, à Princeton, le champion de la démocratie universitaire, contre la vieille aristocratie hiérarchisée des clubs. Il voulut imposer aux étudiants de vivre dans des dortoirs communs. Contre lui se dressèrent les *alumni* et les *trustees*, fidèles à la tradition de Princeton. Les professeurs libéraux défendirent Wilson et la Faculté se divisa en deux partis : pro-Wilson et anti-Wilson. Le caractère du Président rendait tout débat pénible. Parmi ses étudiants, il était célèbre pour son charme; ses collègues apprirent à connaître aussi ses colères et son orgueil. Très sûr de lui-même, justement fier de la clarté de son esprit, il ne supportait aucune contradiction. La violence de sa nature étonnait ceux qui le jugeaient sur la langue austère et polie de ses discours. Entre lui et son Conseil, le conflit devint vite sans remède, non seulement sur la question des clubs, mais sur presque tous les points. Cependant, le bruit de cette bataille pour la démocratie, menée par le Président de la plus aristocratique des vieilles universités, arrivait jusqu'au grand public et créait, pour Wilson, une large popularité. Dès 1906, certains hommes influents du parti démocrate avaient l'œil sur lui. En 1910, les *bosses* du New Jersey lui offrirent d'être leur candidat pour le poste de gouverneur de cet État. Peut-être y avaient-ils été poussés par les *trustees* de Princeton, qui souhaitaient ardemment être débarrassés de Wilson et dont certains (Grover Cleveland par exemple) n'étaient pas sans influence dans le parti. Wilson, de son côté, désirait sortir honorablement d'une position impossible. Il accepta.

III. — Wilson, gouverneur du New Jersey, étonna ceux qui l'avaient fait. Les *bosses* avaient pensé que ce professeur serait un enfant en politique, et à leur merci. Wilson se montra remarquable politicien et détestable serviteur de la « Machine ». Soutenu par l'opinion, il défia les *bosses*. Ceux-ci, dégoûtés par son ingratitude, tentèrent de le réduire à l'impuissance. Sans plus s'occuper d'eux, il s'adressa, par-dessus leurs têtes, au peuple et prit une position plus évangélique que politique; il allait la garder toute sa vie. Les libéraux du parti démocrate commençaient à penser à lui comme à un candidat possible pour 1912. Un gentleman du Texas, le colonel House, petit homme mystérieux et affable que tentait le rôle d'Éminence grise, entreprit de faire de Woodrow Wilson le Président des États-Unis. A la Convention de Baltimore, Champ Clark, conservateur, fut le candidat de la « Machine », mais Bryan se déclara pour Wilson. Les *Bryan Boys* crièrent : « *We want Wilson!...* Nous voulons Wilson! » et, au soixante-troisième tour de scrutin, celui-ci fut nommé. Pour sa campagne, il fut servi par son talent d'orateur et par la division profonde des républicains. Wilson et Roosevelt défendaient à peu près les mêmes idées et demandaient les mêmes réformes, mais Roosevelt n'avait pas autour de lui, pour le soutenir, les cadres solides d'un vieux parti national. Tous deux étaient éloquents; l'éloquence de Roosevelt était combative; celle de Wilson, persuasive. « Leurs méthodes, au cours d'une campagne politique », écrivent Morrison et Commager, « n'étaient pas moins opposées que leurs personnalités. Le ton de Roosevelt était celui d'un pasteur militant; Wilson présentait quelque lueur de la qualité spirituelle d'un Lincoln. Roosevelt, avec son arsenal d'images bibliques et une voix qui évoquait un fifre suraigu, excitait les hommes aux saintes colères, aux combats, aux vertus antiques. Wilson, plein de confiance et de sérénité, hissait les hommes au-dessus d'eux-mêmes, par des phrases qui résonnaient dans les cœurs, jusqu'au mirage d'un monde meilleur. C'était l'Ancien Testament contre le Nouveau Testament, et le nouveau l'emporta... » Wilson eut pour lui les fermiers de l'Ouest, que lui amenait Bryan; le *Solide Sud*, heureux de voter pour un homme du Sud; dans l'Est, les Irlandais et les libéraux. Samuel Gompers, chef de l'*American Federation of Labor*, avait conseillé aux ouvriers de voter pour Wilson. Taft et Roosevelt se partagèrent à peu près également les voix républicaines et Wilson fut élu.

IV. — Qu'allait faire, à la Maison Blanche, ce professeur? Les politiciens se le demandaient avec inquiétude. La réponse était simple : il allait enseigner. Wilson conserva toujours l'attitude d'esprit de l'homme accoutumé à parler *ex cathedra*. S'il avait à résoudre une question importante, il étudiait les faits comme on prépare un cours, écoutait attentivement les avis, prenait sa décision, la transposait en idées générales et résistait ensuite à toute opposition. Il exigeait de ses collaborateurs une obéissance entière et une soumission de tous les instants. Plusieurs fois, il n'hésita pas à briser des amitiés anciennes, parce qu'il n'y trouvait plus le loyalisme intellectuel qu'il demandait. Quand les principes étaient en jeu, il eût préféré sacrifier sa vie et le monde que de reculer d'un pas. Bien que, dans un cercle d'intimes, il eût de la bonne grâce et même un sens de l'humour, sa timidité et son ton académique ne lui permirent jamais de se lier avec les sénateurs ou avec les journalistes de Washington. « Il aimait l'humanité mais ne supportait pas les hommes. » Sa force n'était pas dans la conquête des individus, à laquelle il était malhabile, mais dans un sincère désir de capter les courants d'opinion venus des masses et dans l'art de traduire la pensée de tous en phrases parfaites, qu'il prononçait avec une autorité irrésistible. On a dit qu'il avait un tempérament de théologien; il avait surtout un tempérament de moraliste. A ses yeux, la seule distinction fondamentale était celle du Bien et du Mal. Plus heureux que beaucoup d'hommes, il semblait, en toute circonstance, savoir où était le Bien. Certains disaient que, depuis qu'il était César, il avait tendance à se croire Dieu.

V. — Quand il prononça, le 4 mars, son discours inaugural, Woodrow Wilson fut accueilli avec enthousiasme par les foules massées devant le Capitole. Il leur parla, dans un langage de forme parfaite, sans excitation démagogique ni partisane, de leurs devoirs autant que de leurs droits. « Ceci n'est pas un jour de triomphe », dit-il pieusement, « c'est un jour de consécration. » Il exalta la force de l'Amérique, sa richesse, mais rappela que le Mal y était encore tout mêlé au Bien et que c'était le devoir de tous « de purifier, de remanier, de restaurer, de corriger ce qui est mal sans affaiblir ce qui est bien, de clarifier et d'humaniser chaque étape de nos vies quotidiennes... » Il décrivit les souffrances, dans les usines, des femmes et des enfants : « Le gouvernement que nous aimions fut trop souvent employé à des fins égoïstes et toutes personnelles, et ceux qui s'en servaient avaient oublié le peuple... » Il énuméra les réformes nécessaires : celle du tarif, celle du système bancaire, celle de l'industrie. C'était le programme de Théodore Roosevelt; ce n'était pas le génie littéraire de Lincoln; mais les sentiments étaient élevés, le ton sérieux, la voix précise et agréable. Le professeur plaisait à la nation.

VI. — Pour la première fois depuis Jefferson qui avait renoncé à ce droit, le Président parla en personne au Congrès. Wilson savait que l'éloquence était son fort et il exerça, sur les assemblées une constante pression pour obtenir le vote rapide des mesures qui lui tenaient à cœur. Il s'y fit respecter. Sa puissance de travail, son obstination, ses appels à l'opinion, forcèrent la soumission, sinon l'amitié. Il traita, dit-on, le Congrès comme une classe et le maintint à ses pupitres cinq cent soixante-sept jours de suite. Aussi l'œuvre législative des deux premières années fut-elle considérable. Malgré les protestations véhémentes des industries lésées, le tarif fut allégé. Wilson réforma complètement le système bancaire du pays, en créant douze *Federal Reserve Banks*, chargées chacune d'un vaste territoire et ayant le droit d'émettre des billets contre une couverture en papier commercial. Un *Federal Reserve Board* unifiait leurs opérations. Les autres banques du pays avaient le droit de s'affilier au *Federal Reserve System* et de lui passer leur papier. Cette solution était plus compliquée que celles constituées par la Banque de France et la Banque d'Angleterre, mais le parti démocratique gardait un trop amer souvenir de ses luttes contre la Banque des États-Unis pour ressusciter le Monstre. D'ailleurs, le *Federal Reserve System* rendit tous les services qu'on attendait de lui. Une loi contre les trusts *(Clayton Act)* fut un essai pour contrôler la dangereuse concentration des richesses et pour interdire les conseils d'administration multiples. Une *Federal Trade Commission* fut créée pour empêcher la concurrence déloyale. Les syndicats ouvriers furent protégés. Les fermiers reçurent des facilités de crédit. Wilson étudiait toutes les questions, employait le colonel House comme agent de liaison et « tapait » lui-même, sur sa machine, projets et décisions. Vers 1914, il était devenu, en Amérique et même en Europe, une incontestable puissance morale.

VII. — Bryan avait fait campagne pour Wilson; il lui avait amené les radicaux de l'Ouest; Wilson, en reconnaissance, lui avait donné le Secrétariat d'État. C'était peut-être un heureux choix politique, mais à coup sûr un mauvais choix diplomatique. Bryan, démagogue lyrique, savait à merveille émouvoir des partisans; il ignorait tout des affaires du monde. Il choqua vivement le *State Department* en continuant à faire, étant secrétaire d'État, des conférences payées. Vêtu de probité candide et d'alpaga blanc, souriant, bénin, affable, Bryan croyait à la possibilité de maintenir la paix internationale en distribuant des tracts pacifistes aux peuples bellicistes. L'intelligence encyclopédique de Wilson l'écrasa. En fait, ce fut le Président employant comme *missus dominicus* le colonel House, qui traita les grandes affaires de politique étrangère. Wilson considérait la diplomatie, comme toutes choses, sous l'angle du Bien et du Mal. Tout de suite, il promit que « jamais plus les États-Unis ne chercheraient à acquérir, par conquête, un seul pied de territoire ». Parfois, les actes ne furent pas tout à fait conformes aux principes. Les fusiliers américains occupèrent le Nicaragua, Haïti, Saint-Domingue. Mais il faut reconnaître qu'ils n'y restèrent pas et qu'au Mexique, Wilson fit preuve d'une réelle patience.

VIII. — Jusqu'à 1911, un dictateur, Porfirio Diaz, avait maintenu l'ordre en ce pays au profit des grands propriétaires fonciers et des capitalistes étrangers. Quand une révolution populaire, animée par Francisco Madero, renversa Diaz, les riches suscitèrent un autre dictateur, Huerta, qui était un mélange de bandit et de chef militaire, avec prédominance du bandit. La plupart des États européens avaient reconnu Huerta, pour protéger leurs placements, et les capitalistes américains demandaient à Wilson de suivre cet exemple. Il refusa : « Nous estimons qu'un juste gouvernement repose toujours sur le consentement des gouvernés, et qu'il ne saurait y avoir de liberté sans un ordre basé sur la loi comme sur l'approbation consciente du public. Nous n'avons pas la moindre sympathie pour ceux qui cherchent à s'emparer du pouvoir pour servir leurs intérêts personnels et leurs ambitions... » Cette attitude amena une certaine tension entre l'Angleterre et les États-Unis. Wilson aurait voulu que les deux pays, qui avaient l'un et l'autre des intérêts au Mexique, y fissent la même politique. Or, il se trouvait qu'il avait un instrument de négociation. Le canal de Panama s'achevait et le Congrès avait décidé, en 1912, d'exempter de droits les bateaux américains faisant du cabotage. La Grande-Bretagne soutenait que cette décision était contraire au Traité Hay-Pauncefote. Le Congrès répondait que la phrase *open to all nations on terms of entire equality* (ouvert à toutes les nations dans des conditions d'égalité totale) signifiait « nations étrangères » et ne s'appliquait pas aux États-Unis qui étaient les constructeurs du canal. Wilson envoya le colonel House négocier officiellement avec Sir Edward Grey, puis se rendit lui-même au Congrès pour demander, avec une singulière vigueur, l'abrogation de la clause de faveur. Dans un discours chargé de mystère, il laissa entendre qu'il avait besoin de cette concession à l'Angleterre pour régler une question plus délicate. Le Congrès comprit qu'il s'agissait du Mexique et céda. Le canal fut ouvert, ce qui était un grand événement commercial et stratégique; toutes les nations y furent traitées sur un pied d'égalité et la politique de la Grande-Bretagne au Mexique devint, à compter de ce jour, curieusement semblable à celle des États-Unis.

IX. — Quand Huerta, en 1914, fit arrêter sans raison des marins américains, le Président demanda des excuses. Elles furent refusées. Les fusiliers marins, toujours à l'honneur, prirent Vera Cruz. Une guerre avec le Mexique semblait inévitable, mais Wilson était fermement résolu à ne pas la faire. Peut-être n'y eût-il pas réussi si « les Puissances A. B. C. » (Argentine, Brésil et Chili) n'avaient offert leur médiation. Wilson accepta et les Puissances proposèrent la création, au Mexique, d'un gouvernement constitutionnel. Ce n'était pas là ce que voulait Huerta mais, ne trouvant plus en Europe aucun appui, il s'enfuit et un président élu, Carranza, le remplaça. Les désordres, dans le pays, continuèrent. Le bandit Villa traversa plusieurs fois la frontière pour aller piller des Américains au Texas. Tout autre que Wilson eût sans doute annexé le Mexique, au prix d'une courte guerre. L'opération était facile, profitable, mais moralement condamnable et malgré la pression de l'opinion publique, le Président essaya au contraire de stabiliser le régime de Carranza. La suite montra que la patience de Wilson avait été sage. Les rapports entre les deux peuples voisins devinrent et sont aujourd'hui de plus en plus amicaux. De façon générale, le premier terme de Wilson avait été un succès aux yeux des masses et des libéraux. Les classes dites « dirigeantes » reprochaient au Président sa méfiance à l'égard du monde des affaires, et une politique étrangère plus vertueuse qu'héroïque. Depuis 1914, l'Europe était en guerre et l'attitude que devraient prendre les États-Unis dans ce conflit divisait le pays presque autant que jadis, au début de la République, les luttes de la France et de l'Angleterre.

III

Neutralité.

I. — Aujourd'hui, à ceux qui l'étudient avec le recul de trente années, et avec le contexte des événements ultérieurs, la guerre de 1914 apparaît clairement comme une première tentative des Allemands pour dominer le monde, et l'on a quelque peine à comprendre comment les Américains ne virent pas tout de suite que les principes mêmes sur lesquels avait été établie leur civilisation se trouvaient en jeu. Dès la violation de la neutralité belge, une doctrine du droit s'opposait à une doctrine de la violence. Le choix des hommes de bonne volonté ne semblait pas douteux. Mais la tradition politique de l'Amérique était hostile à toute alliance étrangère. Washington, dans son message d'adieux, avait mis le pays en garde contre celles-ci. Au temps de la Révolution française, les Américains s'étaient divisés en pro-Français et pro-Anglais, mais ces distinctions avaient disparu après 1815. Deux principes, pendant un siècle, avaient dominé la politique étrangère des États-Unis : ne pas se mêler des affaires européennes; ne pas permettre aux Européens de se mêler des affaires américaines.

II. — Cette attitude était plus absolue encore dans le Middle-West et dans l'Ouest que sur la côte Atlantique. Les États de l'Est avaient entretenu avec l'Eu-

VIII

WOODROW WILSON

(1856-1924)

rope des relations constantes. Ils voyaient plus d'Européens; ils voyageaient plus facilement. Pour un fermier de l'Iowa, *Europe* était un mot qui n'évoquait aucune image précise. En certains États vivait une population d'origine allemande, loyale, mais demeurée fidèle à l'Allemagne, et qui tout de suite accusa d'hypocrisie la France et l'Angleterre. Bien que les milieux d'affaires de l'Est fussent favorables à la Grande-Bretagne, dans l'esprit populaire, dont la mémoire est tenace, il restait à l'égard des Anglais une méfiance qui remontait au temps de Samuel Adams. Les Irlandais, très influents, étaient hostiles à l'Angleterre. La France, elle, bénéficiait encore du prestige de La Fayette; toutefois l'affection qu'on lui vouait était plus sentimentale qu'active, et son alliance avec la Russie tzariste choquait les milieux libéraux. Les Américains observaient les vendettas européennes avec une surprise inquiète. Pourquoi ces fureurs? Sans doute l'Amérique elle-même avait eu sa guerre civile. Mais elle ne reconnaissait pas en Europe de questions morales comparables à l'esclavage et d'ailleurs la guerre civile, en 1914, était bien oubliée. Les États-Unis jouissaient, depuis une décade, d'une remarquable prospérité. Ils voyaient grandir leurs richesses et leur population; ils croyaient au progrès parce que les réformistes, avec Roosevelt et Wilson, avaient eu le pouvoir et en avaient fait bon usage. Ils ne comprenaient pas pourquoi l'Europe avait recours à des méthodes qui leur paraissaient périmées, archaïques, brutales et stupides. De puissants groupes pacifistes renforçaient ces idées par leur propagande. Peu d'Américains, en août 1914, pensaient que leur pays prendrait jamais part à cette guerre, moins encore que c'était pour lui un devoir que d'y prendre part.

III. — Plus que tout autre, le président Wilson devait, par nature et raisonnement, incliner vers la neutralité. Il voulait être le représentant au pouvoir des idées morales : « Nous sommes les champions de la paix et de la concorde », disait-il, « et nous devrions être fort jaloux de cette distinction... » A quoi les amis de la France et de l'Angleterre répondaient que la paix et la concorde étaient défendues par ces deux nations. Mais Wilson, en 1914, ne le croyait pas. Non seulement il proclamait la neutralité des États-Unis, mais il demandait à ses concitoyens d'être neutres « en pensée aussi bien qu'en actes » et de réserver leur jugement sur ce débat jusqu'à la fin de la guerre. Il affirmait que les États-Unis devaient donner l'exemple d'une nation forte qui refuse de se servir de la force, que la guerre démoralise toujours ceux qui la font, et en outre que son programme de réformes domestiques, auquel il tenait passionnément, ne pouvait être mené à bien que dans la paix. Plus tard, il reconnut qu'il s'était trompé sur le sens réel de cette guerre et, en 1919, il alla jusqu'à dire : « Nous, dans notre lointaine Amérique, avons tout d'abord été spectateurs, sans bien comprendre ce qu'était l'intrigue de la pièce... » Pourtant, Wilson lui-même, contre son gré, fut assez vite entraîné vers les Alliés par l'appel du sang et de la culture. Qu'il le voulût ou non, il était de tradition britannique et il entendait mieux les arguments des Anglais que ceux des Allemands. Bryan, secrétaire d'État et pacifiste des pacifistes, jugeait le Président partial et favorable aux Alliés. Tel n'était pas l'avis des Alliés.

IV. — La neutralité est une position difficile. Les États-Unis l'avaient bien vu au temps des guerres napoléoniennes. En 1914, de nouveau, des ordres en Conseil britanniques interdirent tout commerce avec l'Allemagne, fût-ce par l'intermédiaire d'un port neutre. L'Angleterre et la France, ayant la maîtrise des mers, déclaraient la Manche et la mer du Nord zones militaires. Ces mesures atteignirent les négociants américains et les protestations furent nombreuses. Mais les plaintes étaient condamnées à demeurer sans effet parce que ni le Président, ni le *State Department*, ne désiraient partir en guerre contre les Alliés et parce que ceux-ci le savaient. Les Allemands, de leur côté, recouraient à des mesures plus contraires encore aux lois internationales que le Blocus britannique. Au moins, le Blocus n'entraînait-il, pour les neutres, aucune perte de vies humaines tandis que, très vite, des Américains furent tués par les sous-marins et les mines des Allemands. Wilson annonça que le gouvernement allemand serait rendu responsable de toute perte de vie ou de propriété. En cela, il était soutenu par l'opinion publique qui évoluait assez rapidement dans un sens hostile aux empires centraux. L'ambassadeur d'Allemagne lui-même confessait que la propagande de ceux-ci aux États-Unis avait été un échec complet.

V. — Bientôt l'Amérique fut, pour les Alliés, la grande pourvoyeuse de vivres et de munitions. La France et l'Angleterre devenaient les principaux clients de l'industrie américaine, parce qu'elles pouvaient seules, grâce à leur maîtrise de la mer, prendre livraison des commandes. Une période de prospérité inouïe s'ouvrit pour les États-Unis. L'Allemagne se plaignait du traitement de faveur accordé à ses ennemis, mais l'Amérique lui répondait que si les Alliés étaient maîtres des mers, c'était là un fait dont les États-Unis n'étaient pas responsables. D'ailleurs, il était certain qu'à travers les pays neutres, une partie des exportations américaines allait aux empires centraux. Cependant, après avoir acheté et transporté, il fallait payer. Au début la France et l'Angleterre vendirent toutes les valeurs américaines qu'elles détenaient et obtinrent ainsi des crédits; plus tard elles durent recourir à des emprunts. Bryan s'y opposa, mais des banques privées furent autorisées à faire des avances aux belligérants. Il semble absolument faux, contrairement à une légende qui eut son heure, que ces banques aient exercé une pression quelconque en faveur de l'entrée en guerre des États-Unis. En septembre 1915, le *State Department* annonça l'émission publique d'un emprunt des Alliés. Un billion et demi de dollars fut souscrit avant l'entrée en guerre du pays.

VI. — Le 7 mai 1915, le paquebot *Lusitania* fut torpillé sans avertissement. Parmi les douze cents victimes se trouvaient cent vingt-quatre Américains. Ce fut, dans le monde entier, un cri d'horreur. L'excuse donnée par le gouvernement allemand fut que la *Lusitania* transportait de la contrebande de guerre et que d'ailleurs un avertissement aux passagers avait été publié, par l'ambassade d'Allemagne, dans les journaux américains. Mais annoncer un crime par une lettre à la presse ne peut être considéré comme une circonstance atténuante. La fureur qui s'empara du pays montra, pour la première fois, que les États-Unis, tôt ou tard, entreraient en guerre. Quand le Président, trois jours plus tard, dit : « On peut bien concevoir un homme qui serait trop fier pour se battre », la phrase fut mal accueillie. Roosevelt et ses amis attaquèrent le pacifisme de Wilson, cependant que Bryan et les siens combattaient Wilson parce qu'ils le jugeaient trop belliqueux. Des notes innombrables furent échangées avec le gouvernement allemand. Enfin à la suite du torpillage, dans la Manche, du *Sussex*, le Président obtint de l'Allemagne la promesse qu'à l'avenir elle ne torpillerait plus sans avertissement des bateaux marchands et qu'elle s'efforcerait de sauver les vies humaines. C'était, pour Wilson, une victoire diplomatique.

VII. — Beaucoup d'Américains ne croyaient pas que les promesses allemandes seraient tenues, et demandaient que le pays se préparât à une guerre qu'ils jugeaient inévitable. Dès 1914, une *National Security League* avait été formée pour préconiser la conscription. En 1915, le général Léonard Wood établit un camp d'officiers volontaires. Quand Wilson, au début de 1916, défendit l'idée d'une « paix sans victoire », il rencontra des deux côtés une telle hostilité qu'il en vint, lui aussi, à admettre la nécessité de la préparation militaire. Des mesures furent prises, mais insuffisantes. L'armée fut portée à cent soixante-quinze mille hommes; la construction de nombreux vaisseaux de guerre fut autorisée; cinquante millions de dollars furent votés pour la marine marchande. Bien que le Président demeurât hostile à l'idée de la guerre, il commençait à penser qu'il y avait des libertés essentielles pour lesquelles il lui faudrait bien combattre. « L'Amérique devrait rester hors de la guerre, à tout prix, sauf toutefois au prix d'une seule chose, celle sur laquelle sont fondés son caractère et son histoire : son sens de l'humanité et de la justice... » Et un peu plus tard : « Nous participons, que nous le voulions ou non, à la vie du monde. Les intérêts de toutes les nations sont aussi les nôtres. Nous sommes les associés des autres. Ce qui concerne toute l'humanité est inévitablement notre affaire. »

VIII. — 1916 était une année d'élection présidentielle. Roosevelt, qui représentait la politique d'intervention, aurait eu des chances contre Wilson, mais les républicains ne lui pardonnaient pas de les avoir fait battre en 1912. Une Convention progressive le désigna comme candidat; il envoya un télégramme et dit qu'il ne pouvait accepter la nomination avant de connaître l'attitude du candidat du G. O. P. *(Great Old Party)* sur la question vitale du jour. Ce candidat fut Charles Evans Hughes, juge à la Cour suprême, qui avait été gouverneur de New York. Il aurait été élu si progressifs et républicains avaient tous voté pour lui, mais beaucoup de progressifs, en l'absence de Roosevelt, allèrent à Wilson qui était, comme eux, réformiste en politique intérieure. Le Président sortant avait adopté un *slogan :* « Il nous a maintenus hors de la guerre! » qui plut dans le Middle-West et dans l'Ouest. Il ajoutait qu'il avait deux devoirs : maintenir la paix et sauvegarder l'honneur des États-Unis, et qu'un temps pourrait venir où il serait impossible de remplir les deux en même temps. Cependant, Roosevelt attaquait violemment Wilson et disait que l'élection de celui-ci prouverait que l'Amérique était prête à accepter toute insulte et jusqu'au massacre de ses femmes et de ses enfants, pour « faire de l'argent ». Le soir de l'élection, on crut que Hughes était président. Le *New York Times* l'annonça. Mais certains résultats manquaient encore et ils furent tous favorables à Wilson. Enfin, celui-ci fut élu par deux cent soixante-dix-sept voix contre deux cent cinquante-quatre.

IX. — A ce moment, l'Allemagne semblait très forte; elle avait échoué à Verdun, mais triomphé en Roumanie; elle avait arrêté les offensives alliées, à l'Ouest et à l'Est; elle croyait le moment favorable pour faire la paix. Wilson, au cours du mois de décembre qui suivit sa réélection, offrit de réunir une conférence des belligérants. Comme sa démarche suivait de près une proposition allemande, les Alliés se méfièrent. D'ailleurs, il n'existait aucun terrain d'entente. L'Allemagne exigeait encore une paix victorieuse; les Alliés ne se sentaient pas vaincus et ne l'étaient pas. En janvier 1917, Wilson, dans un discours au Sénat, définit les conditions auxquelles les États-Unis accepteraient de coopérer au rétablissement de la paix mondiale. Il demandait une paix « sans annexions ni indemnités ». Une paix d'humiliation, disait-il, laisserait des souvenirs amers et serait bâtie sur des sables mouvants : « Seule une paix entre égaux peut être durable. » Cette paix devait garantir la sécurité des petites nations, la liberté des mers, la limitation des armements, et des gouvernements fondés sur le consentement des gouvernés. Enfin, Wilson demandait une force organisée, une ligue pour maintenir la paix future. Cet appel fut mal accueilli. L'idée de la paix sans victoire déplaisait aux Alliés comme aux Allemands.

X. — La décision de jeter l'Amérique dans là guerre ne fut prise ni par Wilson, ni par les amis américains des Alliés, mais par l'état-major allemand. Hindenburg et Ludendorff exigèrent la guerre sous-marine totale et l'empereur Guillaume II écrivit en marge de leur requête : « Maintenant et une fois pour toutes, une *fin* aux négociations avec l'Amérique! Si Wilson veut la guerre, qu'il la fasse. » L'état-major allemand savait en effet que cette décision provoquerait l'entrée en guerre des États-Unis, mais il croyait que la guerre sous-marine amènerait la capitulation des Alliés avant que l'aide américaine fût devenue efficace, et d'ailleurs il n'estimait pas cette aide éventuelle à sa réelle valeur. Wilson essaya encore de temporiser. Il proposa d'armer les vaisseaux marchands. Le 1er mars fut publiée une note du ministre allemand Zimmermann, note passée par l'*Intelligence* britannique au *State Department*, et dans laquelle l'Allemagne suggérait au Mexique, en cas de guerre, une alliance contre les États-Unis, alliance dont le prix serait le Texas et le Nouveau-Mexique. Cette fois la mesure était comble. Le 2 avril 1917, Wilson parut devant le Congrès et lut un message qui demandait à celui-ci de constater l'existence d'un état de guerre qui avait été voulu par l'Allemagne : « Nous ne sommes pas en conflit avec le peuple allemand, mais seulement avec le despotisme militaire de l'Allemagne. Il nous faut bâtir un monde où la démocratie soit en sûreté... C'est une chose effrayante que de jeter ce grand, ce paisible peuple dans une guerre, la plus terrible, la plus désastreuse qui ait jamais été puisque la civilisation elle-même s'y trouve en jeu. Mais le droit est plus précieux que la paix et nous allons combattre pour les choses qui ont toujours été au plus près de notre cœur, pour le droit de ceux qui sont gouvernés à faire entendre leur voix dans leur propre gouvernement, pour les droits et libertés des petites nations, pour telle organisation du droit par une entente des peuples libres qui apportera paix et sécurité à toutes les nations et donnera enfin la liberté au monde. A une telle tâche nous pouvons consacrer nos vies et nos fortunes, tout ce que nous sommes et tout ce que nous avons, avec la fierté de ceux qui savent que, pour l'Amérique, le jour est venu de prodiguer son sang et sa puissance pour les principes mêmes qui lui ont donné le jour, le bonheur, et cette paix qui lui a été si chère. Avec l'aide de Dieu, elle ne peut rien faire d'autre... » Le Président signa la déclaration de guerre le 6 avril 1917. Le lendemain, les États-Unis déclarèrent la guerre à l'Allemagne et à l'Autriche-Hongrie, mais jamais à la Turquie, ni à la Bulgarie. En outre, parce que les buts de guerre de l'Amérique étaient différents de ceux des autres puissances, celles-ci furent nommées officiellement non les *alliées*, mais les *associées* des États-Unis.

IV

Première Guerre Mondiale.

I. — Les États-Unis ne volaient pas au secours de la victoire. Les affaires des Alliés, en 1917, n'étaient pas brillantes. La Roumanie s'était effondrée; la Russie flanchait; l'Italie venait de subir une grave défaite; la France n'avait plus d'hommes qu'elle pût appeler; l'Angleterre manquait de bateaux et ses stocks représentaient à peine six semaines d'approvisionnements. Les pertes de tonnage constituaient le danger le plus immédiat; elles étaient telles (près d'un million de tonnes par mois) que, si elles continuaient longtemps, elles devaient amener la débâcle des Alliés. C'était la raison pour laquelle l'Allemagne n'avait pas hésité à provoquer les États-Unis plutôt que de limiter la guerre sous-marine. A l'amiral américain Sims, l'amiral anglais Jellicoe dit : « Nous ne pourrons pas continuer si les pertes restent aussi élevées... Les Allemands seront vainqueurs à moins que nous ne puissions arrêter les pertes, et les arrêter bientôt... » En ce qui concernait la guerre terrestre, le général Pershing n'était pas plus optimiste : « Nous devons venir à leur secours en 1918. L'année suivante, il pourrait être trop tard. » Les Alliés attendaient donc de la « Puissance associée » avant tout des bateaux, une participation à la lutte contre les sous-marins, de la nourriture, des armes et des renforts. Cet appui devait être fourni avec une extrême rapidité, faute de quoi il risquait de devenir inutile.

II. — Sur mer, l'Amérique donna tout ce que les Alliés attendaient d'elle. Les bateaux allemands qui se trouvaient dans les ports américains furent saisis. Une flotte de transports de cinq millions de tonnes fut construite par l'*Emergency Fleet Corporation.* Plus de deux millions de soldats américains furent transportés en France, un million par des bateaux anglais, neuf cent vingt-sept mille par des bateaux américains, le reste par des bateaux français et italiens. La marine américaine escorta une grande partie de ces convois, sans perdre d'hommes. En même temps, les destroyers américains participaient à la lutte contre les sous-marins, et des poseurs de mines travaillaient avec les Alliés à créer un immense barrage dans toute la mer du Nord. Sur terre, une armée fut improvisée dans un temps très court, par conscription (comme le voulait Wilson) et non par engagements volontaires (comme le désirait le Congrès). A la fin de la guerre, les États-Unis avaient sous les armes quatre millions d'hommes. Des camps d'entraînement furent créés; les Alliés envoyèrent des instructeurs qui se joignirent aux officiers de l'armée régulière américaine. Le chef de ces armées fut le général Pershing, soldat d'expérience, sec et nerveux, qui, dès juin 1917, passa en France avec son état-major. Il fut reçu avec un enthousiasme qui prouva que le moral de la France demeurait bon. Son mot : « La Fayette, nous voici! » est resté célèbre. Le 4 juillet, les Américains défilèrent dans la rue de Rivoli au milieu d'une foule qui leur jetait des fleurs et criait : « Vive l'Amérique! » A la fin de 1917, deux cent mille soldats américains seulement étaient en France, et une division au front. L'aide militaire ne fut donc pas immédiate, mais l'appui moral et de vifs espoirs donnèrent aux Alliés la force d'attendre.

III. — Il fallait équiper la marine, l'armée et l'aviation. D'où la nécessité d'organiser les industries de guerre. Pour cette tâche gigantesque, le Président obtint des pouvoirs exceptionnels de réquisition et de contrôle; il transmit ces pouvoirs à des hommes ou à des comités dont le principal fut la *War Industries Board* que dirigeait Bernard Baruch. Ce tzar de l'industrie était un financier d'une quarantaine d'années qui montra un génie d'organisateur. Toutes les industries du temps de paix qui consommaient des matières premières nécessaires aux armements furent supprimées, ou réglementées. Il n'y eut plus qu'un seul modèle de voiture d'enfant, que deux types de malles. Le nombre des arrêts de l'ascenseur et celui de ses passagers fut fixé par décret. A tout cela, le public américain se plia de bon gré. Cependant, tous les chemins de fer étaient pris en main par le gouvernement et unifiés sous la direction de William G. Mac Adoo, secrétaire de la Trésorerie. Les chefs de l'industrie américaine mirent leur temps et leur expérience au service du gouvernement, pour des salaires d'un dollar par an. Ce fut leur esprit d'équipe, de coopération et de patriotisme qui fit le succès du *War Industries Board.* Les échecs, car naturellement il y en eut, en particulier dans la fabrication des mitrailleuses et dans celle des avions, furent dus à la brièveté des délais et à des conflits de juridiction. Si l'on peut faire un reproche à l'administration Wilson, c'est de n'avoir pas, alors que l'Amérique était encore en paix, prévu les besoins du temps de guerre. Néanmoins, la production américaine étonna les Alliés et consomma la perte des empires centraux.

IV. — Le tzar de la nourriture fut Herbert Hoover, un ingénieur californien qui avait déjà prouvé ses extraordinaires talents d'administrateur en organisant les secours américains aux régions occupées et en particulier à la Belgique. C'était un homme brusque, ironique et froid en surface, capable au fond de pitié, de sympathie, et surtout de courage. Dès qu'il eut été nommé *Food Administrator*, son objectif fut, pour nourrir les Alliés, d'augmenter aux États-Unis la production tout en diminuant la consommation. Pour encourager la production, il acheta par avance des récoltes entières, en garantissant aux agriculteurs un prix minimum. Pour réduire la consommation, il imposa des jours sans viande, des bonbons sans sucre, du pain sans blé. Son *slogan* fut : « La nourriture gagnera la guerre; ne la gâchez pas. » *Hooveriser* devint un verbe d'usage courant. Point de cartes d'alimentation : Hoover s'adressait à la conscience des Américains. Sur le moindre coin de terrain fut planté un *Victory Garden*. La superficie des terres cultivées, le nombre des têtes de bétail augmentèrent. Grâce à ces sages mesures, et bien que la saison eût été mauvaise, les exportations vers l'Europe affamée dépassèrent en 1918 toutes les promesses faites par l'Amérique.

V. — Il y a trois moyens de financer une guerre : créer de la monnaie, emprunter, taxer. La première amène l'inflation et la hausse des prix; Mac Adoo recourut aux deux autres et résolut de faire appel aux impôts pour un tiers. Certains estimèrent qu'il aurait pu aller plus loin. Quatorze billions de bons furent offerts au public; il en souscrivit dix-neuf. L'enthousiasme était grand. Les banques y aidèrent de leur mieux, encore qu'elles ne fussent pas dans les meilleurs termes avec le président Wilson. On vit des étoiles de cinéma, des héros de la guerre et des vedettes sportives se transformer en démarcheurs. Le pays se couvrit d'affiches annonçant le *Liberty Loan.* Aux gouvernements alliés, les États-Unis prêtèrent à peu près dix billions de dollars.

VI. — Point d'enthousiasme sans une foi. Il fallait éveiller cette foi chez l'Américain moyen et lui faire comprendre le sens de la guerre. Ce fut l'œuvre d'un

Comité d'Information publique, dont George Creel fut le président. Il employa tous les moyens : soixante-quinze mille orateurs volontaires discoururent dans les théâtres et cinémas du pays. Des pamphlets, traduits dans toutes les langues parlées par des Américains, répandirent la haine de l'ennemi. A l'étranger, le plus efficace des propagandistes fut le Président. Il eût une réelle influence sur le moral des Allemands et Austro-Hongrois en répétant que les États-Unis faisaient la guerre, non pour un avantage matériel quelconque, mais pour la justice, et que la paix serait une juste paix. Le 8 janvier 1918, il énonça les Quatorze Points de son programme, et tous ceux des adversaires qui jugèrent ces Quatorze Points acceptables se résignèrent au fond de leur cœur à une victoire alliée. Les Quatorze Points étaient : 1° Pas de traités secrets. 2° Liberté des mers. 3° Égalité commerciale. 4° Réduction des armements. 5° Réajustement des colonies dans l'intérêt des indigènes. 6° Évacuation de la Russie. 7° Évacuation et restauration de la Belgique. 8° Évacuation de la France et règlement de la question d'Alsace-Lorraine. 9° Rectification des frontières italiennes. 10° Indépendance des peuples de l'Autriche-Hongrie. 11° Ajustements dans les Balkans. 12° Libre passage des Dardanelles. 13° Indépendance de la Pologne, avec accès à la mer. 14° Création d'une association de nations, qui se garantiraient mutuellement leur intégrité territoriale. Presque toutes ces idées étaient justes, mais beaucoup d'entre elles vagues, et quelques-unes n'étaient pas acceptables pour les Alliés. Par exemple les idées de l'Angleterre sur la liberté des mers n'étaient pas celles du président des États-Unis. Mais en ce temps-là nul n'osait contredire Wilson. Tout au long de 1918, il répéta, sous des formes diverses, que cette guerre était une croisade des démocraties contre les autocraties. Les autres gouvernements l'écoutaient avec respect, car il avait beaucoup de troupes fraîches.

VII. — Il est hors de doute que ce sont ces troupes fraîches qui permirent de gagner la guerre en novembre 1918. L'Allemagne avait encore remporté de grandes victoires en mars, en avril et en juin. Une fois de plus, ses armées étaient allées jusqu'à la Marne et menaçaient Paris. Anglais et Français n'avaient plus de réserves à lui opposer. Pershing jusqu'alors avait demandé que les troupes américaines fussent employées comme une armée séparée qu'il commanderait lui-même. Lorsque Foch, qui était devenu généralissime, lui dit que la guerre pouvait être perdue par infériorité numérique, il renonça généreusement à son projet et mit à la disposition du commandant en chef tous les hommes entraînés dont il disposait. Ce fut alors que se distinguèrent la première et la seconde division américaine, et que les *Marines* reprirent le bois Belleau. Le 15 juillet, les troupes américaines aidèrent à repousser la dernière offensive allemande et, le 18, elles prirent part à la contre-attaque de Foch qui fut le premier coup de clairon de la victoire. Le péril passé, Pershing obtint, comme il l'avait souhaité, de regrouper l'armée américaine et d'avoir un secteur à lui. Ce fut celui de Saint-Mihiel, au sud de Verdun. Les Américains le nettoyèrent et progressèrent rapidement. Puis le général Foch confia à douze cent mille Américains la bataille destinée à dégager la Meuse et l'Argonne et qui faisait partie de son offensive d'ensemble. Beaucoup de ces divisions américaines n'avaient jamais été au combat; elles se battirent bien, mais éprouvèrent de grandes pertes. Quant à Ludendorff, il était perdu et le savait. Alors que les Alliés pouvaient compter sur les réserves inépuisables de l'armée américaine, les Allemands s'affaiblissaient de jour en jour. L'écart ne pouvait que s'accroître; il ne restait à l'Allemagne aucun espoir de gagner la guerre. Le 3 octobre 1918, le prince Max de Bade accepta, pour base de négociations, les Quatorze Points du président Wilson.

VIII. — Les Allemands ont souvent dit qu'ils avaient été trompés par Wilson et qu'ayant déposé leurs armes parce qu'ils avaient confiance dans un ennemi généreux, ils s'étaient vu imposer un armistice et une paix dont les conditions étaient bien plus dures que les Quatorze Points. Ce n'est pas exact. Les Allemands n'ont pas, en 1918, demandé l'armistice parce qu'ils croyaient aux Quatorze Points, mais parce qu'ils étaient militairement vaincus et incapables de continuer la guerre. Aussi la plupart des chefs militaires alliés étaient-ils opposés à l'idée d'un armistice prématuré. Ils jugeaient souhaitable d'envahir l'Allemagne et de lui faire sentir le poids de la défaite. Le général Pershing appartenait à cette école. Le maréchal Foch ne voulait pas sacrifier en vain des vies humaines; il désirait cesser le feu aussitôt que la victoire serait acquise et l'ennemi incapable de nuire, mais il n'était pas favorable aux Quatorze Points qui risquaient d'empêcher la France d'assurer, par le traité de paix, sa sécurité future. Les conditions d'armistice furent ce qu'elles devaient être; par la nature même d'un armistice, elles étaient provisoires. Il s'agissait maintenant de savoir si la paix serait la Paix de Wilson, ou celle de Clemenceau.

V

Le Traité de Paix.

I. — Les nations européennes venaient de faire une guerre dure et sanglante. L'Amérique était venue à leur secours au moment où elles succombaient. Elle s'était jetée dans cette bataille en toute honnêteté, pour défendre le droit contre la force. Elle avait pour chef un homme de bonne volonté, sincèrement résolu à construire un monde meilleur. Ce chef avait la confiance des masses européennes, qui attendaient de lui la justice et une paix durable. Jamais les circonstances n'avaient été aussi favorables. Et pourtant, jamais résultats ne furent aussi décevants. Comment, en quelques années, la victoire se transforma en défaite, est un sujet qui appartient à l'histoire de l'Europe, mais comment Woodrow Wilson perdit la paix après avoir gagné la guerre est un chapitre de l'Histoire d'Amérique.

II. — Wilson avait triomphé dans l'élection présidentielle de 1916, mais de justesse. Beaucoup de haines s'étaient accumulées en Amérique contre lui, comme contre tout homme qui porte atteinte à des privilèges anciens. En 1918, avant l'élection du nouveau Congrès, le Président fit un appel aux électeurs et leur demanda d'envoyer à Washington un Congrès démocrate afin que la nation pût présenter, en temps de crise, un front uni. Cette attitude partisane, dans une élection de guerre,

IX
CALVIN COOLIDGE
(1872-1933)

choqua et le pays nomma un Sénat et une Chambre républicains. La situation aurait dû imposer au Président une grande prudence. Pour faire accepter un traité de paix, il avait besoin des deux tiers du Sénat. Il eût été courtois, naturel et adroit, d'appeler cette assemblée à collaborer à la Conférence de Paris. L'Amérique devait y déléguer cinq représentants. Le Président serait-il l'un d'eux? Le colonel House le lui déconseillait, avec raison. A distance, le président des États-Unis demeurerait un dieu. S'il prenait place à une table de conseil, il deviendrait un homme, et vulnérable. Mais le Président « aimait ses idées comme d'autres leurs enfants » et tenait à les défendre lui-même. Il occupa donc l'un des sièges. Naturellement, le secrétaire d'État Lansing et le fidèle colonel House avaient, tous deux, droit à l'accompagner. Restaient deux places, qu'il aurait pu donner à des sénateurs influents ou à des républicains notoires comme Hughes, Taft ou Root. Il choisit de les attribuer au général Bliss et à Henry White, contre lesquels il n'y avait rien à dire sinon qu'ils ne représentaient pas l'opinion publique américaine. Avant le départ pour Paris de cette délégation, Théodore Roosevelt écrivit : « Nos alliés, nos ennemis et Mr. Wilson lui-même doivent bien comprendre que Mr. Wilson n'est point du tout qualifié pour parler en ce moment au nom du peuple américain. Son autorité vient précisément d'être répudiée par le peuple, de la manière la plus éclatante... »

III. — Ainsi, les Alliés étaient avertis. Le chef d'État qui prétendait leur imposer ses Quatorze Points n'avait plus son pays derrière lui. En revanche, les peuples de l'Europe croyaient en Wilson et son voyage à Paris, Londres, Rome, fut une longue ovation. Les foules espéraient de lui le redressement de tous les torts. Wilson lui-même voulait passionnément être juste, mais il avait tendance à confondre sa volonté avec la justice. A ses yeux, ce qui importait plus que tout, c'était la Société des Nations. Aux mots de *covenant*, de *pacte*, son sang presbytérien s'échauffait. Frontières ? Garanties ? Armements ? Qu'importaient ces détails puisque la Société des Nations serait là pour les régler ? Tel n'était pas le sentiment des vieux réalistes qui représentaient, à la Conférence, les vainqueurs européens. Clemenceau, vieillard sans illusions, mais brûlant d'une grande passion : le patriotisme, exigeait des garanties pour la France. Elle avait été envahie par l'Allemagne deux fois en cinquante ans; elle avait perdu les meilleurs des jeunes hommes; elle avait droit à la sécurité et, quoi qu'en pût penser la « noble candeur » du président Wilson, un pacte n'était ni une armée, ni une frontière. Lloyd George, Gallois subtil, politicien mobile, orateur génial, était prêt à parler le langage de Wilson, mais avec un clin d'œil complice à Clemenceau et un regard interrogateur aux experts du Foreign Office. Orlando, l'Italien, ne parlait pas anglais et se bornait à répéter avec obstination les exigences de son pays. Aucun de ces trois hommes, pas plus que leurs seconds : Balfour, Sonnino, Pichon, ne pouvaient être touchés par l'idéalisme wilsonien. L'un des éléments de la tragédie fut que Wilson était assez puissant pour empêcher les réalistes de faire une paix dure, mais prudente, et pas assez pour contraindre son propre pays à garantir une paix équitable.

IV. — Ces inquiétudes n'étaient pas seulement celles des membres de la Conférence. Beaucoup de Français moyens, et même d'intellectuels libéraux, les partageaient. En ce temps-là vivait près de Tours, à la Béchellerie, le vieil Anatole France. Il observait les événements avec clairvoyance et anxiété. « Aucun roi de France », disait-il, « aucun, n'aurait osé concevoir une paix comme celle qui va être faite... Le morcellement de l'Autriche est une folie. *Balkaniser* l'Europe centrale, c'est vouloir cultiver de nouveaux germes de guerre. Jamais paix n'aura été plus néfaste, plus fatale à notre pays. Wilson ne connaît rien à l'Europe, et il veut peser les droits des États dans une balance de précision... Lloyd George a le même vocabulaire que Wilson, mais Lloyd George est un rusé; Wilson, un candide. La France n'est pas assez forte pour faire une paix nettement victorieuse, pas assez faible pour faire une paix de réconciliation. Nous ne voulons, ni ne pouvons, faire l'une ou l'autre franchement. Le traité sera un compromis, mal bâti, entre ces deux tendances. Il n'assurera pas la paix et de nouvelles guerres en sortiront... Talleyrand et Metternich faisaient mieux; ils n'aspiraient pas à faire le bonheur des peuples; par là, ils leur permettaient d'exister... » Ce pessimisme était alors assez général. Le vocabulaire de Wilson, son armature intellectuelle, le rendaient inintelligible à ses associés, dont lui-même ne comprenait pas les craintes, ni les réticences. C'était sur des sables mouvants que la Conférence de Paris bâtissait l'avenir de l'Europe, et du monde.

V. — Que serait au juste la Société des Nations? Wilson souhaitait un conseil exécutif permanent, le boycottage des États rebelles, l'attribution des colonies allemandes à la Société des Nations, qui aurait ainsi tout de suite un domaine à administrer. Le professeur d'histoire se souvenait avec raison du rôle joué par l'Ordonnance du Nord-Ouest dans l'unification des États-Unis. Avec un comité spécial dont faisaient partie le général Smuts, Léon Bourgeois, Eleuthère Venizelos, et Lord Robert Cecil, Wilson prépara en trois semaines un projet. La Société serait administrée par un Conseil de neuf membres. Ses décisions devraient être unanimes. Une assemblée de tous les membres se réunirait chaque année, mais elle ne serait représentée par aucun pouvoir exécutif. L'article X (celui qui allait soulever des orages) disait que : « Les membres de la Ligue s'engagent à respecter, comme à garantir contre toute action extérieure, l'intégrité territoriale et la présente indépendance politique de tous les membres de la Ligue. » L'article XVI donnait au Conseil le droit de demander aux différents gouvernements l'appui de leurs forces navales et militaires pour faire respecter le Pacte. Dès que ces dispositions furent connues, plus d'un tiers du Sénat des États-Unis signa une protestation contre des engagements qui amèneraient l'Amérique à faire la guerre pour des querelles étrangères, sans le consentement du Congrès. Le Congrès demandait que le traité de paix et le Pacte fussent deux documents distincts, de manière à pouvoir ratifier l'un en rejetant l'autre. C'était exactement ce que ne voulait pas le Président. Il avait, pour la Société des Nations, l'amour d'un père et en elle la foi d'un apôtre. Par elle, il espérait passer à la postérité comme l'un des grands bienfaiteurs de l'humanité. Pour elle, il était prêt aux plus grands sacrifices.

VI. — Il dut en faire. Afin d'obtenir que le Pacte fût incorporé dans le Traité, il céda sur plusieurs des Quatorze Points. Au début de 1919, il fit un rapide voyage aux États-Unis. La réception ne fut pas chaleureuse. Quand il dit : « Lorsque le Traité reviendra, les gentlemen de ce pays constateront que, non seulement le *Covenant* en fait partie, mais qu'il est lié au reste du Traité par tant de liens que vous ne pourriez l'en détacher sans détruire celui-ci tout entier », les sénateurs virent dans cette phrase une menace qui acheva de les aliéner. A son retour en France, Wilson sentit que son autorité avait été ébranlée et il dut accepter un programme de réparations et indemnités enflé jusqu'à des chiffres astronomiques. Ainsi fut élaboré un traité « trop dur pour ce qu'il avait de mou, trop mou pour ce qu'il avait de dur », et qui donna au monde un temps de répit beaucoup moins long que les traités de 1815. Mais le 28 avril 1919, le Pacte de la Société des Nations fut adopté à l'unanimité et ce succès pansa les blessures de Wilson. Le 20 juin, les Allemands acceptèrent les termes de la paix, au Trianon Palace Hôtel de Versailles, et le 28 juin, signèrent dans la Galerie des Glaces. Le lendemain, le président Wilson s'embarqua pour aller défendre son œuvre aux États-Unis.

VII. — Il y était mal préparé. Sa santé, au cours des mois de conférence, avait été ébranlée par un excès de travail. Son intransigeance intellectuelle, nourrie par les acclamations, s'était accrue. Toute observation lui apparaissait comme une offense, toute réserve comme une infidélité, toute critique comme un blasphème. Il avait rompu avec le colonel House, le plus dévoué de ses amis; il allait rompre avec Tumulty, son loyal secrétaire. Que des hommes « aux esprits de pygmées » s'opposassent à ses desseins de démiurge de la paix lui semblait un sacrilège. Mais quand les pygmées étaient sénateurs, ils avaient le pouvoir d'enchaîner Gulliver. En fait, ils eussent préféré s'entendre avec Gulliver. Le sénateur Lodge, *chairman* du Comité des Affaires étrangères au Sénat, n'aimait pas Wilson. Les deux hommes étaient de milieux, de religions, de tempéraments différents. En outre tous deux avaient un certain pédantisme intellectuel et leurs esprits orgueilleux s'opposaient. Mais Lodge reconnaissait qu'il fallait un traité; il demandait seulement au Président d'y inscrire des réserves, pour maintenir le droit du Congrès à déclarer la guerre et pour définir à nouveau la doctrine de Monroe. Wilson aurait pu négocier avec lui, avec Borah, avec Johnson qui menaient l'opposition. Malheureusement le Président faisait, de la ratification du traité tel qu'il était, sans y changer une virgule, une question personnelle. Plutôt que d'affronter les cerveaux de pygmées, il s'adresserait, par-dessus les têtes des opposants, au peuple des États-Unis. Il décida de faire le tour du pays et de parler dans toutes les grandes villes du Middle-West et de l'Ouest, les deux régions les plus réfractaires.

VIII. — Ce voyage, les trente discours qu'il prononça, achevèrent de ruiner la santé de Wilson. En Colorado, il eut une attaque et dut être ramené, à demi paralysé, à la Maison Blanche. A partir de ce moment, il fut un malade invisible, fantôme mystérieux qui ne communiquait plus avec le monde extérieur que par son médecin ou par Mrs. Wilson. Cet isolement et la maladie accrurent l'obstination du Président. Au Sénat, la bataille continuait autour de l'article X du Pacte; c'était celui sur lequel Wilson ne voulait accepter aucune réserve. Quand on passa au vote, le Traité sans modifications n'obtint pas les deux tiers des voix nécessaires. Le Traité avec réserves fut également rejeté. Le Congrès essaya de mettre fin aux hostilités par une simple résolution; le Président opposa son veto. C'était une situation lamentable et la paix du monde allait faire les frais de ces intransigeances rivales. Sans les États-Unis, la Société des Nations ne pouvait plus imposer ni le respect des frontières, ni celui des droits de l'homme. Avec les États-Unis, tous les espoirs eussent été permis. Le retour à l'isolationnisme du plus puissant pays du monde, et du plus désintéressé, était, pour tous les peuples de la terre, un épouvantable malheur. Wilson avait montré de la hauteur de vues, de la grandeur morale et du courage. Seuls l'avaient trahi son caractère et ses forces.

IX. — Les derniers mois de sa présidence furent marqués par des querelles ouvrières. Pendant la guerre, un *War Labor Board* avait arbitré avec succès les différends du travail. La paix extérieure fut le signal de la reprise des conflits intérieurs. C'était naturel. Par suite de l'inflation du temps de guerre, les prix montaient; les salaires devaient suivre. En 1919, John L. Lewis, président des Mineurs, mit fin à une grève en disant : « Nous sommes des Américains, nous ne pouvons pas combattre le Gouvernement. » Mais des agitateurs plus révolutionnaires, les *Independent Workers of the World*, brandissaient le drapeau rouge. Des bombes furent jetées. Wilson dit : « Nous ne devons pas nous opposer à la libre expression des opinions, même si celles-ci demandent des changements fondamentaux, à la condition que ces changements se fassent dans l'ordre; mais envers les passions et la malveillance qui essaient d'exciter au crime et à l'insurrection, sous prétexte d'évolution politique, nous ne devons avoir aucune indulgence... » Deux cents agitateurs furent déportés en Russie sur un transport qu'on appela l'Arche rouge, et l'*American Federation of Labor* répudia la violence des *Independent Workers of the World*. Certains auraient voulu que les chemins de fer, réquisitionnés pendant la guerre, continuassent d'être exploités par l'État, mais Wilson décida de les rendre aux entreprises privées.

X. — Deux amendements à la Constitution furent ratifiés en 1919 et 1920. Le Dix-huitième édictait la prohibition des liqueurs fortes; le Dix-neuvième accordait le vote aux femmes. Chacun des deux avait été préparé par une longue campagne. Le Dix-neuvième augmenta de huit millions le nombre des électeurs pour la campagne de 1920; il ne modifia pas de manière appréciable les forces relatives des partis. Le Dix-huitième amendement exerça la plus mauvaise influence sur les mœurs du pays. L'ivrognerie devint un vice de riches. Le *saloon* avait été sordide; le *speakeasy* fut élégant. Le cocktail remplaça le vin — ou s'y ajouta. Des jeunes gens et des jeunes filles emportèrent, dans leurs promenades, des gourdes remplies de gin ou de whisky frelatés. Un pays jadis respectueux des lois se mit à traiter avec indulgence ceux qui violaient le Dix-huitième Amendement. Les *bootleggers*, ou vendeurs illicites d'alcool, devinrent des personnages tout-puissants qui, gagnant des fortunes, exerçaient une action politique. De bons citoyens reçurent chez eux des bandits qui leur fournissaient des liqueurs. Des bibliothèques furent transformées en bars et des caves en restaurants. Une partie de la police des grandes villes fut corrompue. Au bout de quelques années, le danger apparut tel qu'une campagne commença pour l'abrogation de l'Amendement. Le pays se coupa en *secs* et en *humides*. Enfin, en 1933, la prohibition fut abolie par le Vingt et Unième Amendement. L'expérience avait montré, une fois de plus, que « qui veut faire l'ange, il fait la bête ».

XI. — Shakespeare n'a rien imaginé de plus tragique que la fin de Woodrow Wilson. Pendant plus d'un an, le spectre d'un président gouverna l'Amérique. De temps à autre émergeaient de la retraite impénétrable qu'était devenue la Maison Blanche un projet de loi ou un veto, signés d'une main tremblante. Quand on raconta que Wilson était fou, il se montra dans un Conseil de Cabinet et y apparut sain d'esprit, mais diminué, épuisé, et ayant grand'peine à fixer son attention. Peu à peu, la vie revint à ses membres engourdis et, le 4 mars 1921, il put accompagner au Capitole son successeur, Mr. Harding. Dans la voiture, Harding, ne sachant que dire, se mit à raconter à Wilson une inoffensive histoire d'éléphant. Le Président sortant fondit en larmes. Rendu à la vie privée, Wilson ne quitta plus Washington, où il vécut très secrètement. En 1922 et en 1923, le jour de l'Armistice, il parut sur son balcon et, d'une voix encore embarrassée par la paralysie, dit quelques mots à la foule. Il parla de la honte, pour l'Amérique, d'être restée hors de la Société des Nations. Enfin il mourut, le 3 février 1924, après un long et douloureux supplice. Il avait formé de grands et nobles projets; il avait failli les mener à bien; il mourait vaincu après avoir assisté à la ruine totale de ses espérances. Mais il est possible que le feu qu'il alluma et qui couve encore sous la cendre des guerres, se ranime un jour et que le nom de Woodrow Wilson brille alors d'une gloire nouvelle.

VI

Actions et réactions.

I. — La période 1920-1928 est souvent comparée, par des historiens américains, à celle qui suivit la guerre civile. Dans les deux cas, disent-ils, le parti républicain fut longtemps au pouvoir; dans les deux cas, il lui fallut liquider une situation et revenir à la normale; dans les deux cas, une nation lasse des sacrifices publics voulut, pendant une folle décade, s'occuper de ses affaires privées; dans les deux cas, un individualisme excessif engendra des scandales financiers et politiques. On peut se demander si la ressemblance est réelle. Le parti républicain de 1865 se trouvait au pouvoir parce qu'il avait gagné la guerre; le parti républicain de 1920 y arriva plutôt par réaction contre la guerre. La corruption fut plus grave et plus étendue après la guerre civile qu'après la Guerre mondiale. Ce qui est vrai, c'est que dans les deux cas la guerre avait amené un extraordinaire progrès des techniques. En 1865, l'Amérique construisait des chemins de fer transcontinentaux; en 1920, elle développa des industries nouvelles : cinéma, radio, aviation. D'où, aux deux époques, hausse des prix, mécontentement des fermiers, et enfin panique financière suivie par une nouvelle oscillation du pendule.

II. — L'élection de 1920 eut un double caractère. Pour une part, elle se fit contre Wilson, contre le traité, contre la Société des Nations. Beaucoup d'Américains regrettaient de s'être mêlés des affaires de l'Europe. Une campagne adroitement orchestrée tendait à les dégoûter de leur victoire, à leur faire croire qu'ils s'étaient battus pour les banquiers, à remplacer l'amitié pour leurs anciens alliés par la pitié pour leurs anciens ennemis. La maladie de Wilson, sa réclusion, avaient affaibli le prestige du parti démocrate. Surtout les électeurs souhaitaient revenir à leur vie d'avant-guerre qui avait été, croyaient-ils, plus heureuse. Ils avaient l'illusion qu'un changement de chefs et de doctrines ramènerait la liberté des affaires et le bon vieux temps. Théodore Roosevelt étant mort en 1919, le parti républicain manquait de héros, mais il pouvait choisir entre des hommes de valeur : le gouverneur Lowden, le général Léonard Wood, et le président Nicholas Murray Butler (de Columbia University). Après de longs débats, la Convention de 1920 nomma Warren Harding, un sénateur de l'Ohio, que rien ne désignait pour la Présidence sinon son insignifiance même. Le pays était las des grands esprits. Le Sénat constatait qu'avec des présidents brillants et dominateurs tels que Roosevelt ou Wilson, le Congrès était réduit à un rôle de « timbre humide ». Nicholas Murray Butler raconte qu'un sénateur dit ironiquement qu'en Harding, ils auraient un homme qui signerait les lois que lui enverrait le Sénat, au lieu d'envoyer des lois au Sénat avec l'ordre de les passer. Son nom avait été suggéré dès le début par Harry Dougherty, un de ses amis de l'Ohio et le représentant dans la Convention des intérêts pétroliers. La belle prestance du candidat, la haine de Wilson, la crainte des rouges, la méfiance à l'égard des hommes à idées, firent l'élection de Harding. Elle fut triomphale. Cox, le démocrate, obtint neuf millions de voix; Harding, seize millions, une des plus grandes majorités jamais atteintes par un président des États-Unis. Quelqu'un dit : « Ce n'est pas une avalanche, c'est un tremblement de terre. »

Eugène Debs, socialiste, alors en prison, avait recueilli un million de voix. Le vice-président fut Calvin Coolidge, ancien gouverneur du Massachusetts, célèbre pour avoir réprimé une grève de la police de Boston, et pour avoir déclaré que le droit de mettre en danger, par une grève, la sécurité du pays n'appartenait « à aucun homme, en aucun lieu, en aucun temps ». Le coup de barre à droite donné par la nation en 1920 était brusque et vigoureux.

III. — Mais le nouveau pilote ne savait pas son métier. Harding n'était pas de calibre présidentiel. Il essaya de remédier à son incompétence en appelant à son Cabinet quelques hommes de valeur, comme Hughes au Secrétariat d'État, et Hoover au Commerce. Aux Finances, un des citoyens les plus riches du pays, Andrew Mellon, donna satisfaction aux millionnaires ses confrères. Malheureusement, Harding avait des obligations envers des hommes qui l'avaient poussé à la Présidence et dont l'honnêteté était douteuse. Ce fut ainsi qu'il donna l'Intérieur à Albert B. Fall, spéculateur alors en fort mauvaise posture et dont les liens avec les seigneurs du pétrole étaient connus. Entre Fall, Denby (secrétaire à la Marine) et des hommes d'affaires comme Dohenny et Sinclair commencèrent de mystérieuses négociations. Le gouvernement des États-Unis possédait de riches réserves de pétrole en Californie et en Wyoming. Une loi les avait mises à la disposition de la marine, en permettant à celle-ci de les louer ou d'en confier l'exploitation à des sociétés privées. Fall obtint de Denby que ce droit fût transféré au Département de l'Intérieur, qui était le sien, après quoi il loua en grand secret le *Teapot Dome* (la réserve du Wyoming, ainsi nommée à cause d'une montagne en forme de théière) à son ami Harry F. Sinclair, sans avoir mis l'affaire en adjudication. Résultat : les actions des affaires Sinclair montèrent de cinquante millions de dollars. Quand une enquête fut ouverte par le Sénat, Fall soutint que l'affaire était avantageuse pour l'État, mais il fut prouvé qu'il avait touché des commissions énormes et il dut donner sa démission. Cependant, l'*Attorney General* Dougherty couvrait de fort louches transactions et le chef du bureau des vétérans, le colonel Forbes, ami personnel de Harding, vendait les stocks de guerre à moins de 20 % de leur valeur réelle à une maison de commerce de Boston, là encore sans adjudication ni concurrence. L'enquête montra qu'en bien des cas, Forbes avait cédé pour vingt cents ce que le bureau, le même jour, devait racheter pour un dollar. Les amis de Harding apparaissaient plus sordides encore que ceux de Grant.

IV. — Harding, comme jadis Grant, était innocent de toute opération frauduleuse, mais c'était un homme faible et jouisseur, qui avait introduit des coquins au gouvernement et qui en portait la responsabilité. Il le savait et, vers 1923, son beau visage s'altéra. Il devait faire un voyage en Alaska. En partant, il dit : « Dans ce métier, ce qui m'inquiète, ce ne sont pas mes ennemis. Ceux-là, je m'en charge. Ce sont mes amis qui me donnent du tourment. » Pendant tout le voyage, à ceux qui l'entouraient, il demandait : « Que peut faire un président quand des amis l'ont trahi? » Un instant, il pensa à une confession publique. Au retour de l'Alaska, sur le bateau, il reçut un long télégramme chiffré qui accrut encore son désespoir. Une atmosphère de tragédie enveloppait le groupe présidentiel. A San Francisco, il tomba malade. On dit qu'il avait été empoisonné par une conserve de crabe, mais il n'y avait pas de crabe conservé sur le bateau et bien d'autres rumeurs circulèrent. Quoi qu'il en fût, le 2 avril, tandis que Mrs. Harding lui faisait la lecture, il mourut. « Embolie », dirent les médecins. Le public ne le crut pas. La nouvelle surprit, dans la nuit du 2 au 3 avril 1923, le vice-président Coolidge qui était allé passer ses vacances à la ferme de son père, en Vermont. Celui-ci était le juge de paix du comté. A la lueur d'une lampe à pétrole que tenait Mrs. Coolidge hâtivement vêtue d'une robe de chambre, sur la vieille Bible de famille, le père reçut le serment du fils. La nation aima ce petit tableau dans la manière des Pères et Fondateurs. Il était rassurant de penser qu'au Président le plus mal entouré et le moins moral de l'Histoire des États-Unis succédait un Yankee et un Puritain.

V. — Calvin Coolidge avait des cheveux roux, des yeux bleus et le plus remarquable accent nasal que la Nouvelle-Angleterre eût jamais produit. On disait que le mot *cow*, prononcé par lui, avait au moins quatre syllabes. Mais il avait le droit de traîner sur les mots, car il en prononçait fort peu. Par nature, par éducation, et surtout parce qu'il n'avait rien à dire, il avait toujours été silencieux. Quand il entra dans la vie politique et constata que ses phrases laconiques amusaient et le posaient, aux yeux du public, en personnage pittoresque, il se fit une règle de ce qui avait d'abord été une faiblesse, et prit l'habitude de frapper de courtes réponses, à la fois évidentes et drôles. Coolidge avait une sorte d'humour négatif et ses clowneries solennelles n'amusaient personne plus que lui. Bien qu'il fût en apparence modeste, il était émerveillé par son propre succès. Il savait que ses silences l'avaient servi. Du sénateur Murray Crane, son ami, il disait : « Il a confirmé mon opinion sur la valeur du silence, lequel nous préserve toujours de créer une situation difficile qui, si on ne la créait, n'existerait pas. » A un général qui l'abordait en disant : « *Hello Chatterbox!* » (Bonjour, monsieur le Bavard), il répondait : « Eh bien! Général, je constate que ce que je ne dis pas me donne moins d'ennuis que ce que vous dites. » Un exemple classique de *coolidgisme* est son mot sur les dettes européennes : « Ils ont emprunté l'argent, n'est-il pas vrai? » A un reporter qui lui demandait : « Pourquoi n'invitez-vous pas à la Maison Blanche, des artistes, des musiciens, des acteurs, des poètes, comme le faisaient Wilson et Roosevelt? », il répondit : « J'ai connu un poète quand j'étais à Amherst. Poète de la promotion. Son nom : Smith. » Il s'interrompit, pour mâcher une chique, puis ajouta : « Plus jamais entendu parler de lui... » Ces maniérismes devinrent curieusement chers au peuple américain et Coolidge fut un président populaire. Il était arrivé à la Maison Blanche, en 1923, par la mort de Harding; quand il se présenta pour son propre compte, en 1924, contre John William Davis, grand avocat de New York, et Robert La Follette, il retrouva presque toutes les voix de Harding, à la grande déception des démocrates qui croyaient le G. O. P. déprécié par les scandales. Mais un peuple heureux ne change pas de politique et le peuple américain, en 1924, était loin de se croire malheureux.

VI. — Wall Street éclatait de richesses. Les courbes des valeurs escaladaient des pics vertigineux. C'était le *boom* de Coolidge et il en tirait orgueil. Non qu'il jouât lui-même. Jamais homme ne fut plus prudent. Mais il aimait le spectacle de l'Amérique « faisant » de l'argent. « Travaillez et économisez, économisez et travaillez », fut le texte d'un de ses brefs discours. Par où l'on voit qu'il ne craignait pas les platitudes. Au contraire, il se glorifiait d'être banal. C'était ce qui le rendait original. Mrs. Coolidge, qui était charmante et simple, tenait encore, après une longue vie conjugale, son mari pour un impénétrable mystère. Quant au pays, il était si prospère que diminuer les taxes devenait le souci dominant de la Trésorerie. D'où venait tout cet argent? Des crédits en cascade. Les États-Unis ouvraient des crédits à l'Allemagne; l'Allemagne s'en servait pour payer les réparations à la France et à l'Angleterre; la France et l'Angleterre, pour rembourser les dettes de guerre à l'Amérique. Ainsi, l'argent tournait et les États-Unis touchaient ce que les États-Unis avaient eux-mêmes versé à l'origine du circuit. En 1928, les prêts aux agents de change s'élevèrent à quatre billions de dollars, ce qui inquiéta les vieux routiers du marché. Ils prédisaient une catastrophe. Mais les enthousiastes protestaient : « Les lois de l'économie classique n'étaient plus applicables à la production en série. L'humanité entrait dans une ère nouvelle. La prospérité et la hausse ne cesseraient plus jamais! » Les titres montant toujours, s'enrichir était facile. Il suffisait d'acheter à découvert. Tout le pays spéculait. Sous un président silencieux et sobre, l'Amérique vivait dans un monde magique.

VII. — Au temps de Harding, une conférence, réunie à Washington, avait déterminé les forces respectives des flottes en vaisseaux de première ligne. La Grande-Bretagne avait accepté l'égalité avec les États-Unis; à la France, la conférence avait imposé l'égalité avec l'Italie. Coolidge proposa, en 1927, d'étendre la Convention aux croiseurs, contre-torpilleurs et sous-marins. Il rencontra des refus et dut se résoudre à accroître la marine des États-Unis. Pourtant, il venait de signer, avec soixante autres nations, un nouveau pacte, dit Pacte Briand-Kellogg, qui mettait la guerre hors la loi, sauf en cas de légitime défense. Ce Pacte avait été ratifié par le Sénat à l'unanimité moins une voix, ce qui prouvait qu'il ne contenait pas grand'chose. Mais Briand, plus réaliste que ne le croyaient ses adversaires, espérait par cette Convention ramener l'Amérique vers les chemins de la coopération internationale. Avec leurs voisins de l'Amérique du Sud, les États-Unis entretenaient de bons rapports; Coolidge alla jusqu'à La Havane pour ouvrir un Congrès panaméricain et réaffirmer le respect des États-Unis pour l'égalité des nations. Le sénateur Dwight Morrow, associé de la banque Morgan, apaisa par son tact et son intelligence les

X

FRANKLIN D. ROOSEVELT

(1882-1945)

par Frank O. Salisbury

(*New York Graphic Society*)

conflits anciens avec le Mexique, où Coolidge l'avait envoyé comme ambassadeur. Seul, le Nicaragua restait agité et des sénateurs accusaient l'Administration d'en faire « un protectorat de Wall Street ».

VIII. — Beaucoup pensaient que Coolidge serait à nouveau candidat en 1928 et son nom était tellement lié à l'idée de prospérité qu'il aurait eu de grandes chances d'être élu. Mais quand le moment approcha, il publia un communiqué de dix mots : *I do not choose to run for President in 1928.* (Je ne choisis pas de me représenter en 1928). C'était un parfait *coolidgisme.* La nouvelle surprit tout le monde, y compris Mrs. Coolidge. « Le voilà bien! » dit-elle. « Il ne m'avait pas dit un mot de ses intentions. » Coolidge craignait-il une crise économique et ne voulait-il pas être au pouvoir au moment où elle éclaterait? Ou espérait-il que la Convention républicaine lui forcerait la main? Si cette deuxième hypothèse est la vraie, il se trompait car la Convention nomma, presque à l'unanimité, le secrétaire au Commerce Herbert Hoover qui avait bien réussi dans ce poste, comme dans ceux qu'il avait occupés pendant la guerre de 1914. La Convention démocrate choisit Al Smith, gouverneur de l'État de New York, lequel était catholique, « humide » et l'homme de Tammany. D'où l'une des victoires les plus éclatantes du parti républicain. Hoover eut pour lui quarante États, y compris une partie du *Solid South,* ce qui tenait du miracle.

IX. — La période qui suivit l'élection de Hoover n'est pas encore sortie du domaine de la polémique pour entrer dans celui de l'histoire. L'orgie de spéculation qui avait marqué la fin de la présidence de Coolidge devait nécessairement engendrer une crise économique de première grandeur. Contrairement à ce que pensaient les optimistes, aucune ère nouvelle ne s'était ouverte dans les affaires humaines, les mêmes causes continuaient de produire les mêmes effets et l'excès de la hausse préparait l'excès de la baisse. La crise qui s'ouvrit en octobre 1929 fut plus grave et plus longue que toutes celles qui l'avaient précédée. Le nombre des chômeurs s'éleva jusqu'à treize ou quatorze millions, chiffre catastrophique. Hoover qui, comme jadis Van Buren, avait trouvé « la nation grosse d'une crise » dont il était innocent, porta, aux yeux des électeurs, la responsabilité de leurs malheurs et ne fut pas réélu en 1932. Hoover n'était pas un homme de Wall Street. Il avait montré, au cours de la guerre de 1914, son désintéressement et sa philanthropie. Mais la crise ruina sa carrière politique. La misère et le chômage inspiraient au peuple américain une amère défiance à l'égard de ceux qui, depuis dix ans, exerçaient dans le pays leur influence. Les capitaines d'industrie étaient discrédités. Comme au temps de Cleveland, la nation appelait des réformistes.

X. — Le successeur de Hoover, Franklin Delano Roosevelt, aristocrate par éducation et démocrate par allégeance, appartenait à la famille de Théodore Roosevelt, depuis longtemps consulaire et fortunée. Il avait été élevé à Groton et Harvard, sanctuaires de la Nouvelle-Angleterre. Rien ne semblait le destiner à devenir le champion des déshérités. Mais il avait le goût de la politique, l'instinct de l'aventure intellectuelle, et il avait épousé une de ses cousines, Eleanor Roosevelt, qui par nature et choix était amie du peuple. Vers le milieu de son âge, Franklin Roosevelt fut atteint d'une terrible maladie, la paralysie infantile, qui lui enleva presque complètement l'usage de ses jambes; la souffrance le rapprocha de ceux qui souffraient; ses efforts pour rééduquer un corps aboli fortifièrent sa volonté. Bien qu'il ne pût se tenir debout que grâce à une armature de fer, il eut le courage de faire campagne pour le poste de gouverneur de l'État de New York, et le succès de son gouvernement fit de lui un candidat heureux à la Présidence. Il y apporta une grande hardiesse, un charme personnel et familier, l'art de choisir des hommes nouveaux et une rare adresse politique. Mais nul, en 1932, ne se fût hasardé à prédire que ce patricien affable et infirme aurait la présidence la plus longue et la plus dramatique de l'Histoire des États-Unis, ni qu'il ferait de son pays l'une des deux plus grandes puissances mondiales.

XI. — Roosevelt, ou, comme toute l'Amérique dit bientôt : F. D. R., héritait une situation tragique. Non seulement quatorze millions de chômeurs attendaient des secours, mais six millions de fermiers étaient écrasés par dix milliards de dettes hypothécaires. Un journal proposait des fermes la définition suivante : « FERME : *Étendue de terre arable entourée de créanciers de tous côtés et couverte d'hypothèques, sur laquelle une famille de sept personnes essaie en vain de subvenir aux besoins d'une voiture d'occasion dont le réservoir d'essence est vide.* » Le coton était tombé à cinq cents, le blé à trente-sept. Les fermiers étaient chassés de chez eux par leurs créanciers. Parce que les prêts fonciers ne pouvaient être remboursés, des milliers de banques locales sombraient. Les déposants de grandes banques prenaient peur et retiraient leur or. Le jour de l'inauguration de Roosevelt, dans vingt-deux États, les paiements étaient suspendus. Dans son discours du Capitole, le Président dit : « Nos difficultés ne concernent, grâce à Dieu, que des choses matérielles. Les valeurs se sont racornies jusqu'à des niveaux fantastiques; les moyens d'échange, congelés, bloquent les mouvements des échanges; les feuilles mortes de nos entreprises jonchent le sol; nos fermiers ne trouvent plus de marchés pour leurs produits; les économies de millions de familles ont disparu; une armée de citoyens sans travail est face à face avec le dur problème de vivre. Il faut être un optimiste bien sot pour nier les tragiques réalités du moment... Les changeurs ont fui; ils ont abandonné leurs sièges élevés dans le temple de notre civilisation. Nous pouvons maintenant rendre ce temple au culte de ses anciennes vérités... La nation réclame des actions, et des actions immédiates. Notre première tâche sera de remettre ce peuple au travail... » Jamais, depuis Lincoln, un président n'avait été inauguré dans des circonstances aussi dramatiques. Quatorze millions de sans-travail, leur nombre augmentant chaque jour, les fermiers révoltés, les banques fermées, tous les maîtres-piliers d'une structure sociale s'écroulant les uns après les autres avec une terrifiante rapidité, telle était la toile de fond que l'on devinait dans l'ombre derrière les longues bannières étoilées.

XII. — Trois politiques économiques étaient concevables : celle, classique, du laissez-faire, qui eût consisté à attendre que le jeu des actions individuelles rétablît l'équilibre; celle des socialistes et communistes (suppression de la propriété privée des moyens de production); celle enfin de l'économie dirigée, ou planifiée. Ce fut cette dernière que favorisa le nouveau Président. Pour relever le niveau des prix, il déprécia le dollar de 40 %. Pour aider les chômeurs à retrouver du travail, il fit établir par l'État de nombreux projets, qui allaient de la construction de digues immenses à la décoration des monuments. Pour relever les salaires et augmenter le pouvoir d'achat des travailleurs, il encouragea les contrats collectifs. Pour protéger le public contre les placements chimériques, il rendit plus sévère le contrôle des banques d'émission, leur interdit d'être en même temps des banques de dépôt et les fit surveiller par la *Securities Exchange Commission.* Pour soulager les fermiers, il prit au compte de l'État une partie des hypothèques et abaissa le taux de l'intérêt. Pour enrayer la baisse des produits agricoles, il demanda aux fermiers de limiter les surfaces consacrées à la culture du coton et du blé. Pour démontrer la possibilité et l'efficacité de l'exploitation par l'État des forces hydro-électriques, il créa la T. V. A. *(Tennessee Valley Authority)* qui devait à la fois distribuer de l'électricité à bon marché, aider à l'électrification des campagnes, produire des nitrates et servir d'étalon pour juger les tarifs des compagnies privées.

XIII. — Cette politique, à laquelle on a donné le nom de *New Deal*, eut des partisans et des adversaires fanatiques. F. D. R. devint l'homme le plus haï et le plus aimé des États-Unis, aimé par les pauvres, par les minorités opprimées, haï par les riches dont il amputait la fortune, qui blâmaient le déficit de ses budgets (dette doublée en six ans) et qui lui reprochaient de « trahir sa classe ». Mais les masses le soutenaient et il fut réélu pour un second terme en 1936. Dès ce moment, Roosevelt et son équipe avaient transformé la situation politique et économique des États-Unis. L'État imposait des règles strictes à l'économie capitaliste; le gouvernement fédéral devenait tout-puissant; Washington était désormais capitale au sens européen du mot. Deux grandes fédérations ouvrières *(American Federation of Labor* et *Committee for Industrial Organization)* représentaient, dans la plupart des entreprises, les travailleurs et la position relative de ceux-ci s'était améliorée. La bourgeoisie, en maudissant Roosevelt, se montrait ingrate, car il avait probablement fait faire au pays l'économie d'une révolution. La Cour suprême s'opposa longtemps au *New Deal*, en déclarant inconstitutionnelles certaines lois votées par le Congrès. Mais à un président qui reste assez longtemps au pouvoir, la mort donne chance de modeler la Cour suprême à son image. Dès 1941, Roosevelt avait pu nommer sept juges sur neuf et la Cour suprême lui était devenue favorable.

XIV. — Roosevelt se trouvait, en ce qui concernait la politique extérieure, dans une position difficile. La campagne contre la Société des Nations, la question des dettes de guerre avaient, depuis 1920, empoisonné les rapports des États-Unis avec la France et l'Angleterre. Un moratorium ayant été accordé à l'Allemagne par Hoover en 1931, le circuit avait cessé de fonctionner et les nations européennes avaient suspendu leurs paiements aux États-Unis, ce qui avait suscité beaucoup d'amertume, les masses ne comprenant pas que les moyens de paiement n'existaient plus. Des écrivains, dont quelques-uns plus tard le regrettèrent, avaient fait croire au public que la participation de l'Amérique à la guerre précédente n'avait été ni juste, ni utile. Les éléments conservateurs du pays étaient isolationnistes par tradition; les éléments libéraux l'étaient par dépit et le devinrent plus encore quand ils eurent l'impression que les démocraties occidentales abandonnaient l'Éthiopie, l'Espagne et la Tchécoslovaquie. La plupart des Américains ne voyaient pas que les doctrines totalitaires menaçaient, autant que l'Europe, leur propre pays. Ils avaient l'illusion qu'ils pourraient, en cas de nouvelle guerre, se tenir à l'écart, et leurs hommes politiques cherchaient à éliminer toutes les causes possibles de participation américaine. Trois actes de neutralité furent votés entre 1935 et 1937. Ils étaient destinés à fortifier la position du Congrès, en enlevant au Président quelques-unes de ses prérogatives. Pour éviter le retour d'un drame analogue à celui de la *Lusitania*, il fut interdit aux Américains de voyager sur les paquebots des belligérants, interdit de transporter des armes et des munitions sur des bateaux américains, interdit d'exporter des armes et munitions de guerre. Le vote de ces lois fortifia l'Allemagne dans sa résolution de conquérir l'Europe.

XV. — Quand, en 1939, la guerre éclata, le Congrès, à la demande du Président, leva l'embargo sur les armes à la condition que les pays qui en achèteraient les paieraient comptant et en assureraient le transport par leurs propres moyens *(cash and carry)*. Il était défendu aux bateaux américains de naviguer dans les eaux territoriales des pays belligérants. C'était le temps de la « drôle de guerre » où les opérations militaires, sur le front français, étaient à peu près nulles et où la propagande allemande entretenait des espoirs chimériques de paix blanche. La majorité des Américains était âprement hostile à Hitler, mais croyait que la France et l'Angleterre suffiraient à l'arrêter. La défaite de la France fut un terrible choc moral pour l'Amérique, mais lorsque Paul Reynaud demanda des secours au président Roosevelt, celui-ci ne put rien promettre, toute décision au sujet de l'entrée en guerre appartenant au Congrès, lequel s'était toujours montré fort jaloux de ses droits en cette matière. En septembre 1940, le Président annonça la cession à la Grande-Bretagne de cinquante vieux destroyers américains, en échange de bases aériennes et navales sur des îles appartenant à la Grande-Bretagne. A la fin de l'année eut lieu l'élection présidentielle. Les deux candidats, Franklin D. Roosevelt et Wendell L. Willkie, républicain, se déclaraient l'un et l'autre en faveur de l'appui à la Grande-Bretagne, mais non en faveur d'une déclaration de guerre : *All aid, short of war*... Le président Roosevelt fut réélu, premier exemple dans l'Histoire des États-Unis d'un président sollicitant, et obtenant un troisième terme.

XVI. — L'approbation du pays donnait toute autorité au Président pour appliquer sa politique d'appui à l'Angleterre. Au début de 1941, il obtint du Congrès le vote du *Lend-Lease Bill* qui lui permettait de prêter, ou de louer aux Anglais le matériel de guerre qui leur était indispensable. C'était une sage mesure car les disponibilités de l'Angleterre en dollars se fussent rapidement épuisées. En même temps, le Président préparait le pays, beaucoup plus complètement que ne l'avait fait Wilson dans les mêmes circonstances, pour une guerre qui devenait, sinon certaine, du moins probable. Il établit, dès le temps de paix, la conscription et mit cent mille soldats à l'entraînement. Des usines de guerre furent équipées. L'Amérique ne feignait plus la neutralité; elle était ouvertement hostile à l'Allemagne et prenait des mesures qui, en toute autre circonstance, eussent provoqué une déclaration de guerre du Reich : occupation du Groenland, escorte des convois, armement des vaisseaux marchands. Aux États-Unis, isolationnistes et interventionnistes se combattaient en des campagnes de discours et de pamphlets, mais il était évident que les interventionnistes l'emportaient dans l'opinion publique. Toutefois, cette guerre larvée eût continué longtemps encore si le Japon, allié de l'Allemagne, comme elle totalitaire, et qui depuis longtemps attendait une occasion d'établir son hégémonie dans le Pacifique, n'avait attaqué, en pleine paix, la base américaine de Pearl Harbor, aux îles Hawaï (décembre 1941). La déclaration de guerre au Japon fut bientôt suivie de celles à l'Allemagne et à l'Italie. Elles ne surprirent personne et tout le pays approuva les décisions du Président et du Congrès. Dès le début de 1942, il devint évident que la production américaine allait assurer la victoire des Alliés. Les succès initiaux du Japon dans le Pacifique et la perte des Philippines n'inquiétaient que ceux qui ne connaissaient pas l'écrasante supériorité industrielle des États-Unis.

XVII. — L'Amérique prouva, pendant la Deuxième guerre mondiale, son patriotisme, sa discipline et son efficacité. La transformation de l'industrie de paix en industrie de guerre se fit avec une étonnante rapidité. Pendant l'année qui suivit Pearl Harbor, les usines produisirent trente-deux mille chars, quarante-neuf mille avions et huit millions deux cent mille tonnes de vaisseaux marchands. Cette production, largement dépassée l'année suivante, permit non seulement d'armer les forces américaines, mais d'aider la Grande-Bretagne, la Chine et surtout la Russie qui, attaquée par l'Allemagne, se battait héroïquement. L'armée et la marine américaines atteignirent au plus haut degré de science militaire et de puissance. L'agriculture fit des miracles et, en quinze mois, sept milliards de livres de nourriture furent envoyées aux Alliés. A l'intérieur du pays, grâce au rationnement et au contrôle des prix, l'inflation fut limitée. L'unité du pays fut remarquable; malgré la diversité des races et des nationalités, il n'y eut, après la déclaration de guerre, ni divergences, ni sabotage. Les ouvriers produisirent plus que jamais; les grèves furent rares et brèves; les Bons du Trésor souscrits. Les dépenses de la guerre rendirent nécessaire de porter l'impôt sur le revenu à des taux qui devront, s'ils sont maintenus, amener un nivellement des fortunes et conditions.

XVIII. — Roosevelt eut la sagesse de décider, malgré la résistance de l'Ouest, que l'effort principal serait fait d'abord contre l'Allemagne et l'Italie. La marche de la guerre peut donc se résumer ainsi : 1° retraite dans le Pacifique; 2° conquête des approches de la forteresse Europe; 3° conquête de l'Europe; 4° reprise du Pacifique. Dès 1940, bien avant que l'Amérique fût en guerre, le Président avait commencé à préparer, par des voies politiques, un débarquement éventuel en Afrique du Nord. Attaquer de front la côte normande était alors difficile (expérience de Dieppe). L'Algérie et la Tunisie semblaient les plates-formes de départ les mieux placées pour le premier temps de reconquête de l'Europe. Des consuls américains, maintenus là pour ce travail, s'y étaient assurés de concours français. En 1942, le général Eisenhower fut chargé d'organiser une expédition. Elle réussit. L'armée française d'Afrique du Nord se joignit, comme l'avait espéré Roosevelt, aux forces américaines et britanniques. L'Allemagne subit en Tunisie une défaite totale. D'Afrique, Eisenhower passa en Sicile, puis en Italie. Le gouvernement italien avait demandé un armistice en août 1943. Nommé commandant en chef des armées alliées sur le front occidental, le général Eisenhower employa son aviation de bombardement à briser la résistance et à réduire la production de l'Allemagne. Cependant, il préparait, avec minutie, le débarquement en Normandie. Deux ports artificiels furent construits et un *pipe-line* immergé dans la Manche. Le 6 juin 1944, les armées alliées, précédées par des divisions aéroportées, surprirent les Allemands entre Caen et Cherbourg et, après quelques semaines de combats, brisèrent leur front. Un second débarquement eut lieu entre Marseille et la frontière italienne, le 15 août 1944. Malgré quelques retours offensifs des Allemands, à aucun moment le résultat final ne fut douteux. Deux machines d'une force incomparable, l'une à l'est (armée russe), l'autre à l'ouest, broyaient entre elles une Allemagne déjà brisée par l'aviation alliée. Hitler se suicida et, le 7 mai 1945, Eisenhower reçut à Reims la capitulation sans conditions de toutes les forces armées de l'Allemagne.

XIX. — Restait à vaincre le Japon. Déjà, sur ce front, le général Mac Arthur, partant d'Australie et sautant d'île en île, avait peu à peu repris le terrain perdu. Puis, sous le couvert de la marine et de l'aviation, il s'était assuré les bases nécessaires pour l'invasion du Japon. Toutefois, celle-ci apparaissait comme une opération coûteuse s'il fallait attaquer des armées encore nombreuses, ardemment soutenues par la population civile. On s'attendait donc à ce que cette campagne ultime fût assez longue quand se produisit le coup de théâtre de la bombe atomique. Depuis plusieurs années, Roosevelt avait autorisé secrètement que des sommes énormes fussent dépensées pour des recherches sur la désintégration de certains atomes instables, et sur la possibilité de la provoquer à l'intérieur d'une bombe qui, jetée d'un avion, produirait un épouvantable cataclysme. Roosevelt, lui-même, ne devait pas être témoin de la victoire qu'il avait préparée. Réélu en 1944 pour un quatrième terme, mais déjà très malade, il était mort d'une congestion cérébrale le 12 avril 1945 et le vice-président, Harry S. Truman, lui avait succédé. A la fin de juillet 1945, une première expérience de bombe atomique fut faite, devant des officiers et des savants, à Los Alemos, dans un désert de l'Arizona. Elle montra la puissance terrifiante de la nouvelle arme. Le 5 et le 8 août, deux bombes furent jetées respectivement sur les villes de Hiroshima et de Nagasaki. Destructions, pertes et souffrances furent telles que le Mikado comprit l'inutilité de poursuivre la lutte. En présence de telles armes, il pouvait, sans perdre la face, capituler. Le 14 août, le président Truman annonça la fin des hostilités. La Seconde Guerre mondiale était terminée.

VII

La victoire sans victoire.

I. — Roosevelt, et avec lui le peuple américain, avaient formé vers la fin de la guerre de grands espoirs. Ils avaient pensé que la défaite du totalitarisme pourrait amener, dans le monde entier, un ordre nouveau, fondé sur la justice. Wilson, après la Première Guerre mondiale, avait eu la même pensée en fondant la Société des Nations, mais il avait été répudié par les électeurs. Roosevelt ne se heurtait pas au même obstacle. L'éducation de l'opinion américaine s'était faite, au prix de deux guerres. Au Sénat, comme à la Chambre des Représentants, les républicains coopéraient avec les démocrates pour préparer des institutions mondiales. C'était hors des États-Unis, cette fois, que surgissaient les difficultés. La guerre avait prodigieusement affaibli, non seulement les vaincus, mais la Grande-Bretagne et la France. Deux peuples géants restaient face à face : les États-Unis et l'U. R. S. S. Staline ne se disait pas hostile à la formation d'une Organisation des Nations Unies. Mais comme chacune des cinq « grandes puissances » (États-Unis, U. R. S. S., Grande-Bretagne, France et Chine) y devait avoir un droit de veto, les Nations Unies ne pourraient agir que dans la mesure où l'U. R. S. S. coopérerait avec confiance.

II. — Pendant toute la fin de la guerre, Roosevelt s'était efforcé de susciter cette confiance, fût-ce au prix de dangereux abandons. A la Conférence de Yalta (février 45), il avait admis l'avance russe jusqu'à Berlin, la remise à la Pologne d'un vaste territoire allemand et toléré l'installation de gouvernements communistes dans les pays balkaniques. Il espérait ainsi s'acquérir l'amitié de Staline. D'autre part, en échange de l'entrée en guerre des Soviets contre le Japon, il leur avait accordé la Mandchourie. Là, il avait été conseillé par les chefs militaires qui ne croyaient pas que la bombe atomique suffirait à assurer la victoire en Extrême-Orient. Truman hérita cette situation et dut, à Potsdam, confirmer toutes ces concessions. La Charte des Nations Unies fut adoptée à San Francisco par cinquante nations en juin 1945. D'autres organisations internationales (U. N. E. S. C. O., Organisation des Réfugiés, Banque de règlements internationaux, etc.) avaient été ou devaient être créées. Mais l'esprit de coopération manquait. Tout de suite, aux Nations Unies, la Russie fit usage de son veto de manière agressive. Staline demeurait, malgré Yalta et Potsdam, méfiant à l'égard des puissances capitalistes, et singulièrement des États-Unis. Ce n'était pas la vraie paix, mais ce qu'on appela *la guerre froide.*

III. — Truman, au moment de son élection, ne passait pas pour avoir l'étoffe d'un chef, surtout pour des circonstances aussi difficiles. Il avait fait du bon travail au Sénat, mais en des rôles mineurs. Au début, il s'entoura un peu trop d'amis personnels, venus de son Missouri natal. Très vite toutefois, ses responsabilités, au lieu de l'accabler, le grandirent. Cet homme, dont la vie avait été longtemps obscure, révéla soudain un courage peu commun et un bon sens vigoureux. Mais il fut gêné, en politique extérieure, par la nation elle-même qui, ne voyant pas l'immense danger de la situation, exigeait un retour rapide à la vie du temps de paix. La violente pression de l'opinion publique avait imposé une démobilisation accélérée. Les usines de guerre avaient été reconverties en usines normales. Bref, dès 1947, les États-Unis n'étaient plus une grande puissance militaire, alors que l'U. R. S. S. conservait ses forces intactes. Cet évident déséquilibre accroissait l'influence russe en Europe occidentale; les masses marchaient à la force. Les Américains, vivant dans l'euphorie de la victoire, demandaient à jouir de celle-ci. Les vétérans, très puissants, obtenaient de grands et légitimes avantages. En particulier, les universités leur étaient ouvertes aux frais de l'État. Mais celui-ci n'avait plus de soldats, de marins ni de pilotes. Pour sa défense, le pays comptait sur la bombe atomique. Il ignorait que grâce à des espions (dont le plus efficace fut le physicien allemand Fuchs) et grâce aussi à ses propres savants, l'U. R. S. S. était, elle aussi, sur le chemin de la puissance atomique.

IV. — L'euphorie était accrue par la prospérité. Jamais les États-Unis n'avaient été plus riches; jamais cette richesse n'avait été plus équitablement répartie. 60 millions d'Américains travaillaient contre 48 millions avant la guerre. La production des biens de consommation était au moins double de celle d'avant-guerre. En 1939, 75 % des familles américaines gagnaient moins de 2.000 dollars; en 1948, 25 % seulement. Même si l'on tenait compte de la hausse des prix (qu'avait déclenchée la suppression des contrôles de guerre), le pouvoir d'achat des travailleurs s'était considérablement accru. D'où une confiance renouvelée dans le régime de la libre-entreprise. Pour être juste, il aurait fallu ajouter que le *New Deal* de Roosevelt, en redistribuant les revenus, avait beaucoup contribué à cette prospérité. Ouvriers et fermiers, bien payés, devenaient les meilleurs clients de l'industrie. Mais on ne pensait guère à Roosevelt que pour combattre cette ombre. Le parti républicain essayait de revenir sur la législation du travail établie par le *New Deal*. Le sénateur Taft fit passer une loi Taft-Hartley qui limitait sévèrement les privilèges des grands syndicats. Le parti républicain avait le contrôle des deux chambres. Le 80e Congrès (élu pour deux ans) était hostile à Truman et l'on pouvait penser qu'il avait peu de chances d'être réélu en 1948.

V. — Le gouverneur Dewey fut désigné par la Convention républicaine et c'était un candidat puissant; le président Truman, malgré l'opposition des démocrates conservateurs du Sud, fut choisi par la Convention démocrate. Ses propres amis firent à peine campagne pour lui, tenant la partie pour perdue. Mais Truman combattit seul, avec un entrain extraordinaire, traversant tout le pays dans un train spécial et faisant un discours à chaque arrêt. Il obtint une majorité de 2.000.000 de voix sur Dewey. La surprise fut immense et le prestige du Président considérablement accru. Il en avait besoin, car la situation extérieure devenait de plus en plus menaçante. L'U. R. S. S. avait installé des gouvernements communistes en Allemagne de l'Est, en Hongrie, en Tchécoslovaquie, en Roumanie et en Bulgarie. La Yougoslavie était communiste, mais dissidente. Entre l'Est et l'Ouest de l'Europe un « rideau de fer » était tombé. La promesse d'élections libres faite à Yalta par Staline, n'avait été tenue en aucun pays au delà de ce « rideau ». Quant à l'Europe occidentale, elle se débattait dans de terribles difficultés financières causées par la nécessité de relever les ruines de la guerre, ce qui la rendait accessible à une propagande révolutionnaire, et d'autre part elle était presque entièrement désarmée, donc vulnérable.

VI. — En Extrême-Orient, la situation était plus difficile encore. Une guerre civile avait éclaté dès 1945 entre Tchang Kaï-chek et les communistes chinois. Les Américains avaient, pendant toute la guerre mondiale, soutenu le gouvernement nationaliste de Tchang, bien que la corruption et l'incapacité de celui-ci ne fussent que trop certaines. A la fin de 45, le général Marshall s'était rendu en Chine pour tenter un essai de médiation, sans résultats. Puis, les communistes chinois, armés par l'U. R. S. S., avaient remporté victoire sur victoire. En 1949, ils devinrent entièrement maîtres de la Chine et Tchang dut se réfugier avec ce qui restait de son armée dans l'île de Formose. Quatre cent cinquante millions de Chinois se trouvèrent ainsi annexés au monde communiste et il y avait danger que, devant l'aisance de cette conquête, Staline ne fût tenté de l'étendre à toute l'Asie. Que devait et que pouvait faire Truman ? Au début, il avait compté sur les Nations Unies pour établir un projet de désarmement et une commission internationale de l'énergie atomique. Mais Staline n'avait accepté aucun contrôle efficace. Si l'on voulait s'opposer à la continuation de ses conquêtes, il n'y avait que deux moyens : renforcer la puissance militaire de l'Occident et améliorer la situation économique des pays menacés. Dans le fameux Point Quatre de son discours d'inauguration de 1949, Truman suggéra qu'assistance technique fût donnée par les États-Unis aux nations dont le développement avait été retardé. Puis avec ses secrétaires d'État (d'abord le général Marshall, puis Dean Acheson), il prépara deux programmes : l'un d'aide à l'Europe, l'autre d'alliance atlantique.

VII. — On a appelé *doctrine Truman* cette idée exprimée par lui dès 1947, à propos de la Grèce et de la Turquie : *Ce doit être la politique des États-Unis que d'aider les peuples libres qui résistent aux tentatives soit de minorités armées, soit d'adversaires étrangers pour les subjuguer.* La même année, le général Marshall, dans un discours à

XI
HARRY S. TRUMAN
né en 1884

Harvard, annonça que, si les nations européennes s'entendaient sur un programme commun de reconstruction économique, les États-Unis les appuieraient. Cette entente fut conclue à la Conférence de Paris. Les nations au delà du rideau de fer y avaient été convoquées, mais refusèrent l'aide « des impérialistes capitalistes ». Le Plan Marshall fut voté par le Congrès en 1948. Le programme en devait s'étendre jusqu'à 1952. En ces quatre années, 14 billions de dollars (5.600 milliards de francs) furent répartis par l'E. C. A. (Economic Cooperation Administration). Le Plan Marshall a permis à des nations éprouvées de traverser une difficile période; il a surtout été utilisé, en France, pour le rééquipement industriel du pays. Mais il ne résolvait pas la question de la défense militaire.

VIII. — En avril 1949 fut signé un Traité nord-atlantique entre les États-Unis, le Canada, la Grande-Bretagne, la France, l'Italie, la Belgique, les Pays-Bas, le Luxembourg, la Norvège, le Danemark, l'Islande, et le Portugal. Il y était dit qu'une attaque armée contre un ou plusieurs des pays contractants en Europe ou en Amérique du Nord serait considérée comme une attaque contre tous. C'était un pacte d'alliance; il fut approuvé au Sénat américain par une grande majorité des deux partis. Restait à donner des forces à cette alliance. Une assistance militaire fut promise par les États-Unis aux nations-membres. Il fut décidé de créer une armée interalliée pour défendre éventuellement l'Europe de l'Ouest. Le général Eisenhower en fut nommé commandant en chef. Il établit son quartier général (S. H. A. P. E.) à Louveciennes, près de Paris. Son objectif était de bâtir une armée de cinquante divisions au moins qui rendrait une agression, sinon impossible, au moins difficile. La tâche était géante. Il fallait demander un apport financier considérable à des pays qui arrivaient à la limite de leurs ressources; il fallait amener à travailler ensemble des officiers de langues et de traditions différentes. Le caractère personnel d'Eisenhower y aida. Tous les objectifs préparés ne furent pas atteints, loin de là, mais à la fin de 1952 de grands progrès avaient été réalisés.

IX. — Cependant, en Asie, les choses allaient de mal en pis. En 1949, les forces américaines avaient évacué la Corée du Sud, laissant au pouvoir un gouvernement local présidé par Syngman Rhee; ce retrait amena en 1950 l'invasion de cette région par les communistes de la Corée du Nord, inspirés par les Chinois qui devaient un peu plus tard se joindre à eux. Venant après tant d'autres, cette agression excita la colère de l'Occident. Profitant de l'absence des Russes qui boycottaient le Conseil de Sécurité des Nations Unies (à cause du maintien, parmi les membres, de la Chine nationaliste), Truman fit condamner la Corée du Nord et demanda l'appui des autres membres. En fait, cette assistance européenne et sud-américaine fut limitée à des contingents symboliques; le poids de la guerre de Corée fut surtout supporté par les États-Unis. Mais le principe de la résistance collective fut maintenu et le général MacArthur prit le commandement en Corée au nom des Nations Unies. Dans une remarquable campagne, il parvint à chasser les agresseurs de la Corée du Sud et les poursuivit jusqu'en Corée du Nord, bien que plusieurs nations-membres eussent conseillé de s'arrêter à la frontière. MacArthur prédisait en novembre 1950 que la guerre serait finie et les soldats rentrés chez eux pour Noël. Mais les communistes chinois intervinrent en force; les forces des Nations Unies furent repoussées, puis reconquirent le terrain perdu. Enfin, les deux armées s'installèrent sur des lignes fortifiées et la guerre devint une guerre d'usure.

X. — Le président Truman et le général MacArthur n'étaient pas d'accord, depuis longtemps, sur la politique à mener en Extrême-Orient. MacArthur, et avec lui aux États-Unis tout un parti, demandaient « la primauté pour la guerre en Asie ». Il soutenait qu'en bombardant les Chinois sur leur territoire et en utilisant les forces nationalistes de Formose, on pourrait terminer rapidement la guerre de Corée. A quoi le général Bradley et le Président répondaient que ce serait risquer le déclenchement d'une guerre mondiale. Le Président rappela MacArthur et le remplaça par le général Ridgway. On crut quelque temps que le retour de MacArthur allait émouvoir le pays, mais si l'accueil fut enthousiaste, l'oubli fut rapide. C'était à un autre adversaire qu'allait se heurter Truman pour l'élection de 1952. Le général Eisenhower accepta en effet de demander l'investiture à la Convention républicaine. Il y eut pour rival le sénateur Taft que les politiciens du parti auraient préféré. Mais les républicains avaient perdu le pouvoir depuis vingt ans et seul l'immense prestige d'Eisenhower pouvait le leur rendre en ralliant une masse d'électeurs flottants. Truman ayant renoncé à se présenter, la Convention démocrate choisit Adlai Stevenson, gouverneur de l'Illinois, esprit brillant et cultivé qui promettait de continuer la politique libérale de Roosevelt-Truman. Eisenhower fut élu avec une majorité record, plus de six millions de voix. Cela était dû, pour une grande part, à sa personne et à sa gloire, pour le reste à une vague d'anticommunisme qui balayait le pays.

XI. — La mort de Staline rendit plus confuses les données du problème russe. De nouveaux dirigeants à la tête desquels était Malenkov, que l'on disait moins hostile à l'Occident, annoncèrent une politique plus souple qui put faire espérer un instant la fin de la guerre froide. Les Russes facilitèrent la signature d'un armistice en Corée et le peuple américain accueillit avec joie la fin d'une guerre impopulaire. Mais la paix en Corée, en libérant des troupes chinoises, amena une recrudescence des hostilités en Indochine. En 1954, la France dut abandonner ce pays. Toute la partie nord du Vietnam fut dominée par les communistes. Ainsi, l'emprise chinoise sur l'Asie s'étendait. Les États-Unis continuaient, pour des raisons stratégiques et sentimentales, à reconnaître comme seul gouvernement chinois, celui de Tchang Kaï-chek à Formose. C'était là une fiction insoutenable qui devint cause de constantes frictions entre l'Amérique et la Chine populaire. Celle-ci menaça désormais toute l'Asie du Sud-Est.

XII. — Cependant, en Russie, Malenkov fut bientôt éliminé, d'abord par une équipe Boulganine-Khrouchtchev, puis par Khrouchtchev seul. Le nouveau maître était un paysan intelligent, non dépourvu d'humour, moins sanguinaire certes que Staline, mais aussi ambitieux, et adroitement impérialiste. Sous son impulsion, la diplomatie soviétique allait tenter un immense mouvement tournant à travers le Moyen-Orient, l'Égypte et même le continent africain pour envelopper et isoler l'Occident. Politique d'autant plus dangereuse pour les États-Unis et l'Europe que la puissance militaire des Soviets ne cessait de grandir. Dès 1953, la Russie avait fait exploser une bombe H. Elle accumulait des stocks considérables d'engins atomiques. Il était désormais évident que, si une guerre mondiale éclatait, les destructions dans les deux camps seraient si terribles que peut-être l'espèce humaine, et en tout cas notre civilisation, n'y survivraient pas. L'Amérique, de son côté, construisait le premier sous-marin atomique (le *Nautilus*).

XIII. — En 1955, une crise cardiaque (thrombose coronaire) fit craindre un instant pour la vie du président Eisenhower. Toutefois, il s'en remit et fut réélu président en 1956. Sa popularité personnelle avait déter-

XII
DWIGHT D. EISENHOWER
né en 1890

miné son parti à le choisir, malgré sa santé précaire, et le candidat démocrate, Adlaï Stevenson, avait été battu. Le vice-président Nixon apparaissait comme l'héritier présomptif, mais la politique étrangère continua d'être dirigée par le secrétaire d'État Foster Dulles. Cette politique ferme en Europe inquiétait en Afrique et en Asie la France et la Grande-Bretagne qui avaient l'impression d'être sacrifiées au désir d'acquérir, pour les États-Unis, les bonnes grâces des États arabes. Elle aurait pu à la rigueur être justifiée par des résultats appréciables et par une continuité d'action. Mais, en fait, elle fut hésitante et produisit des effets déplorables. A la suite du refus par l'Amérique de financer le barrage d'Assouan, le colonel Nasser, dictateur égyptien, saisit le canal de Suez (juillet 1956). C'était là un coup très dur pour la France et pour l'Angleterre et qui menaçait leur approvisionnement en pétrole. Les deux puissances pouvaient difficilement ne pas réagir.

XIV. — La Grande-Bretagne et la France préparèrent, à partir de la base anglaise de Chypre, dans un secret assez mal gardé, une expédition qui aurait pour objet la reconquête du canal. Israël devait envahir l'Égypte à travers le désert de Gaza. La résistance égyptienne fut très faible et les Israéliens auraient aisément atteint leurs objectifs si les Américains et les Russes, soudainement et paradoxalement unis, n'avaient menacé la France, l'Angleterre et Israël d'une intervention armée. On voyait bien l'intérêt des Russes qui s'acquirent ainsi à peu de frais la réputation d'être les protecteurs des nations arabes; on comprenait la colère du président Eisenhower qui n'avait pas été prévenu par ses alliés. Mais il ne pouvait ignorer leurs préparatifs et il avait tout à perdre en affaiblissant ses partenaires. Il essaya de réparer le mal fait en lançant une « doctrine Eisenhower » qui consistait à offrir l'assistance économique et militaire des États-Unis aux nations arabes menacées.

La doctrine Eisenhower devait constituer un barrage contre les entreprises communistes en Moyen-Orient. Elle allait amener, en 1958, le débarquement de fusiliers marins américains *(marines)* en Syrie. Mais la diplomatie soviétique employait plus volontiers la subversion politique que l'action militaire; elle recourait, pour agir, à des États interposés comme l'Égypte. Cela rendait la « doctrine » assez inefficace. En fait, les *marines* se sont rembarqués; l'Égypte et la Syrie ont formé ensemble la République arabe unie.

XV. — Les années 1957 et 1958 ont vu d'immenses transformations dans le domaine de l'armement. De plus en plus, les armées modernes font usage des « engins spéciaux » *(Missiles)* ou fusées à têtes atomiques pour remplacer les bombardiers. Russes et Américains avaient mis au point à peu près en même temps les fusées de portée intermédiaire (I. C. B. M.). Mais en octobre 1957, les Soviets lancèrent soudain un satellite artificiel le *Spoutnik*. Cet exploit prouvait qu'ils avaient pris une avance considérable dans le domaine des fusées à longue portée. Ils annonçaient que dès maintenant ils possédaient une fusée intercontinentale capable d'atteindre avec une précision suffisante des points choisis du continent américain. La réussite de leurs lancements de satellites rendait la chose très vraisemblable. Le premier mouvement, aux États-Unis, fut d'émoi et d'irritation. Émoi à se sentir démunis, irritation contre les trois services (Air, Armée, Marine) dont les rivalités avaient, croyait-on, retardé les recherches. Le second mouvement fut de se mettre au travail avec plus d'ardeur que jamais. D'où en 1958, le lancement des satellites américains, celui de fusées intercontinentales d'une portée de plus de six mille kilomètres, et, quelques jours avant Noël, celui de *Score*, satellite mieux équipé que ceux des Soviets; puis, en 1959, du *Pionnier* qui a presque frôlé la lune. On peut dire que, dans l'état présent des armements, l'U. R. S. S. pourrait faire un mal terrible aux États-Unis, mais que les représailles ne seraient pas moins redoutables. Cette crainte mutuelle demeurera, tant que durera la guerre froide, le seul préservatif contre la destruction universelle. Le passage d'un sous-marin américain sous la calotte polaire a aussi contribué à rendre confiance aux États-Unis.

XVI. — En politique intérieure, la situation du parti républicain qui ne devait qu'au président Eisenhower d'être aux affaires, n'a cessé de se détériorer. Aux élections de 1958, la majorité démocrate s'était considérablement accrue tant au Sénat qu'à la Chambre des Représentants. Pourtant, la crise économique, pudiquement appelée « récession », qui sévissait depuis trois ans, tendait à s'apaiser. Le parti au pouvoir souffrait de sa politique peu cohérente plutôt que de faits économiques. Le problème de la ségrégation dans les écoles du Sud devenait aigu, la cour suprême s'opposant à toute discrimination et les gouverneurs locaux bravant le gouvernement fédéral. L'agriculture donnait, elle aussi, des soucis au gouvernement qui s'efforçait de réduire les récoltes en diminuant les surfaces emblavées et qui se voyait tourné par les progrès de la science et une productivité accrue. Dès 1958, les deux grands partis se préparaient pour l'élection présidentielle de 1960. Mais la question capitale demeurait celle des rapports avec l'U. R. S. S. qui, en soulevant la question de Berlin, avait ouvert en 1958 un nouveau front de guerre froide sans négliger pour cela ceux du Moyen-Orient et d'Afrique. La mort du secrétaire d'État Foster Dulles suscita en 1959 une émotion profonde. Avec un grand courage, il avait travaillé jusqu'à son dernier jour. Sa disparition amena le Président à reprendre en main personnellement les affaires extérieures. Un voyage en U. R. S. S. du vice-président Nixon fut suivi d'un voyage triomphal du président Eisenhower en Europe. M. Krouchtchev fut invité à visiter les États-Unis. On avait espéré de ces rencontres un resserrement de l'alliance Atlantique et une solution pacifique de l'affaire allemande. Mais une conférence au sommet tenue à Paris en 1960 fut délibérément torpillée par Khrouchtchev, irrité par la révélation qu'un avion américain U-2 avait survolé la Russie.

XVII. — En 1960 le candidat républicain à la Présidence fut Richard M. Nixon; le sénateur John F. Kennedy représenta les démocrates et fut élu. Il était, à 43 ans, le plus jeune Président dans l'histoire des États-Unis. Son ardeur et son éloquence firent grand effet au moment de son inauguration. Il proposait au pays une nouvelle frontière sociale. Il se heurta souvent à l'opposition du Congrès et à la méfiance des grandes affaires. Des troubles éclatèrent en Alabama et au Mississipi quand le Président voulut défendre les droits civiques et scolaires des Noirs. En 1961, les États-Unis envoyèrent leur premier homme dans l'espace. A la fin de 1963, leur puissance atomique était la plus forte du monde. La guerre froide menaçait de reprendre. A Cuba, où Fidel Castro avait pris le pouvoir, l'U. R. S. S. construisit des rampes de lancement pour fusées nucléaires. Kennedy exigea leur destruction; Khrouchtchev céda. Mais un nouveau foyer dangereux s'allumait au Vietnam du Sud. Les États-Unis y entreprenaient une campagne contre un maquis communiste, le Viet-Cong, soutenu par le Vietnam du Nord. Le Président s'efforçait de négocier avec les Russes sur l'arrêt des explosions nucléaires quand, le 22 novembre 1963, il fut assassiné à Dallas, Texas, dans des circonstances qui restent mystérieuses. Le vice-président Lyndon B. Johnson lui succéda. Il allait donner à la guerre du Vietnam des dimensions inattendues et envoyer en Asie du Sud-Est plus de cinq cent mille Américains.

VIII

La nouvelle Amérique.

I. — Entre 1900 et 1940, l'Amérique avait changé aussi rapidement qu'entre 1860 et 1900. Les villes avaient continué à dévorer les campagnes. Sur cent trente et un millions d'habitants en 1940, soixante-quatorze millions vivaient dans les villes. De 1905 à 1910, l'immigration annuelle avait été de près d'un million par an. Après 1927, elle fut réduite par la loi à un maximum de cent cinquante mille, chaque pays ayant droit à un *quota* déterminé par la place tenue par ses nationaux dans la population des États-Unis en 1920. En d'autres termes, l'Amérique entreprenait de stabiliser, en faveur des Anglo-Saxons, la composition raciale et linguistique de sa population. Cependant, le brassage des divers éléments était accéléré par le développement des moyens de transport. En 1900, il y avait en Amérique huit mille automobiles; en 1965, soixante-seize millions. Tout un réseau de routes modernes avait été construit. Les transports par air s'étaient développés de manière qui laissait loin derrière elle les anticipations de Wells. Des premières tentatives des frères Wright à la guerre de 1914, l'aviation avait appartenu au domaine du sport et de la recherche scientifique. Aujourd'hui, des lignes aériennes, jalonnées de phares et de feux, sillonnent le pays. Toutes les grandes villes ont leur aéroport. Un quadrillage de rayons invisibles permet aux avions de se diriger dans l'obscurité. Le continent peut être traversé en quelques heures. Pour aller de Pittsburgh à Philadelphie, il fallait, en 1812, six jours; en 1845, quatorze heures; en 1940, deux heures. En 1941, quatre millions et demi de passagers ont volé aux États-Unis, le nombre des accidents mortels n'étant que de 2,20 par cent millions de milles parcourus. En mai 1927, Charles Lindbergh avait, pour la première fois, traversé l'Atlantique. Aujourd'hui, les avions transocéaniques partent et arrivent avec la régularité de paquebots. Les autobus aériens pour l'Europe seront un jour aussi nombreux que les autobus terrestres de la Cinquième Avenue.

II. — Les moyens d'information, comme les moyens de transport ont unifié le pays. Le poste W. E. A. F., à New York, fut le premier à faire, en 1924, de la publicité. Puis naquirent le *Columbia Broadcasting System*, la *National Broadcasting Company*, et de nombreuses stations indépendantes. Aujourd'hui, la radio a, aux États-Unis, sur l'opinion publique, autant d'influence que les journaux. A toute heure du jour et de la nuit, des bulletins de nouvelles sont diffusés et des commentateurs expliquent aux masses, les uns raisonnablement, les autres passionnément, ce qu'il faut en penser. Le gouvernement se sert des réseaux aériens pour communiquer avec les citoyens dans les occasions importantes. Le président Franklin D. Roosevelt, a dû, pour une part, sa grande popularité à la simplicité et à la clarté de ses discours, écoutés au coin du feu par des millions de familles. Bien que certains journaux (tels le *New York Times* et le *Christian Science Monitor*) soient lus par une élite dans tout le pays, la presse, dans son ensemble, demeure locale. Mais il existe des « chaînes » de journaux qui appartiennent à des groupes (Scripps Howard Press, Hearst Press) et dont les membres publient tous, le même jour, les mêmes articles. Le *columnist* est, dans les quotidiens, l'équivalent du commentateur à la radio. Il exprime, non une politique éditoriale, mais la sienne propre. De nombreux magazines sont en vente dans les quarante-huit États. *Harpers* et l'*Atlantic Monthly* jouent le rôle qui était, en France, celui de la *Revue de Paris* ou de la *Nouvelle Revue Française*. Le *Saturday Evening Post*, *Collier's*, *Liberty*, *The Reader's Digest* atteignent des tirages de plusieurs millions d'exemplaires. Le *New Yorker* et le groupe des magazines de Henry Robinson Luce : *Life*, *Time*, *Fortune*, plus satiriques, parfois cyniques, prouvent par l'étendue de leur succès l'attitude nouvelle et la réaction contre l'âge du chromo de nombreux esprits américains. Des hebdomadaires de gauche : la *Nation*, la *New Republic*, exercent une action assez étendue parce qu'ils sont lus par des hommes qui eux-mêmes modèlent l'opinion publique.

Depuis la fin de la guerre, la *télévision* a joué un rôle de plus en plus grand dans la vie des familles américaines. Le nombre des appareils atteignait en 1965 cinquante-quatre millions. Beaucoup de grands événements politiques (inauguration d'un président, commission d'enquête du Sénat, conventions de partis) ont été télévisés. D'où une influence toute nouvelle, sur la vie politique, de l'aspect physique des hommes d'État et de leur comportement devant les objectifs.

III. — Le développement des villes et celui des moyens de transport ont bouleversé la vie de famille. Dans les grandes villes, la hausse des loyers a réduit l'appartement familial à des dimensions qui rendent la vie en commun malaisée. La difficulté croissante que l'on éprouve à trouver des gens de maison agit dans le même sens et, l'automobile aidant, les hôtels se multipliant, beaucoup d'Américains se sont habitués à vivre hors de chez eux. Le repas de midi est pris par chacun près de son lieu de travail, au restaurant ou à la Cafeteria. Les enfants sont à l'école tout le jour. Le soir, jeunes gens et jeunes filles sortent, deux par deux, avec des camarades de leur âge. La liberté qui leur est laissée eût paru scandaleuse à leurs ancêtres. Elle est due à l'affaiblissement des *tabous* sexuels, au *birth control*, à la diffusion d'un pseudo-freudisme, à l'apport d'éléments autres qu'Anglo-Saxons. Le cinéma offre un asile à tous ces couples errants. C'est vers 1903 que des films muets ont, pour la première fois, été montrés comme spectacles au public; en 1913, que parurent à l'écran les premiers romans à épisodes multiples *(Les Mystères de New York);* en 1929, que fut inventé le cinéma parlant. En 1930, quatre-vingt-cinq millions de spectateurs fréquentaient, chaque semaine, les salles. Servi par d'excellents acteurs, le cinéma américain a conquis le monde. En Amérique, il a imposé sa vision optimiste et naïve de la vie. Pourtant, depuis quelques années, un peu d'amertume et de réalisme se mêle à ces fictions : *Grapes of Wrath*, *Little Foxes*, *The Philadelphia Story*. En 1940, l'adultère était encore à peu près banni de l'écran, mais il ne joue pas en Amérique le même rôle qu'en Europe pour tempérer la monogamie, laquelle est ici rendue supportable par les mariages successifs. Certains États, et en particulier le Nevada (Reno) ont fait du divorce une industrie prospère. Le nombre des divorces par cent mille habitants a doublé entre 1914 et 1940 — passant de cent à deux cents. (Deux cent soixante-quatre mille divorces et un million cinq cent soixante-cinq mille mariages en 1940.)

IV. — La production en série, qui est devenue le caractère dominant de l'industrie américaine, a eu deux effets principaux : abaissement du coût de la vie, uniformité du mode d'existence. Le *standard of life* de l'Américain moyen est, à beaucoup de points de vue, supérieur à celui de l'Européen et il tend à s'élever. Grâce au contrôle par l'État des produits alimentaires, les plus pauvres achètent des denrées aussi pures que les plus

XIII
JOHN F. KENNEDY
(1917-1963)

riches; la cuisine américaine, longtemps négligée, a fait de rapides et remarquables progrès et les travaux du ménage sont rendus moins fatigants par des machines ingénieuses (frigidaires, lessiveuses automatiques, appareils de cuisson instantanée, machines à laver la vaisselle, etc.). Les vêtements tout faits sont bien coupés et les tailleurs sur mesure se font rares. L'automobile, la radio, la salle de bains, sont à la portée d'une grande partie de la population — et, avant la guerre, pouvaient être acquis avec de longs crédits. Le point faible de la vie sociale américaine est le logement. Beaucoup de quartiers pauvres devraient être démolis et reconstruits. Une des solutions est la construction de cités auxiliaires, assez proches des grandes villes pour permettre une navette quotidienne. Si l'Amérique arrive à supprimer entièrement les taudis et le chômage, ce qui ne semble pas impossible, elle aura créé pour ses habitants des conditions de vie matérielle supérieures à celles qu'avait connues jusqu'à ce jour l'humanité. En revanche, la production en série, appuyée sur une publicité intense, engendre une certaine uniformité. En un mois donné, des millions d'Américains boivent le même breuvage (en 1940 : *Coca-Cola*), lisent le même livre *(Book of the Month Club)*, voient le même film, mangent les mêmes céréales, racontent les mêmes anecdotes, prennent les mêmes remèdes, puis passent, avec un étonnant ensemble, aux engouements du mois suivant.

V. — Le statut des nègres reste un problème douloureux. Il présente deux aspects différents suivant qu'on le considère dans le Nord ou dans le Sud. Au moment de la guerre de 1917, une très forte migration noire s'est produite du Sud au Nord. Elle était causée par la nécessité de remplacer les soldats dans les usines et par l'attirance, pour les hommes de couleur, des États qui reconnaissent leurs droits civils. En 1940, il y avait environ quatre millions de nègres dans le Nord, huit millions dans le Sud. Ceux du Nord votent librement, ce qui leur donne une certaine action sur les pouvoirs publics desquels ils obtiennent des hôpitaux, des écoles, de manière encore insuffisante, mais qui tout de même marque un progrès. Avocats et médecins de couleur n'exercent leur profession que parmi les leurs. Les deux populations, blanche et noire, vivent complètement séparées. Aller à Harlem est, pour un Blanc de New York, une excursion en territoire étranger. Il passe une frontière. Dans le Sud, les nègres ne sont pas traités en citoyens. Ils sont souvent écartés des salles de vote, sous des prétextes variés. L'égalité devant la loi, aux yeux du nègre, ne peut être qu'un mythe de Blancs. Pourtant le nègre américain a fait de grands progrès spirituels. Des universités noires (par exemple *Spellman University* à Atlanta) forment des hommes et des femmes cultivés. Il y avait, en 1942, aux États-Unis, quarante mille étudiants de couleur. La littérature, la musique, la peinture nègre sont de qualité.

VI. — La vie religieuse est moins fervente qu'elle ne l'était au XIXe siècle. Environ 50 % des Américains ne sont inscrits à aucune Église; toutefois, ce chiffre ne représente pas les sentiments intimes du pays. L'Amérique demeure essentiellement chrétienne, mais il faut entendre par là moins des croyances doctrinales que des réactions sentimentales. L'Américain moyen garde le besoin de justifier ses actions par des raisons éthiques. *Unethical* (contraire à l'éthique) est un mot qui invalide aussitôt un projet ou une transaction. Vie religieuse et vie politique sont étroitement mêlées. Les sujets des sermons sont empruntés aux controverses de la politique extérieure et intérieure; ils sont annoncés par les journaux dans les rubriques de publicité payante. Les clergymen illustres sont consultés sur les questions nationales comme les présidents d'universités. Cependant, leur influence ne s'exerce qu'à l'intérieur d'étroites limites. La prohibition, dernier sursaut du puritanisme, a été un échec et les églises protestantes n'osent pas s'attaquer au *birth control.* Différente est la position de l'Église catholique, qui maintient ses disciplines traditionnelles et impose à ses fidèles des règles de conduite invariables. Parmi les catholiques, le *birth control* demeure interdit, le divorce n'est pas reconnu, les annulations sont rares. L'Église catholique compte, aux États-Unis, vingt-deux millions de fidèles, presque tous venus d'Europe : Irlandais, Allemands, Polonais, Italiens, et un petit nombre de Français; elle possède ses écoles et ses universités, mais elle garde les caractères et l'attitude d'une minorité. Les Juifs américains atteignent presque le chiffre de cinq millions. Beaucoup d'entre eux ont tendance à s'éloigner d'une orthodoxie rigide; les églises israélites réformées, avec services en anglais, sont nombreuses. Des « conférences de Juifs et Chrétiens » s'efforcent de prêcher et d'organiser la tolérance. C'est une œuvre nécessaire car on voit surgir, de temps à autre, en Amérique, des vagues d'intolérance (renaissance du Ku-Klux-Klan, hostile aux nègres, aux catholiques et aux Juifs; campagne antisémite du Père Coughlin, John Birch Society).

VII. — L'éducation est un des plus redoutables problèmes de l'Amérique de demain. Aucun pays ne prend l'éducation plus au sérieux : vingt-six millions d'élèves dans les écoles primaires, sept millions dans les *High Schools,* près d'un million et demi dans les universités en 1940. Partout, le voyageur admire ces bâtiments modernes ou néo-gothiques, ces foules joyeuses d'étudiants ou d'étudiantes, ces terrains de sport, ces laboratoires et, dans les moindres petites villes, ces écoles qui sont des palais. Mais les résultats intellectuels paraissent moins brillants que ceux obtenus, au XVIIIe siècle, par la petite école rouge de la Nouvelle-Angleterre. Pendant cette guerre, la conscription a montré que le nombre des illettrés, dans certaines régions, était dangereusement élevé. En 1943, un *test* sur l'Histoire des États-Unis, organisé par le *New York Times*, a révélé chez les étudiants une regrettable ignorance. Des présidents d'université, comme Hutchins de Chicago, se plaignent de la médiocre culture des candidats que leur envoient les *High Schools*. Quelles sont les causes de ce qui, à un Européen, apparaît comme un échec relatif? Pour une part, le manque complet d'unité dans les programmes de l'enseignement. Tout enfant européen reçoit, qu'il le veuille ou non, une culture de base identique. Aux États-Unis, un étudiant est libre de choisir ses cours et peut s'il le veut, négliger l'histoire, la géographie, l'arithmétique et même l'anglais. Certains États pauvres font des économies sur le corps enseignant. Instituteurs et professeurs sont mal payés. Ils n'ont pas la position sociale qui devrait être la leur. Des établissements sans aucune valeur intellectuelle ont le droit de distribuer des baccalauréats, des licences et des doctorats. L'argent des universités riches est trop souvent dépensé en bâtiments plutôt qu'en chaires. L'enseignement technique et scientifique est excellent, la culture générale insuffisante. En revanche, ce que les collèges américains enseignent mieux que ceux de l'Europe est l'art de vivre en commun. Les universités produisent beaucoup de bons citoyens, et elles laissent à presque tous les Américains, hommes et femmes, le souvenir de quatre années enchanteresses.

VIII. — Pendant cette période, la littérature américaine s'est détachée des influences anglaises. La langue, sans cesse renouvelée par de brillantes inventions et des images originales, rappelle la fluidité de celle du XVIe siècle en France. Le ton et les sujets sont proprement américains. Théodore Dreiser, Sinclair Lewis, et

XIV
LYNDON B. JOHNSON
né en 1908
Président des Etats-Unis

plus tard Hemingway, Steinbeck, Faulkner, représentent une réaction contre l'optimisme complaisant, contre le puritanisme et contre le sentimentalisme. Sinclair Lewis a fait, dans *Main Street*, et dans *Babbitt*, une peinture cruelle des petites villes du Middle-West. Cet acte d'accusation contre les classes moyennes de l'Amérique est-il juste? Un critique américain, Vernon Parrington, répond que Sinclair Lewis, et avec lui les autres romanciers de l'école de la désillusion, laissent échapper ce qui est l'essence même de l'américanisme et ce qui rachète ses fautes : « Une vie riche et abondante, guidée par un noble sens de la responsabilité morale, et disciplinée par des écoles démocratiques, voilà le caractère qui distingue notre pays des autres nations occidentales... En quel autre lieu la révolution industrielle a-t-elle été soumise si complètement à l'idéal démocratique, ou ennoblie au même point par des valeurs éthiques? Ici, elle a, d'une manière généreuse, répandu ses richesses parmi les petites gens, jusqu'à ce que la plus pauvre famille pût jouir de ses tuyaux nickelés, de son téléphone, de sa radio, de son cinéma, de ses journaux comiques, et de mille conforts qui, il y a quelques générations, eussent été refusés à des rois. » C'est un fait que la révolution industrielle a, en Amérique, enrichi la nation. Bibliothèques publiques, musées, hôpitaux et cliniques gratuits, universités ouvertes à tous, tout ce bel équipement d'une communauté riche et généreuse constitue une société digne d'être aimée, capable de s'améliorer et qui a su inspirer à ses membres un dévouement dont la présente guerre a montré la vigueur. L'Américain n'est pas nationaliste au sens européen du mot; il ne pourrait l'être puisque, pour de nombreux citoyens des États-Unis, la langue, les mœurs, les traditions sont différentes de celles de leurs voisins. Mais les Américains, et même ceux de fraîche date, sont unis dans l'amour d'un certain type de vie qui est le leur et qu'ils sont prêts à défendre.

Toutefois, l'on a observé aux États-Unis, depuis la fin de la guerre, une angoisse croissante. Les névroses sont moins nombreuses que ne le donnent à penser les romanciers, mais plus qu'en Europe. Cela tient pour une part à ce qu'elles sont mieux décelées et signalées, pour une autre à ce que les Américains de première ou de deuxième génération, coupés de la civilisation qui fut la leur, se sentent sans attaches et sans appuis.

IX. — Quelque jugement que porte un Européen sur l'enseignement aux États-Unis des humanités, il lui faut reconnaître que dans les sciences, l'Amérique est au premier rang. Entre 1930 et 1950, un tiers des prix Nobel de sciences sont allés à des Américains. Il est vrai que souvent une idée qui naquit en Europe fut exploitée en Amérique. Mais c'est là qu'elle arrive à son plein développement. Cela est dû à l'excellence des laboratoires techniques, et aussi à l'efficacité du travail en équipe. Les Européens sont des inventeurs, les Américains des organisateurs. En médecine, le médecin européen de médecine générale garde une supériorité de diagnostic, mais l'étude et la mise au point de nouveaux remèdes, la perfection de certaines opérations chirurgicales, appartiennent à l'Amérique. La construction de machines à calculer, voire à penser, atteint au prodige. Un exemple est la machine qui permet au canon antiaérien de tenir compte du mouvement probable d'un avion et d'envoyer le projectile sur un point de la course future de l'appareil.

On peut mesurer quelques-uns des changements intervenus en ce siècle dans la société américaine en relisant un livre qui eut, en 1899, un juste succès : *The Theory of the leisure class*, de Thorstein Veblen. La thèse de Veblen était que les êtres humains, quand ils s'élèvent au-dessus de la condition moyenne et acquièrent, avec un surplus, le droit au loisir, n'essaient pas tant d'être heureux que d'afficher leur surplus et de faire sentir au reste des hommes leur supériorité. D'où, disait Veblen, des codes de décorum, de tenue, de langage, de manières, dont la seule valeur est l'impossibilité, pour un travailleur, de les observer. Le chapeau haut-de-forme de soie, les chaussures vernies, l'étiquette, le mépris du travail manuel, la connaissance des œuvres d'art, la grammaire, sont autant de formes diverses du besoin de prouver que l'on appartient à la classe qui a des loisirs et pour laquelle les seules occupations honorables sont la chasse, la guerre ou le gouvernement. Cette thèse était vraie en 1900 où les hommes d'affaires, après fortune faite, et surtout leurs descendants, s'efforçaient d'acquérir les goûts et les manières des anciennes classes de loisir. Elle a complètement cessé d'être vraie.

X. — L'économie américaine reste la première du monde. Bien que les États-Unis n'aient que 6 % de la population du globe, ils possèdent presque 50 % de ses richesses, 56 % des automobiles, 43 % des radios, 34 % de l'énergie électrique. Leur industrie de calculateurs électroniques (ordinateurs) leur donne de grands avantages. Ils exportent plus qu'ils n'importent. Pourtant leurs réserves d'or diminuent. Cela tient pour une part à la guerre du Vietnam qui devient une charge grandissante, au coût de la défense atomique, à celui aussi de la recherche spatiale. Ces réserves sont tombées en 1966 à leur plus bas niveau depuis 1937. Elles avaient atteint en 1949 24.500 millions de dollars; elles ne sont plus que de 13.235 millions de dollars. Si cette diminution continuait, les États-Unis seraient peut-être contraints de réévaluer l'or, ce qu'ils ne veulent pas. Le budget du pays n'est pas en équilibre. Pour l'année 1967 le gouvernement fédéral a dû élever les impôts de 6 %. Mais la puissance économique du pays est si grande que l'avenir n'est pas inquiétant.

IX

Conclusion.

I. — La population américaine est faite d'éléments venus de l'Ancien Monde. Pourquoi ces éléments semblent-ils améliorés lorsqu'ils sont transplantés ? Nous avons montré qu'en Amérique l'abondance des terres rendit longtemps moins âpre la lutte pour la vie. Les ressources intactes du continent permettaient de développer la production en même temps que croissait la population. Les querelles ancestrales des Européens se trouvaient, sinon effacées, du moins estompées et, après deux ou trois générations, oubliées. La nation était sans cesse rajeunie par l'arrivée de contingents nouveaux qui venaient, non en conquérants ou en captifs, mais en égaux ou en associés. Le champ immense ouvert aux pionniers, aux bâtisseurs de villes, de chemins de fer, aux entreprises des capitaines d'industrie, engendraient une activité passionnée, confiante et hardie, que n'effrayaient pas les plus vastes projets. De leurs ancêtres anglo-saxons, les premiers Américains avaient hérité le puritanisme, qui était favorable à l'action, et toute une précieuse routine du débat public. L'Amérique n'a pas eu à faire l'apprentissage de la liberté parce que l'Angleterre l'avait fait pour elle. Mais elle a inventé elle-même, dès ses débuts, des formes nouvelles de la liberté, bien adaptées à ses besoins, et ses fondateurs ont élaboré une Constitution qui lui a, pendant cent cinquante ans, permis de se transformer sans révolution sanglante. Enfin, la distance et les divisions des autres grandes puissances ont valu aux États-Unis de longues périodes de paix grâce auxquelles ont pu être achevés la conquête et l'équipement du continent.

II. — Bien que l'Amérique et l'Angleterre se nomment l'une et l'autre *démocraties*, les principes sur lesquels sont établies leurs institutions sont différents. En Angleterre, la responsabilité du Cabinet devant le Parlement et le droit, pour celui-ci, de renvoyer le Premier Ministre, sont les garanties des libertés publiques. En Amérique, le Cabinet ne dépend que du Président et le Congrès ne peut renvoyer ce dernier qu'en le mettant en accusation, procédure difficile et inusitée. Ainsi, le pouvoir exécutif est-il, aux États-Unis, à la fois plus fort et plus stable. Pourtant, les libertés sont sauves. Elles sont protégées : *a)* par le droit, que possède le Congrès, de passer outre au veto du Président; *b)* par le vote des impôts réservé au Congrès; *c)* par la Cour suprême; *d)* par une Déclaration des Droits qui fait partie de la Constitution; *e)* par la toute-puissance de l'opinion publique. En fait, les conflits entre Président et Congrès n'ont jamais entravé gravement l'administration du pays; aucun président n'a tenté d'agir en dictateur. Discipline et Liberté font, aux États-Unis, bon ménage. Le régime est accepté par tous et les minorités révolutionnaires elles-mêmes n'osent pas se déclarer ouvertement hostiles au gouvernement représentatif. Les deux partis traditionnels américains, avec leurs programmes mal définis, semblent à premier examen moins intelligibles que ne le sont, en Angleterre, le parti conservateur et le parti travailliste. Mais, en politique, la sagesse est de se servir de ce qui existe quand ce qui existe fonctionne à peu près bien. C'est un fait qu'à l'intérieur des partis républicain et démocrate, conservateurs et réformistes américains arrivent à s'exprimer et qu'ils alternent au pouvoir à peu près comme en Angleterre, entretenant ainsi ce balancement du pendule qui est l'essence du régime.

III. — L'équilibre de l'Amérique et sa paix intérieure exigent que les partis soient nationaux et non sectionnels. Les sections ont joué un rôle capital dans l'histoire des États-Unis. L'Est et l'Ouest s'opposaient déjà au temps des Pères et Fondateurs; le Sud et le Nord offraient deux types différents de société; le Sud et l'Ouest, en s'alliant, gouvernèrent longtemps le pays; plus tard, le *Far West* prit une physionomie distincte. Mais la plupart de ces conflits d'intérêts furent résolus pacifiquement dans les assemblées. La coutume s'établit de maintenir, dans le partage des places, un équilibre entre les régions. Le seul cas où un conflit sectionnel engendra une guerre fut celui du Nord contre le Sud, parce qu'en cette occasion le parti républicain s'identifia complètement avec le Nord. Que Lincoln n'ait eu dans le Sud que vingt-quatre mille voix explique la tragédie. Il en reste dans le Sud une rancune diffuse et le sentiment que dans l'économie générale du pays, le Sud n'est pas aussi bien traité que le Nord ou l'Ouest. De manière générale, bien que les différences entre les sections tendent à diminuer, il subsiste des groupes régionaux d'intérêts économiques et même politiques. Dans la dernière guerre, l'Est a souffert du manque d'essence plus que le Middle-West ou le Sud. La côte du Pacifique attacha plus d'importance que celle de l'Atlantique à la guerre contre le Japon. Le Sud ne voit pas et ne peut voir le problème noir du même œil que le reste de la nation. La vie politique demeure faite, dans une assez large mesure, des pressions exercées à Washington par des groupes locaux. Mais ces rivalités sectionnelles restent dans le cadre de la Constitution et ne donnent aucun sujet d'inquiétude pour l'avenir.

IV. — Unis dans leur affection pour leurs institutions politiques, les Américains sont divisés au sujet de leur économie nationale. L'exemple de la Russie, la crise de 1929, et l'intensité du chômage ont inspiré à nombre d'intellectuels, au cours de la dernière décade, le désir de substituer à l'économie de libre concurrence une économie dirigée. La guerre de 1941 (comme jadis celle de 1917) a favorisé cette tendance et amené la création, à Washington, d'organismes centraux chargés de régler production et distribution. Déjà, depuis la crise, une partie de l'économie du pays avait été prise en main par les différentes « agences » du *New Deal.* A cette tendance centralisatrice s'opposent ceux qui croient que la grandeur de l'Amérique fut l'œuvre d'individus hardis et qui craignent le maintien, après la guerre, d'une bureaucratie toute-puissante. Ceux-là font valoir : *a)* que l'étonnante production américaine de guerre, qui décida de la victoire, fut l'œuvre de l'industrie privée; *b)* qu'elle eût été impossible sans l'expérience et le dévouement des chefs de celle-ci; *c)* que les libertés seraient en danger si le pouvoir politique et le pouvoir économique se trouvaient concentrés dans les mêmes mains. Il semble qu'un compromis soit ici nécessaire. Le contrôle exercé par le pouvoir politique doit être assez rigoureux pour empêcher le retour de crises aussi graves que celle de 1929, mais il serait dangereux pour les États-Unis de renoncer aux vertus créatrices qui ont fait leur force. Entre individualisme et organisation, il n'est pas nécessaire de choisir. Entreprise privée et contrôle de l'État ne sont pas des idées contradictoires. L'économie américaine trouvera un jour son Henry Clay.

V. — A quoi l'on peut répondre que les vertus créatrices étaient des vertus de pionniers et que le temps du pionnier est passé. « Il ne s'agit plus aujourd'hui de défricher les forêts », dit Turner, « mais de les conserver. » Il est vrai que le pionnier n'a plus de terres nouvelles à découvrir, mais la « frontière » prend d'autres aspects. Nous avons vu, au cours de cette guerre, que toute une industrie peut être transformée en quelques mois par des pionniers modernes. Comme leurs ancêtres coupaient les arbres, ceux-là ont arraché les machines, défriché l'usine et planté un matériel neuf qui, quelques semaines plus tard, produisait des avions. Ce courage, cette audace gardent leur prix. Et d'ailleurs, la frontière a-t-elle réellement disparu? Le voyageur qui parcourt l'Amérique est frappé, comme jadis Tocqueville, par les espaces inhabités qu'il rencontre, parfois même aux portes des grandes villes. Le continent nord-américain demeure un continent réservé, qui pourrait nourrir une population plus nombreuse. Les ressources en minerai, charbon, essence, gaz naturel, restent immenses. Beaucoup de terres aujourd'hui désertiques seront un jour reconquises par l'irrigation ou par d'autres méthodes. La reconstruction, dans les grandes villes, des quartiers insalubres sera une œuvre gigantesque digne d'occuper des pionniers d'une espèce nouvelle. Les États-Unis n'apparaissent pas à l'historien comme un pays saturé, arrivé au temps de la stagnation, mais comme un pays jeune, romantique, ardent, qui a devant lui son temps de maturité et de classicisme. Il y aura longtemps encore une « frontière » en Amérique pour ceux qui en sont dignes.

VI. — La politique extérieure des États-Unis a été transformée par les inventions nouvelles et par leurs effets sur la vie de la planète. L'isolationnisme était une doctrine raisonnable au temps de Washington. Il devenait difficile au temps de Wilson. Désormais, il serait absurde. L'Amérique est à quelques heures de l'Europe. Elle peut être attaquée à distance par des fusées dirigées. L'extrême concentration de ses grandes villes les rend vulnérables aux bombes atomiques. Elle ne peut se désintéresser des conflits européens alors que deux terribles expériences lui ont montré qu'elle s'y trouve fatalement engagée. Des hommes d'État des deux grands partis, conscients du danger, se sont efforcés de soustraire la politique étrangère du pays aux luttes partisanes. Truman n'a pas commis l'erreur de Wilson et s'est fait représenter à Paris par des républicains et des démocrates. Une campagne bien conduite a convaincu le pays d'adhérer aux Nations Unies, version nouvelle de la Société des Nations. Le problème n'est pas aujourd'hui de savoir si l'Amérique sera ou non isolationniste; elle ne l'est plus. Le problème nouveau se pose ainsi : l'organisme des Nations Unies fonctionnera-t-il et sera-t-il capable d'assurer la paix? Depuis la fin de la guerre, le monde terrestre tend à se diviser en deux camps, l'un dirigé par les Slaves, l'autre par les Anglo-Saxons. Deux conceptions différentes de la vie politique et de la vie économique s'opposent et le manque de confiance conduit les gouvernements rivaux à chercher des avantages stratégiques, à édifier des États tampons, à s'assurer des bases navales et aériennes, et d'arriver à un accord avec la Russie. Ces méthodes ont toujours, dans le passé, fini par amener des conflits. Nations Unies ou nations ennemies, il faudra que l'humanité choisisse. Les savants américains ont dit avec force ce que ce choix a de tragique : « Un monde ou pas de monde... Un monde sans guerres ou un monde sans hommes... » Voilà le dilemme. L'opinion publique, aux États-Unis, veut de tout cœur la paix. Elle attend avec anxiété qu'on lui indique les moyens de la maintenir. Entre 1920 et 1940, le peuple américain s'est trompé, parce qu'il a été trompé, et ses erreurs furent l'une des causes de la récente guerre. Mais ce peuple est honnête. Il s'efforce d'aller, d'erreur en erreur, vers ce qu'il croit être le droit. Il a maintenant compris, comme l'a dit en octobre 1946 le secrétaire d'État Byrnes, que « puisqu'il doit aider à finir toutes les guerres européennes, mieux vaut pour lui aider à les prévenir ».

ANNEXES

Les Présidents des États-Unis.

	Président	Présidence	Tendance politique
1	George Washington	1789-1793	Féd.
		1793-1797	
2	John Adams	1797-1801	Féd.
3	Thomas Jefferson	1801-1805	Dém.-Rép.
		1805-1809	
4	James Madison	1809-1813	Dém.-Rép.
		1813-1817	
5	James Monroe	1817-1821	Dém.-Rép.
		1821-1825	
6	John Quincy Adams	1825-1829	Dém.-Rép.
7	Andrew Jackson	1829-1833	Dém.
		1833-1837	
8	Martin Van Buren	1837-1841	Dém.
9	William Henry Harrison	1841 (décédé)	Whig.
10	John Tyler	1841-1845	Whig.
11	James Knox Polk	1845-1849	Dém.
12	Zachary Taylor	1849-1850 (décédé)	Whig.
13	Milliard Fillmore	1850-1853	Whig.
14	Franklin Pierce	1853-1857	Dém.
15	James Buchanan	1857-1861	Dém.
16	Abraham Lincoln	1861-1865	Rép.
		1865 (assassiné)	
17	Andrew Johnson	1865-1869	Dém.
18	Ulysses Simpson Grant	1869-1873	Rép.
		1873-1877	
19	Rutherford Birchard Hayes	1877-1881	Rép.
20	James Abram Garfield	1881 (assassiné)	Rép.
21	Chester Alan Arthur	1881-1885	Rép.
22	Stephen Grover Cleveland	1885-1889	Dém.
23	Benjamin Harrison	1889-1893	Rép.
24	Stephen Grover Cleveland	1893-1897	
25	William McKinley	1897-1901	Rép.
		1901 (assassiné)	
26	Théodore Roosevelt	1901-1905	Rép.
		1905-1909	

27	William Howard TAFT	1909-1913	Rép.
28	Thomas Woodrow WILSON	1913-1917	Dém.
		1917-1921	
29	Warren Gamaliel HARDING	1921-1923 (décédé)	Rép.
30	Calvin COOLIDGE	1923-1925	Rép.
		1925-1929	
31	Herbert Clark HOOVER	1929-1933	Rép.
32	Franklin Delano ROOSEVELT	1933-1937	Dém.
		1937-1941	
		1941-1945	
		1945 (décédé)	
33	Harry S. TRUMAN	1945-1949	Dém.
		1949-1953	
34	Dwight David EISENHOWER	1953-1960	Rép.
35	John F. KENNEDY	1960-1963 (assassiné)	Dém.
36	Lyndon B. JOHNSON	1963	Dém.

Formation des 50 États.

État	Capitale	Établissement	Entrée dans l'Union		
Alabama	Montgomery	1702	1819	Décembre	14
Alaska	Juneau	1867	1959	Janvier	3
Arizona	Phœnix	1848	1912	Février	14
Arkansas	Little Rock	1785	1836	Juin	15
California	Sacramento	1769	1850	Septembre	9
Colorado	Denver	1858	1876	Août	1
Connecticut	Hartford	1635	1788	Janvier	9
Delaware	Dover	1638	1787	Décembre	7
Florida	Tallahassee	1565	1845	Mars	3
Georgia	Atlanta	1733	1788	Janvier	2
Hawaii	Honolulu	1900	1959	Août	21
Idaho	Boise	1842	1890	Juillet	3
Illinois	Springfield	1720	1818	Décembre	3
Indiana	Indianapolis	1733	1816	Décembre	11
Iowa	Des Moines	1788	1846	Décembre	28
Kansas	Topeka	1727	1861	Janvier	29
Kentucky	Frankfort	1774	1792	Juin	1
Louisiana	Baton rouge	1699	1812	Avril	30
Maine	Augusta	1624	1820	Mars	15
Maryland	Annapolis	1634	1788	Avril	28
Massachusetts	Boston	1620	1788	Février	6
Michigan	Lansing	1668	1837	Janvier	26
Minnesota	Saint-Paul	1865	1858	Mai	11
Mississipi	Jackson	1699	1817	Décembre	10
Missouri	Jefferson City	1764	1821	Août	10
Montana	Helena	1809	1889	Novembre	8
Nebraska	Lincoln	1847	1867	Mars	1
Nevada	Carson City	1850	1864	Octobre	31
New Hampshire	Concord	1623	1788	Juin	21
New Jersey	Trenton	1664	1787	Décembre	18
New Mexico	Santa Fe	1605	1912	Janvier	6
New York	Albany	1614	1788	Juillet	26
North Carolina	Raleigh	1650	1789	Novembre	21
North Dakota	Bismarck	1766	1889	Novembre	2
Ohio	Columbus	1788	1803	Mars	1
Oklahoma	Oklahoma City	1889	1907	Novembre	16
Oregon	Salem	1811	1859	Février	14
Pennsylvania	Harrisburg	1682	1787	Décembre	12
Rhode Island	Providence	1636	1790	Mai	29
South Carolina	Columbia	1670	1788	Mai	23
South Dakota	Pierre	1856	1889	Novembre	2
Tennessee	Nashville	1757	1796	Juin	1
Texas	Austin	1691	1845	Décembre	29
Utah	Salt Lake City	1847	1896	Janvier	4
Vermont	Montpelier	1724	1791	Mars	4
Virginia	Richmond	1607	1788	Juin	26
Washington	Olympia	1811	1889	Novembre	11
West Virginia	Charleston	1727	1863	Juin	20
Wisconsin	Madison	1766	1848	Mai	29
Wyoming	Cheyenne	1834	1890	Juillet	10

Origines de noms d'États, territoires ou villes.

ALABAMA	Alibama était une tribu indienne : signifie, en choctaw : « Je dégage le fourré. »
ALASKA	de l'esquimau; signifie « grandes terres ».
ARIZONA	de l'espagnol *arida zona*, « zone aride ».
ARKANSAS	nom d'une tribu Quapaw.
BATON ROUGE	bâton rougi de sang planté dans le sol par les Indiens comme poteau frontière.
CALIFORNIA	les conquérants espagnols tirèrent ce nom d'une île imaginaire d'un roman de chevalerie écrit en 1510 par Montalvo.
COLORADO	vient de l'espagnol; signifie rouge.
CONNECTICUT	de l'indien; signifie « longue rivière ».
DELAWARE	du nom de Lord de La Warr, gouverneur de Virginie; il pénétra dans la baie en 1610.
COLUMBIA (district of)	nom donné en 1791 en mémoire de Columbus (Colomb).
FLORIDA	de l'espagnol *Pascua Florida*, « fête des fleurs ».
GEORGIA	nom donné en l'honneur de George II d'Angleterre.
HAWAII	épellation anglaise d'Owhyhee, où le captain Cook fut tué par les indigènes en 1779.
IDAHO	de l'indien Edah hoe, « lumière sur la montagne ».
ILLINOIS	nom francisé d'Illini, tribu indienne exterminée par les Iroquois. Illini signifie « hommes ».

INDIANA	vient d'Indian, indien.
IOWA	de la tribu indienne des Ioways, qui signifie « ceux qui ont sommeil ».
KANSAS	tribu indienne; signifie « peuple du vent du sud ».
KENTUCKY	du mot Wyandot *ken-tah-ten*, signifiant « le pays de demain ».
LOUISIANE	en l'honneur de Louis XIV.
MAINE	de la province française, propriété de la reine Henriette-Marie, femme de Charles Ier d'Angleterre.
MARYLAND	en l'honneur de la reine Henriette-Marie.
MASSACHUSETTS	de l'algonquin Massadchu-es, signifiant « l'endroit près de la montagne ».
MICHIGAN	de l'algonquin Michi, grand et gama, eaux. (Michi même racine que Missi dans Mississipi.)
MINNESOTA	de deux mots sioux, signifiant « eau couleur de ciel ».
MISSISSIPPI	de deux mots algonquins (Michi sepe), signifiant « grande rivière ». En France, on l'écrivit avec un *p* au temps de la cession de la Louisiane.
MISSOURI	nom d'une tribu indienne.
MONTANA	de l'espagnol, signifiant « montagne ».
NEBRASKA	mot indien, signifiant « rivière plate ».
NEVADA	de l'espagnol, signifiant « couvert de neige ».
NEW HAMPSHIRE	(1629) d'après le comté anglais d'Hampshire.
NEW JERSEY	Sir George Carteret obtint une charte pour une région qu'il appela Nova Coesaria ou New Jersey, Coesarea étant l'ancien nom de l'île de Jersey dont Carteret avait été administrateur.
NEW MEXICO	de l'aztèque Mexitli, « dieu de la guerre ».
NEW YORK	en l'honneur du duc d'York.
N. S. CAROLINA	en l'honneur de Charles Ier d'Angleterre.

N. S. DAKOTA	mot sioux, signifiant « alliance d'amis ».
OHIO	mot iroquois, signifiant « grand ».
OKLAHOMA	mot choctaw, signifiant « peuple rouge ».
OREGON	plusieurs origines proposées : de l'espagnol, signifiant « hommes aux grands yeux »; mot d'indien *shoshone*, signifiant « endroit d'abondance »; du français « ouragan »; de l'algonquin Wan-re-gan, signifiant « eau admirable ».
PENNSYLVANIA	forêt de Penn.
PUERTO RICO	de l'espagnol, « riche port ».
RHODE ISLAND	vient d'île de Rhodes; appellation donnée par Verrazano en 1524.
SAINT LOUIS	nom du roi de France, donnée par le Français qui fonda la ville en 1764, sur le Mississipi.
TENNESSEE	Tennese était le nom de la principale ville des Cherokees sur la petite rivière Tennessee.
TEXAS	du mot indien Tejas, signifiant « amis » ou « alliés ».
UTAH	d'après la tribu indienne des Utes.
VERMONT	du français vert, *green* et mont, *mountain*. L'appellation Green Mountains aurait été donnée par Samuel de Champlain.
VIRGINIA	en l'honneur de la reine vierge Élisabeth.
WISCONSIN	d'un nom indien Ouisconsin et Misconsing, signifiant « réunion des eaux ».
WYOMING	est tiré de Wyoming Valley (Pennsylvania), signifiant « montagne et vallée alternant ». La vallée originale fut le lieu d'un massacre indien et fut chantée par Campbell dans un de ses poèmes.

SOURCES

Sources principales.

ARTHUR MEIER SCHLESINGER : *New Viwpoints in American History*. The Macmillan Co., New York; 1922.

ALBERT FREDERICK POLLARD : *Factors in American History*. Cambridge University Press, 1925.

The Chronicles of America Series, edited by Allen Johnson. Yale University Press, New Haven; 1919-1924. (26 volumes.)

ALBERT BUSHNELL HART : *The American Nation, a History from original sources*. Harper & Brothers, New York; 1904-1918.

CHARLES AND MARY BEARD : *The Rise of American Civilization*. Macmillan & Co., 1933.

EDWARD CHANNING : *A History of the United States*. The Macmillan Co., New York; 1921-1926. (6 volumes.)

SAMUEL ELIOT MORISON AND HENRY STEELE COMMAGER : *The Growth of the American Republic*. Oxford University Press, New York; 1930.

ALLAN NEVINS AND HENRY STEELE COMMAGER : *The Heritage of America*, edited by Henry Steele Commager and Anna Nevins. Little, Brown & Co., Boston; 1939.

ALLAN NEVINS AND HENRY STEELE COMMAGER : *America, the History of a free People*. Little, Brown & Co., Boston; 1942.

SAMUEL ELIOT MORISON : *The Oxford History of the United States*. Oxford University Press, 1928.

A History of American Life, edited by Arthur Meier Schlesinger and Dixon Ryan Fox. Macmillan & Co., 1927-1936. (12 volumes.)

The Cavalcade of America, edited by Arthur Meier Schlesinger and Dixon Ryan Fox. Milton Bradley, Springfield, Massachusetts; 1937.

LIVINGSTON FARRAND : *Basis of American History*, **1500-1900**. Harper & Brothers, New York; 1904.

DAVID SAVILLE MUZZEY : *Histoire des États-Unis d'Amérique*, traduite par A. de Lapradelle. Larousse, Paris; 1926.

DAVID SAVILLE MUZZEY : *An American History*, revised edition. Ginn & Co., 1933.

JAMES TRUSLOW ADAMS : *The Epic of America*. Little, Brown & Co., Boston; 1931.

ALBERT BUSHNELL HART : *American History told by Contemporaries*. Macmillan & Co., New York; 1901-1929. (5 volumes.)

HAROLD UNDERWOOD FAULKNER : *American political and social history*. F. S. Crofts & Co., New York; 1937.

HAROLD UNDERWOOD FAULKNER : *American Economic History*. Harper & Brothers, New York; 1924.

HAROLD UNDERWOOD FAULKNER AND FELIX FLUGEL : *Readings in the Economic History of the United States of America*. Harper & Brothers, New York; 1929.

BLISS PERRY : *The American Mind and American Idealism*. Houghton, Mifflin & Co., Boston; 1913.

BLISS PERRY : *The American Spirit in Literature*. Yale University Press, 1918.

VERNON LOUIS PARRINGTON : *Main Currents in American Thought*. Hercourt, Brace & Co., New York; 1927.

ERNEST LUDLOW BOGART AND CHARLES MANFRED THOMPSON : *Reading in the Economic History of the United States*. Longmans, Green & Co., New York; 1929.

FREDERICK JACKSON TURNER : *The Frontier in American History*. Henry Holt & Co., New York; 1928.

FREDERICK LOGAN PAXSON : *History of the American Frontier*. Houghton, Mifflin & Co., Boston; 1924.

JAMES BRYCE (VISCOUNT BRYCE) : *The American Commonwealth*. Macmillan & Co., London; 1893-1895. (3 volumes.)

DENIS WILLIAM BROGAN : *Government of the People, a study in the American political system*. H. Hamilton, London; 1933.

DENIS WILLIAM BROGAN : *American foreign policy*. Oxford University Press, 1941.

ALFRED TRAYER MAHAN : *The Influence of Sea Power upon History*. Low, Marston & Co., London; 1892.

Samuel Flagg Bemis : *A Diplomatic History of the United States*, Henry Holt & Co., New York; 1936.

Benjamin Harrison Williams : *American Diplomacy*. McGraw Hill Co., New York; 1936.

Charles and Mary Beard : *History of the United States. A Study in American Civilisation*. The Macmillan Co., New York; 1939.

Charles and Mary Beard : *The American Spirit*. The Macmillan Co., New York; 1942.

Frederick Jackson Turner : *The Significance of Sections in American History*. Henry Holt & Co., New York; 1932.

Cecil Chesterton : *A History of the United States*. J. M. Dent & Sons Ltd., London; 1940.

John Fiske : *American Political Ideas*. Harper & Brothers, New York; 1883.

Edwin W. Morse : *Causes and effects in American History*. Charles Scribner's Sons, New York; 1912.

W. E. Woodward : *A New American History*. Garden City Publishing Company, New York; 1936.

Woodrow Wilson : *A History of the American People*. Harper & Brothers, New York; 1902-1903.

LIVRE I

Albert Perry Brigham : *Geographic Influences in American History*. The Chautauqua Press, 1903.

Ellen Churchill Semple : *American History and its Geographic conditions*.

Pliny Earle Goddard : *Indians of the Southwest*. American Museum of Natural History, New York; 1931.

Clark Wissler : *North American Indians of the Plains*. American Museum of Natural History, New York; 1934.

Clark Wissler : *The American Indian*. Mc Murtrie, New York; 1917.

Ellsworth Huntington : *The Red Man's Continent*. Yale University Press, 1919.

Edward Eggleston : *The transit of civilisation from England to America, in the seventeenth century*. D. Appleton & Co., New York; 1901.

James Truslow Adams : *Provincial Society.* The Macmillan Co., New York; 1927.

George L. Beer : *The old Colonial System.* The Macmillan Co., New York; 1912. (2 volumes.)

Thomas Jefferson Wertenbaker : *The first Americans.* The Macmillan Co., New York; 1927.

Thomas Jefferson Wertenbaker : *The Old South; the founding of American civilization.* Charles Scribner's Sons, New York; 1942.

George Francis Dow : *Slave Ships and slaving.* Marine Research Society, Salem, Massachusetts; 1927.

George Louis Beer : *British Colonial Policy.* The Macmillan Co., New York; 1922.

Evarts Butell Greene : *The provincial Governor in the English Colonies of North America.* Longmans, Green, New York; 1898.

John Fiske : *The Discovery of America.* Houghton, Mifflin & Co., Boston; 1892. (2 volumes.)

Francis Parkman : *Prescott's Works.* Little, Brown & Co., Boston; 1902. (16 volumes.)

William Hickling Prescott : *History of the Conquest of Mexico.* Harper & Brothers, New York; 1834. (3 volumes.)

William Hickling Prescott : *History of the Conquest of Peru.* J.B. Lippincott & Co., Philadelphia; 1899.

Edward Potts Cheyney : *European Background of American History.* Harper & Brothers, New York; 1904.

William Wood : *Elizabethan Sea Dogs.* Yale University Press, 1919.

Irving Berdine Richman : *The Spanish Conquerors.* Yale University Press, 1919.

Herbert E. Bolton : *The Spanish Borderlands.* Yale University Press, 1921.

Mary Johnston : *Pionneers of the Old South.* Yale University Press, 1918.

Constance Lindsay Skinner : *Pionneers of the Old Southwest.* Yale University Press, 1919.

William Bennette Murno : *Crusaders of New France.* Yale University Press, 1918.

George M. Wrong : *The Conquest of New France.* Yale University Press, 1918.

CHARLES M. ANDREWS : *The Fathers of New England.* Yale University Press, 1919.
MAUD WILDER GOODWIN : *Dutch and English on the Hudson.* Yale University Press, 1919.
SYDNEY G. FISHER : *The Quaker Colonies.* Yale University Press, 1919.
BERNARD FAY : *L'Esprit révolutionnaire en France et aux États-Unis à la fin du XVIIIe siècle.* Champion, Paris; 1925.

LIVRE II

CLAUDE HALSTEAD VAN TYNE : *The American Revolution.* Harper & Brothers, New York; 1905.
CHARLEMAGNE TOWER : *The Marquis de La Fayette and the American Revolution.* J. B. Lippincott, Philadelphia; 1895.
JOHN FISKE : *The American Revolution.* Houghton, Mifflin & Co., Boston; 1893. (2 volumes.)
WILLIAM E. WOODWARD : *La Fayette.* Farrar & Rinehart, New York; 1938.

JEAN JULES JUSSERAND : *With Americans of past and present days,* Charles Scribner's Sons, New York; 1916.
CARL BECKER : *The Eve of the Revolution.* Yale University Press, 1918.
GEORGE M. WRONG : *Washington and his comrades in arms.* Yale University Press, 1921.
GEORGE OTTO TREVELYAN : *The American Revolution.* Longman's Green & Co., New York; 1899-1907. (3 volumes.)
JAMES BRECK PERKINS : *France in the American Revolution.* Houghton, Mifflin & Co., Boston; 1911.
JAMES KENDALL HOSMER : *Samuel Adams.* Houghton, Mifflin & Co., Boston; 1885.
Correspondance inédite et secrète du docteur B. Franklin, depuis l'année 1753 jusqu'en 1790. Janet père, éditeur à Paris, rue Saint-Jacques; 1817.
CARL VAN DOREN : *Benjamin Franklin.* Garden City Publishing Co., New York; 1941.
BERNARD FAY : *Benjamin Franklin.* Calmann-Lévy, Paris; 1929.

MOSES COIT TYLER : *The Literary History of the American Revolution.* G. P. Putnam's Sons, New York; 1897. (2 volumes.)

CLAUDE HASLTEAD VAN TYNE : *The Loyalists in the American Revolution.* The Macmillan Co., New York; 1902.

EDMUND BURKE : *Speeches and Letters on American Affaires.* J. M. Dent & Sons Ltd., London; 1908.

LIVRE III

MAX FARRAND : *The Framing of the Constitution of the United States.* Yale University Press, 1913.

FREDERICK JACKSON TURNER : *Rise of the new West.* Harper & Brothers, New York; 1906.

MAX FARRAND : *The Fathers of the Constitution.* Yale University Press, 1921.

ALEXIS DE TOCQUEVILLE : *De la démocratie en Amérique.* Pagnerre, Paris, 1848. (4 volumes.)

PAUL LEICESTER FORD : *The true George Washington.* J. B. Lippincott, Philadelphia; 1896.

ALBERT BUSHNELL HART : *George Washington.* American Library Association, Chicago; 1927.

BERNARD FAY : *George Washington, gentilhomme.* Bernard Grasset, Paris; 1932.

JAMES TRUSLOW ADAMS : *The living Jefferson.* Scribner's Sons Ltd., London; 1936.

CLAUDE GERNADE BOWERS : *Jefferson and Hamilton.* Houghton, Mifflin & Co., Boston; 1925.

HENRY CABOT LODGE : *Alexander Hamilton.* Houghton, Mifflin & Co., Boston; 1883.

HENRY JONES FORD : *Washington and his colleagues.* Yale, University Press, 1918.

FREDERICK SCOTT OLIVER : *Alexander Hamilton, an essay on American union.* G. P. Putnam's Sons, New York; 1921.

JAMES TRUSLOW ADAMS : *The Adams Family.* Literary Guild, New York; 1930.

JOHN FISKE : *The critical period of American History.* Houghton, Mifflin & Co., Boston; 1889.

GILBERT CHINARD : *Honest John Adams*. Little, Brown & Co., Boston; 1933.

GILBERT CHINARD : *Thomas Jefferson, the Apostle of Americanism*. Little, Brown & Co., Boston; 1939.

GILBERT CHINARD : *George Washington as the French knew him*. Princeton University Press, 1940.

JOHN QUINCY ADAMS : *The Diary of John Quincy Adams*. Longmans, Green & Co., New York; 1929.

The best letters of Jefferson, edited by J. G. de Roulhac Hamilton. Houghton Mifflin & Co., Boston; 1926.

SARAH N. RANDOLPH : *The domestic life of Thomas Jefferson*. University Press, Cambridge, Massachusetts; 1939.

GAILLARD HUNT : *Life of James Madison;* 1902.

SYDNEY HOWARD GAY : *James Madison*. Houghton, Mifflin & Co., Boston; 1898.

HENRY ADAMS : *The life of Albert Gallatin*. J. B. Lippincott & Co., London; 1879.

SAMUEL HENRY WANDELL and MEADE MINNIGERODE : *Aaron Burr;* 1925.

IRVING BRANT : *James Madison*. Bobbs-Merrill Co., Indianapolis; 1941.

ALBERT BUSHNELL HART : *The Monroe doctrine, an interpretation*. Little, Brown & Co., Boston; 1916.

CARL SCHURZ : *Life of Henry Clay*. Houghton, Mifflin & Co., Boston; 1887.

WILLIAM MONTGOMERY MEIGS : *The Life of John Caldwell Calhoun*. Neale Publishing Co., 1917.

ALBERT JEREMIAH BEVERIDGE : *The life of John Marshall*. Houghton, Mifflin & Co., Boston; 1929. (4 volumes.)

EDWARD S. CORWIN : *John Marshall and the Constitution*. Yale University Press, 1919.

JOHN SPENCER BASSETT : *The life of Andrew Jackson*. The Macmillan Co., New York; 1916.

MARQUIS JAMES : *Andrew Jackson, the border captain*. The Bobbs-Merrill Co., Indianapolis; 1933.

LIVRE IV

CLAUDE GERNADE BOWERS : *The Party Battles of the Jackson Period*. Houghton, Mifflin & Co., Boston; 1922.

CLAUDE GERNADE BOWERS : *The tragic Era.* Houghton Mifflin & Co., Boston; 1929.

GAILLARD HUNT : *John Caldwell Calhoun.* G. W. Jacobs & Co., Philadelphia; 1907.

EDWARD MORSE SHEPARD : *Martin Van Buren.* Houghton, Mifflin & Co., Boston; 1889.

HENRY CABOT LODGE : *Daniel Webster.* Houghton, Mifflin & Co., Boston; 1889.

ALBERT BUSHNELL HART : *Slavery and Abolition,* 1831-1841. Harper & Brothers, New York; 1906.

ULRICH BONNELL PHILIPS : *American Negro Slavery.* D. Appleton & Co., New York; 1918.

WILLIAM E. DODD : *The Cotton Kingdom.* Yale University Press, 1919.

JESSE MACY : *The Anti-Slavery Crusade.* Yale University Press, 1919.

CONSTANCE LINDSAY SKINNER : *Adventures of Oregon.* Yale University Press, 1920.

FRANCIS PARKMAN : *The Oregon Trail.* (Volume XVI of Parkman's Works.) Little, Brown & Co., Boston; 1902.

NATHANIEL W. STEPHENSON : *Abraham Lincoln and the Union.* Yale University Press, 1918.

NATHANIEL W. STEPHENSON : *Texas and the Mexican War.* Yale University Press, 1921.

The Diary of James Knox Polk. Longmans, Green & Co., New York; 1929.

CARL SANDBURG : *Abraham Lincoln. The Prairie Years.* Harcourt, Brace & Co., New York; 1926.

CARL SANDBURG : *Abraham Lincoln. The War Years.* Harcourt, Brace & Co., New York; 1939.

CARL SANDBURG : *Storm over the Land.* Harcourt, Brace & Co., New York; 1939.

GODFREY RATHBONE BENSON (LORD CHARNWOOD) : *Abraham Lincoln.* Henry Holt & Co., New York; 1916.

MARGARET LEECH : *Reveille in Washington.* Harper & Brothers, New York; 1941.

ALLEN JOHNSON : *Stephen E. Douglas, a study in American politics.* The Macmillan Co., New York; 1908.

VARINA HOWALL DAVIS : *Jefferson Davis, ex-President of the Confederate States of America. A Memoir, by his wife.* Bedford Co., New York; 1890.

NATHANIEL W. STEPHENSON : *The Day of the Confederacy.* Yale University Press, 1919.

WILLIAM EDWARD DODD : *Statesmen of the Old South : Thomas Jefferson, John C. Calhoun and Jefferson Davis.* The Macmillan Co., New York; 1911.

LOUIS ARTHUR COOLIDGE : *Ulysses S. Grant* Houghton, Mifflin & Co., Boston; 1917.

ULYSSES SIMPSON GRANT : *Personal Memoirs.* C. L. Webster & Co., 1885-1886. (2 volumes.)

WILLIAM TECUMSEH SHERMAN : *Memoirs.* D. Appleton & Co., New York; 1886.

JAMES ALBERT WOODBURN : *The Life of Thaddeus Stevens.* Bobbs-Merrill Co., 1913.

GAMALIEL BRADFORD : *Confederate Portraits.* Houghton, Mifflin & Co., Boston; 1914.

GAMALIEL BRADFORD : *Union Portraits.* Houghton, Mifflin & Co., Boston; 1916.

BURTON J. HENDRICK : *Statesmen of the Lost Cause.* The Literary Guild of America, 1939.

DOUGLAS SOUTHALL FREEMAN : *Lee's Lieutenants.* Charles Scribner's Sons, New York; 1943. (2 volumes.)

DALE CARNEGIE : *Lincoln the Unknown.* D. Appleton-Century Co., New York; 1941.

WILLIAM WOOD : *Captains of the civil War.* Yale University Press, 1918.

WILLIAM ROSCOE THAYER : *The Life of John Hay.* Houghton, Mifflin & Co., Boston; 1915.

FREDERIC AUSTIN OGG : *The Reign of Andrew Jackson.* Yale University Press, 1919.

JAMES TRUSLOW ADAMS : *The March of Democracy.* Charles Scribner's Sons, New York; 1933.

WALTER LYNWOOD FLEMING : *The Sequel of Appomatox.* Yale University Press, 1919.

ERNEST ELMO CALKINS : *They broke the Prairie.* Charles Scribner's Sons, New York; 1937.

LIVRE V

Claude Gernade Bowers : *The Tragic Era Houghton.* Mifflin & Co., Boston; 1929.

William Archibald Dunning : *Reconstruction, political and economic.* Harper & Brothers, New York; 1907.

Allan Nevins : *The Emergence of Modern America.* The Macmillan Co., New York; 1927.

William Edward Burghardt du Bois : *Black Reconstruction.* Harcourt, Brace & Co., New York; 1935.

Rupert Bayless Vance : *Human Geography of the South.* University of North Carolina Press, Chapel Hill; 1932.

W. J. Cash : *The Mind of the South.* Alfred E. Knopf, New York; 1941.

George Fort Milton : *The Age of Hate.* Coward-Mc Cann, New York; 1930.

Robert W. Winston : *Andrew Jackson, plebeian and patriot.* Henry Holt & Co., New York; 1928.

Henry Adams : *The Education of Henry Adams.* Privately printed, Washington, 1907.

Allan Nevins : *Hamilton Fish, the inner history of the Grant administration.* Dodd, Mead & Co., New York; 1936.

Arthur Meier Schlesinger : *The Rise of the City.* The Macmillan Co., New York; 1933.

William Allen White : *Masks in a Pageant.* The Macmillan Co., New York.

Hamlin Garland : *Ulysses S. Grant in the Mexican War.* Mc Clure's Magazine, New York; 1897.

Ellis Paxon Oberholtzer : *Jay Cooke, financier of the Civil War.* G. W. Jacobs & Co., Philadelphia; 1907.

Paul Leland Haworth : *The Hayes-Tilden disputed presidential election of 1876.* Cleveland-Burrows Co., 1906.

Walter Prescott Webb : *The Great Plains.* Ginn & Co., Boston; 1931.

Ernest Staples Osgood : *The Day of the Cattleman.* University of Minnesota Press, Minneapolis; 1929.

Archer B. Hulbert : *The Paths of Inland Commerce.* Yale University Press, 1920.

JOHN MOODY : *The Railroad Builders.* Yale University Press, 1920.
GUSTAVUS MYERS : *The ending of hereditary American Fortunes.* J. Messner Inc., New York; 1939.
GUSTAVUS MYERS : *America strikes back.* I. Washburn, New York; 1935.
SAMUEL GOMPERS : *Seventy years of life and labors.* E. P. Dutton & Co., New York; 1925.
DAVID SAVILLE MUZZEY : *James G. Blaine.* Dodd, Mead & Co., New York; 1934.
CARL RUSSELL FISH : *The Civil Service and the Patronage.* Longmans, Green & Co., New York; 1905.
MORRIS ROBERT WERNER : *Bryan.* Harcourt, Brace & Co., New York; 1929.
ALLAN NEVINS : *Cleveland.*
HENRY JONES FORD : *The Cleveland Era.* Yale University Press, 1919.
LINCOLN STEFFENS : *The Autobiography of Lincoln Steffens.* Literary Guild, New York; 1931.
THOMAS BEER : *Hanna.* Alfred Knopf, New York; 1929.
EDWARD STANWOOD : *James Gillespie Blaine.* Houghton, Mifflin & Co., Boston; 1905.
F. BENJAMIN ANDREWS : *The United States in our own Times.* Charles Scribner's Sons, New York; 1903.
HOLLAND THOMPSON : *The Age of Invention.* Yale University Press, 1921.
BURTON J. HENDRICK : *The Age of Big Business.* Yale University Press, 1921.
HAROLD UNDERWOOD FAULKNER, TYLER KEPNER, and HALL BARTLETT : *The American Way of Life.* Harper & Brothers, New York; 1941.
JOHN K. WINKLER : *Morgan the Magnificent.* Garden City Publishing Co., New York; 1930.
VIRGINIUS DABNEY : *Below the Potomac.* D. Appleton-Century Co., New York; 1942.
ARTHUR D. HOWDEN SMITH : *Mr. House of Texas.* Funk & Wagnalls Co., New York; 1940.

LIVRE VI

DWIGHT LOWELL DUMOND : *Roosevelt to Roosevelt.* Henry Holt & Co., New York; 1937.

GUY EMERSON : *The New Frontier,* Henry Holt & Co., New York; 1920.

LEONARD DUPEE WHITE : *Recent Social Trends in the United States,* by Leonard Dupee White, Carrol Hill Woody, and Thomas Jackson Woofter. McGraw Hill Co., New York; 1933-1934.

ROBERT STAUGTON LYND AND HELEN MERRELL LYND : *Middletown, a study in contemporary American Culture.* Harcourt, Brace & Co., New York; 1929.

SAMUEL P. ORTH : *Our Foreigners.* Yale University Press, 1920.

SAMUEL P. ORTH : *The Armies of Labor.* Yale University Press, 1920.

SAMUEL P. ORTH : *The Boss and the Machine.* Yale University Press; 1919.

EDWIN EMERY SLOSSON : *The American Spirit in Education.* Yale University Press, 1921.

JOHN CHAMBERLAIN : *Farewell to Reform.* Liveright Inc., New York; 1932.

HENRY FOWLES PRINGLE : *Theodore Roosevelt, a biography.* Harcourt, Brace & Co., New York; 1931.

HERBERT SMITH DUFFY : *William Howard Taft.* Minton, Balch & Co., New York; 1930.

JAMES KERNEY : *The Political Education of Woodrow Wilson.* The Century Co., New York; 1926.

JOSEPH PATRICK TUMULTY : *Woodrow Wilson as I know him.* Doubleday, Page & Co., Garden City, New York; 1921.

GODFREY RATHBONE BENSON (LORD CHARNWOOD) : *Theodore Roosevelt.* The Atlantic Monthly Press, Boston; 1923.

HAROLD HOWLAND : *Theodore Roosevelt and his Times.* Yale University Press, 1919.

WILLIAM ALLEN WHITE : *Woodrow Wilson, the Man, his Times and his Task.* Houghton, Mifflin & Co., Boston; 1925.

CHARLES SEYMOUR : *Woodrow Wilson and the World War.* Yale University Press, 1919.

EDITH BOLLING GALT WILSON (Mrs. Woodrow Wilson) : *My Memoirs*. Bobbs-Merrill Co., Indianapolis; 1939.

CHARLES EDWARD MERRIAM : *American Political Ideas*, 1865-1917. The Macmillan Company, New York; 1920.

CHARLES MERZ : *The dry decade*. Doubleday, Doran & Co., Garden City, New York; 1931.

CHARLES MERZ : *The great American band wagon*. The Literary Guild of America. New York; 1928.

CARLTON JOSEPH HAYES : *A brief History of the Great War*. The Macmillan Co., New York; 1925.

CHARLES SEYMOUR : *Woodrow Wilson, and the world War, a chronicle of our own times*. Yale University Press, New Haven; 1921.

RAY STANNARD BAKER : *Woodrow Wilson; life and letters*. Doubleday Doran, New York; 1927-1939. (8 volumes.)

PRESTON WILLIAM SLOSSON : *The Great Crusade and after (1914-1928)*. The Macmillan Co., New York; 1931.

WILLIAM ALLEN WHITE : *A Puritan in Babylon. The Story of Calvin Coolidge*. The Macmillan Co., New York; 1940.

GILBERT VIVIAN SELDES : *The Years of the Locust. (America 1929-1932.)* Little, Brown & Co., Boston; 1933.

HENRY MORTON ROBINSON : *Fantastic Interim*. Harcourt, Brace & Co., New York; 1943.

HOLLAND THOMPSON : *The New South*. Yale University Press, 1919.

SOLON J. BUCK : *The Agrariam Crusade*. Yale University Press, 1919.

JOHN MOODY : *The Masters of Capital*. Yale University Press, 1919.

CARL RUSSELL FISH : *The Path of Empire*. Yale University Press, 1919.

MARK TWAIN : *Mark Twain in Eruption*, edited by Bernard De Voto. Harper & Brothers, New York; 1922.

THOMAS BEER : *The Mauve Decade*. Alfred A. Knopf, New York; 1926.

MARK SULLIVAN : *Our Times. The Turn of the Century*. Charles Scribner's Sons, New York; 1926.

TABLE DES ILLUSTRATIONS

Couverture de JEAN LATOUR.

TABLE DES MATIÈRES

LIVRE IV

Douleurs de croissance.

LA GUERRE CIVILE (II. L'OUEST)

CONCLUSION

LIVRE V

L'âge doré.

RECONSTRUCTION

LE NOUVEAU SUD

ACHEVÉ D'IMPRIMER
– LE 20 MARS 1967 –
PAR L'IMPRIMERIE FLOCH
A MAYENNE (FRANCE)

(7460)

NUMÉRO D'ÉDITION : 3945
DÉPÔT LÉGAL : 2e TRIMESTRE 1967

PRINTED IN FRANCE